가이사의 **법**과

한국교회

이 책은 교회의 법적 성격, 교회재산의 법률관계,
교회의 분열, 교회 내의 행위와 사법심사, 교회와 건축,
교회와 세금, 교회의 이단과 법적 대응, 그리고 마지막으로
일상생활의 법률상식에 대하여 서술하였습니다.

그리스도인이 · 반드시 · 알아야 · 할 · 법률지식

가이사의 법과 한국교회

Holy
WavePlus
새물결플러스

가이사의 법과 한국교회

그리스도인이 반드시 알아야 할 법률지식

초판 1쇄 발행 2009년 3월 31일
초판 2쇄 발행 2009년 6월 9일

지은이　양인평 · 임영수 · 오준수 공저
발행인　김요한
발행처　새물결플러스

책임편집　이용진
총무　윤미라
디자인　참디자인

출판등록　2008년 8월 21일 제 2008-24호
주소　(우) 158-827 서울시 양천구 신월 1동 129-2
전화　(02)2607-0990
팩스　(02)2693-9072
홈페이지　www.hwpbooks.com

총판　소망사
전화　(02)392-4232, 4233
팩스　(02)392-4231

값 11,000원
ISBN 978-89-961592-3-0　　03230

새물결플러스는 한국 복음주의 신학의 발전과 기독 지성의 성숙 및 교회의 건강한 성장을 돕기 위해 새물결교회에서 설립한 출판사 입니다.

추천사

　　교회는 하나님을 믿는 신자들의 공동체로서 당연히 그 안에서 통용되는 규범을 가지고 있습니다. 이러한 규범을 일반적으로 우리는 교회법이라고 지칭합니다. 그러나 교회도 국가의 울타리 안에 존재하기 때문에 국가사회에서 통용되는 실정법을 위해할 수는 없습니다. 따라서 교회의 구성원들은 교회에 관하여 사회에서 통용되는 실정법의 내용을 알아야 할 필요성이 있습니다.

　　그럼에도 불구하고 일반적으로 교회와 관련된 세금, 재산, 건축, 분쟁, 이단 등의 내용은 그것의 중요성에 비해서 그것에 관련된 법률에 대한 이해도가 일반적으로 낮은 것이 현실입니다. 그런 의미에서 크리스천 로펌으로 알려진 법무법인 로고스의 양인평 대표변호사님과 소속 변호사님들이 그동안 교회와 관련하여 실제로 문제가 되었던 내용들을 토대로 그동안의 법원 판례와 이론을 정리하여 「가이사의 법과 한국교회」를 출간한 것은 크게 치하받아야 마땅할 것입니다.

　　기대하기는 이 책을 통해서 교회가 교회 내에서 발생하는 분쟁을 사전에 예방하고, 이미 발생한 분쟁에 대해서는 효과적으로 대응하여 하나님께 영광 돌릴 수 있기를 바랍니다.

엄신형 목사
한국기독교총연합회 대표회장

추천사

    교회는 "사함 받은 죄인들이 모인 공동체"이다. 교회는 하늘에 속해 있지만, 또한 세상 안에 있기 때문에 세상법의 규범에서 자유롭지 못하다. 대한민국 헌법은 종교의 자유를 보장하고 있다.

    이 책은 그 자유가 구체적으로 어디까지 적용되는지를 명쾌하게 제시하고 있다. 그리고 교회내의 분쟁, 재산분할, 세금, 이단집단과의 갈등과 관련된 주제들을 사례중심으로 알기 쉽게 안내하고 있다. 양인평, 오준수, 임영수 변호사는 법조인일 뿐 아니라 신앙인으로서 이런 책을 저술할 자격을 충분히 갖춘 분들이다.

    로고스 법무법인은 본인이 이단에 피소되어 재판을 받는 과정에서도 기꺼이 진리 편에서 변호를 담당해 주었다. 목회자와 성도 모두에게 꼭 필요한 민사, 형사상의 핵심적 지식을 집대성한 책이 출간된 것을 기뻐하며, 이 책을 모든 그리스도인에게 추천한다.

정동섭 교수
가족관계연구소장
전 침신대 상담심리학 교수, Ph.D.

격려의 글

　　교회는 하나님을 믿는 교인들의 신앙공동체이기 때문에 여기에 적용되어야 할 규범, 즉 '교회법'이 존재하는 것입니다. 개신교에 있어서 각 교단이나 교파의 헌법, 헌장, 규약, 장정 또는 정관 등이 교회법에 속한다고 볼 수 있을 것입니다.

　　이처럼 교회안에서 교인들에게 적용되는 법을 가리켜 교회법이라고 할 수 있습니다. 한편 국가도 일정한 법의 체계를 정비하여 시행하고 있는바, 근본법이라고 볼 수 있는 헌법을 비롯하여 각종 법률·명령·규칙 등을 통틀어서 국가의 실정법 즉 '세상법'이라고 할 수 있습니다.

　　교회나 교인은 그 소속 교단의 교회법을 준수해야함은 당연한 의무라고 할 것입니다. 마찬가지로 교회는 국가 내에 존재하는 조직체이고, 교인은 국민에 속하기 때문에 세상법도 준수할 의무가 있음은 말할 나위가 없습니다. 이처럼 교회나 교인은 교회법이나 세상법을 준수하기 위하여 이에 관한 법률지식이나 상식을 익혀 나가는 것이 긴요하다 할 것입니다. 문제는 교회법과 세상법이 상충되는 경우에 교회나 교인은 어느 법을 따라야 하는가 하는 것입니다.

　　　　　　　　　　　　　　　　가이사의 법과 한국교회

실제에 있어서 위 두 법의 적용사항이나 영역이 다르기 때문에 일반적으로는 상충되는 경우가 거의 없을 것입니다. 그러나 간혹 불비된 교회법의 불합리한 적용이나 위법한 절차로 인하여 교인이 불이익이나 손해를 받게 되어 세상 법정에 호소할 수 밖에 없는 경우에는, 그 범위내에서 세상법이 우선적으로 적용된다고 할 것입니다. 종래로부터 이어온 교회나 교인들의 분쟁 중에는 교인들의 집단 탈퇴와 관련하여 교회 재산의 귀속을 둘러싸고 첨예하게 대립한 사례들이 주류를 이루었다고 보겠습니다.

이번에 범무법인 로고스 대표변호사인 양인평 장로가 주도하여 출간한 「가이사의 법과 한국교회」는 교인들로 하여금 교회법과 세상법의 개념이나 성격, 관계, 나아가서 그 적용사항이나 범위에 관하여 이해하기 쉽도록 소상하게 해설하고 있는 특징을 가지고 있습니다. 그리고 교인들이 부딪히는 현실의 생활에서 문제가 되고 있는 여러 사항 즉 교회재산에 관한 법률관계, 교회의 건축문제, 교회와 세금관계, 이단에 대한 법적 대응, 나아가 민사, 형사 등 일상의 법률문제에 관하여 광범

위하게 다루고 있습니다. 특히, 법적으로 문제가 된 사례에 관한 판례나 참고자료들을 소개하고 있어서 독자의 이해를 심도있게 도와줄 것이며, 좋은 길잡이의 역할을 하게 될 것입니다.

내가 평소에 신뢰하는 신실한 종 양인평 장로가 그 바쁜 사역의 일정에도 불구하고 틈을 내어 이 귀한 책을 펴내게 된 것을 기뻐하며 그 노고를 치하하고 격려하는 바입니다. 그동안 이와 같은 책이 출간된 바 없어서 많은 교인들이 아쉬워하며 기다리던 차에 이런 귀한 책이 나오게 된 것은 시의적절한 낭보가 아닐 수 없습니다.

앞으로 이 책이 널리 보급되어 그리스도인들의 신앙과 사회에 걸친 준법생활에 큰 도움이 되고, 인간관계에서 생기는 분쟁을 예방할 뿐 아니라 이미 발생한 분쟁도 원만히 해결하는 효과적인 역할을 감당하기를 바랍니다.

김상원 원장
한국기독교 화해중재원

서문

　　'교회'는 '하나님의 거룩한 백성들의 모임'이라고 정의할 수 있습니다. 그런 점에서 교회는 '하나의 작은 사회'라고 할 수도 있습니다. 사회가 있는 곳에 법이 있기 때문에 '작은 사회'에 해당되는 '교회'에는 고유의 법이 있다고 할 것이며, 이를 교회법이라고 할 수 있을 것입니다. 교단의 헌법을 비롯하여 노회 또는 지방회의 규약과 지교회의 장정 또는 정관이 이에 속한다고 할 수 있습니다. 그리고 교회 내에서의 신앙생활과 관련된 행위는 교회법의 적용을 받고 그 효력에 영향을 받는 것입니다.

　　그런데 교회법이 세상법(대한민국의 실정법을 의미하며, 독자의 편의를 위하여 이하 세상법이라고 약칭합니다.)과 달리 규정되어 있을 때는 교회 내에서는 어떤 법이 우선될 것 같습니까? 당연히 세상법이 우선됩니다. 즉 세상법에 저촉되는 한에 있어서는 그 교회법은 무효입니다. 왜냐하면 '교회'는 세상법이 일반적으로 적용되는 전체사회 중 그 부분사회에 해당되기 때문입니다. 다만, 세상법에 저촉되는 교회법을 교회의 구성원과 그 교회가 마찰 없이 온전히 수용한다면 교회법은 그 한도 내에서는 그 효력을 유지할 수 있을 것입니다. 그러나 어느 한 쪽에서나 양쪽에서 이를 수용하지 않는 경우에는 이제 분쟁상태가 될 수밖에 없다고 할 것입니다. 이와 같은 경우에는 불가피하게 세상법에 따라 세상법정에서 그 판단을 받아서 해결을 모색할 수밖에 없습니다. 이러한 까닭으로 교회와 교회의 구성원이 모두 교회와 관련된 범위에서 세상법을 알 필요가 생긴다고 할 것입니다.

그런 점에서 법 없이 사는 사람은 훌륭한 신앙인이 아니라 무법자라고 할 수 있습니다. 저는 "법은 최소한의 종교이다"라는 말을 좋아합니다. 모든 국민이 지켜야 할 법을 도덕적이고 종교심이 강한 그리스도인이 지키지 않는다면 잘못된 것입니다. 그래서 그리스도인이 기초질서와 법을 어겼을 때 더 큰 비난의 화살이 쏟아지는 것입니다. "법보다 주먹이 가까운 세상"에서 "주먹은 멀고 법이 가까운" 세상으로 변화시켜 나가야 할 것입니다.

이 책은 이와 같은 현실인식을 바탕으로 교회의 법적 성격, 교회재산의 법률관계, 교회의 분열, 교회 내의 행위와 사법심사, 교회와 건축, 교회와 세금, 교회의 이단과 법적 대응, 그리고 마지막으로 일상생활의 법률상식에 대하여 서술하였습니다. 그리고 이 책의 독자들이 주로 비법률가라는 점을 염두에 두고 법적인 논쟁에 대한 상세한 해설을 피하고 간결하고도 평이하게 서술하려고 노력하였습니다. 그리고 실제 현실적으로 발생하였거나 발생할 가능성이 매우 높은 사례를 소개하였습니다. 그러나 많은 부분에서 미흡한 점이 있기에 앞으로 더욱 세심하게 검토함과 아울러 독자들의 권면과 지적을 받아들여서 더욱 보완하도록 할 것입니다.

끝으로 이 책을 저술함에 있어서 많은 참고자료들과 판례를 수집하여 정리해 주신 법무법인 로고스의 임영수, 오준수 변호사에게 감사를 드리고, 추천과 격려의 글을 써 주신 한국기독교총연합회 엄신형 대표회장님과 법조계의 원로로서 그리스도인의 사표가 되시는 김상원 장로님과 지구촌교회 이동원 목사님, 사랑의교회 오정현 목사님 그리고 이단과의 힘든 싸움에서 누구보다도 법의 보호와 필요를 절감하셔서 이책을 펴낼 수 있도록 권면하신 정동섭 교수님께 심심한 사의를 표하며 이 책을 기쁜 마음으로 출간해 주신 '새물결플러스' 출판사 대표 김요한 목사님과 편집국장 윤상문 목사님께도 진심어린 감사를 드립니다.

2009년 봄에

법무법인 로고스
대표변호사 양 인 평

목차

추천사 · 엄신형 • 5

추천사 · 정동섭 • 7

격려의 글 · 김상원 • 8

서문 • 11

제1장 종교의 자유

1. 교회법과 세상법 • 21

2. 종교의 자유와 그 한계 • 23

(1) 종교의 자유의 내용 • 23

(2) 종교의 자유의 제한 및 그 한계 • 25

(3) 종교의 자유에 대한 배려 • 28

제2장 교회의 법적 성격

1. 교회의 정의 • 33

2. 교회의 법적 성격 • 34

(1) 의의 • 34

(2) 성립 요건 • 36

(3) 교회의 법률 행위 • 37

가. 내부 관계 • 38

나. 외부 관계 • 40

다. 교회의 인적 요소 • 43

제3장 교회재산에 관한 법률관계

1. 교회재산의 소유 형태 ● 51

2. 교회재산 관계의 구체적 내용 ● 55

　(1) 일반적 기준 ● 55
　(2) 구체적 내용 ● 55
　(3) 교회재산의 대외적 표시 방법 ● 59
　(4) 교회재산에 대한 교인들의 권리와 의무 ● 62
　(5) 교단과 지교회와의 관계 ● 64
　(6) 기타 사항 ● 67

제4장 교회의 분열

1. 교회 분열의 의의 및 기준 ● 71

2. 교회 분열과 법률관계 ● 76

　(1) 교회재산의 사용관계 ● 76
　(2) 교회재산의 처분 및 분할 ● 81

제5장 교회 내의 행위와 사법심사

1. 서언 ● 87

2. 교회의 자율적 행위 ● 88

　(1) 교인의 지교회 선택 및 지교회의 교단(지방회) 선택 ● 88
　(2) 교인들의 자율적 결정과 행사 ● 90
　(3) 교회의 권징과 사법부의 심사 ● 92

가. 권징 ● 92
나. 권징과 사법부의 심사 ● 94
(가) 원칙 : 자율성 보장 ● 94
(나) 예외 : 사법부 판단 ● 96
다. 권징재판의 효력 범위 ● 100

제6장 교회의 건축

1. 서언 ● 105
2. 건축과정과 법적 규율 ● 106
(1) 건축 부지의 선정 ● 107
(2) 건축 설계과정 ● 107
(3) 건축의 사전 심의 및 허가 ● 108
(4) 건축의 시공 ● 109
(5) 건축의 감리 ● 110
(6) 건축의 완공 및 준공 ● 111
3. 건축 관계 법령 ● 112
4. 법령 위반 시 벌칙 ● 115
5. 구체적 판례 ● 117
(1) 행정 분야 ● 117
(2) 민사 분야 ● 119
(3) 형사 분야 ● 120
6. 결어 ● 121

제7장 교회와 세금

1. 서언 ● 125
(1) 조세의 의의 ● 125
(2) 조세의 종류 ● 126
(3) 조세법의 원칙 ● 127
(4) 조세의 법원 ● 128
(5) 과세제외(비과세) 및 조세의 감면 ● 130
2. 교회에 대한 세법의 태도 ● 131
(1) 교회의 법적 성격 ● 132
(2) 종교의 자유와 교회 세금 ● 133

(3) 세제 혜택의 주요 내용 • 134
(4) 교회 과세에 대한 찬반 논의 • 135
(5) 외국의 교회세금 제도 • 137

3. 교회 관련 세금에 대한 구체적 내용 • 139
(1) 세법상 공익 법인 • 139
(2) 국세 • 140
(3) 지방세 • 143
(4) 기타의 경우 • 146

4. 비과세 및 과세대상에 대한 판례 • 147
(1) 비과세 사례 • 147
(2) 과세 사례 • 148

5. 비과세 요건 및 절차 • 150
(1) 비과세 요건 • 150
(2) 비과세 절차 • 151
(3) 종교단체(교회)관련 세금 개선 사항 • 151

6. 결어 • 153

제8장 교회의 이단과 법적 대응

1. 서언 • 159

2. 이단에 대한 실제적 대응 양태 • 161

3. 법적 대응 방안 • 162
(1) 방어적 대응 방안 • 162
가. 명예훼손 및 모욕죄의 성립 요건(형사문제) • 163
나. 처벌되지 않는 경우 • 164
다. 명예훼손(모욕)에 의한 손해배상청구(민사문제) • 167
라. 구체적 대응책 • 168
마. 기타 사항 • 170
(2) 적극적 대응 방안 • 172
가. 형사적 대응 방안 • 172
나. 민사적 대응 방안 • 174

4. 결어 • 175

제9장 일상생활의 법률 상식

1. 서언 ● 179

2. 민사 법률관계 ● 181

(1) 의의 ● 181
(2) 민사사건의 처리 과정 ● 182
가. 화해에 의한 평화적 해결 ● 182
나. 소송 이외의 분쟁 해결 수단 ● 183
다. 가압류 및 가처분 신청 ● 184
라. 소송의 제기 및 절차 ● 185
마. 판결의 확정 및 강제집행 절차 ● 187

3. 형사 법률관계 ● 189

(1) 의의 ● 189
(2) 형사사건의 처리 과정 ● 190
가. 수사 ● 190
나. 검찰의 결정 ● 191
다. 재판의 절차 ● 192
라. 판결 및 불복제도 ● 193

4. 기타 ● 194

(1) 법률구조제도 ● 194
(2) 소액심판제도 ● 195
(3) 공증제도 ● 196

＊＊＊ 부록 : 판결문 ● 199

제1장

종교의 자유

종교의 자유

교회법과 세상법

교회법이라는 법률이 별도로 있는가요? 별도로 없다면 어떤 것이 교회법이라고 할 수 있습니까? 그리고 만약 교회법이 세상법과 다른 내용인 경우에는 효력이 없는 것인가요?

모든 집단에는 그 집단에 통용되는 규범이 있다. 그리고 교회도 하나님을 믿는 신자들의 집합체이기 때문에 그 교회 안에서 통용되는 규범이 있다. 교회의 헌법, 장정, 규약 등이 그러한 규범이라고 할 수 있다. 이와 같이 교회 안에서 적용되는 법을 교회법이라고 할 수 있다. 한편 국가는 일정한 법체계를 이루고 있는데 최고·근본법이라고 할 수 있는 헌법을 비롯하여 각종 법률, 명령, 조례, 규칙 등이 그것이다.

이를 세상법이라고 할 수 있다.

　　교회법이 세상법에 저촉되지 않는다면 교회법이 문제되지 않는다. 또 교회법이 세상법과 다를지라도 교회 안에서 자율적으로 순조롭게 지켜진다면 세상법이 관여하지 않는다. 그러나 만약 교회법이 세상법에 저촉되어 문제가 될 경우에는 그 범위 내에서는 교회법의 효력이 문제되지 않을 수 없다. 교회법과 세상법이 마찰을 빚는 경우에는 세상법이 우선된다. 이와 같이 세상법이 교회법에 우선되는 것은 교회도 국가 내의 조직으로서 국가가 규범적으로 이를 인정하기 때문이다. 이와 같은 까닭으로 우리는 세상법에 대한 지식을 필요로 한다.

　　세상법에서 가장 기본이 되는 최고의 규범은 헌법이기 때문에 헌법에서 교회와 관련하여 어떻게 규정하고 있는지 알아보는 것이 선행되어야 한다.

풀이

교회법이라고 하는 별도의 법률이 있는 것은 아닙니다. 교회 내에서 적용되는 교단 헌법을 비롯하여 각 노회나 지교회에 적용되는 장정, 규약, 정관 등이 이에 속한다고 할 수 있습니다. 그리고 이와 같은 교회법은 일반적으로 세상법에 저촉되는 부분이 많지 않기 때문에 크게 문제되는 경우가 많지 않습니다. 다만 세상법에 저촉되는 교회법이 있는 경우에도 법 정신을 크게 해치지 않는 경우로서 교회 내에서 자율적으로 지켜진다면 특별히 문제될 것이 없습니다. 그러나 분쟁이 발생하여 세상법정에 호소할 수밖에 없을 정도에 이른다면 일정한 경우에는 세상법이 우선적으로 적용된다고 할 수 있습니다.

가이사의 법과 한국교회

종교의 자유와 그 한계

여호와의 증인 신자들이 집총을 거부하거나 자기 자녀의 수혈을 거부하는 경우가 있고, 이와 같은 경우에 이들이 처벌을 받는다고 하는데 어떤 처벌을 받는가요? 그리고 이들에게 종교의 자유를 보장하기 위한 다른 방법이 없습니까?

종교의 자유의 내용

종교의 자유가 실정법에 보장된 것은 1647년 영국의 「인민협약」이 그 효시로 알려져 있으나 실행되지 못하였고, 1776년 미국의 버지니아 권리장전 및 1791년 미국 수정헌법 제1조에서 종교의 자유가 명시적으로 보장되면서 비로소 실정법상 종교의 자유가 보장되었다. 우리나라에서는 1948년 제정헌법에서 종교와 양심의 자유를 같은 조문에서 함께 규정하였다가, 1962년 헌법에서부터 종교의 자유를 분리하여 보장한 이래 양심의 자유와 독립된 종교의 자유를 보장하게 된 것이다. 현행 헌법 제20조 제1항에서 「모든 국민은 종교의 자유를 가진다」고 하여 종교의 자유를 보장하고, 제2항에서는 「국교는 인정되지 않으며, 종교와 정치는 분리된다」라고 하여 국교의 부정과 정교분리를 정하고 있다. 종교의 자유는 기독교 외에도 모든 종교, 예컨대 천주교, 불교, 이슬람교, 유교 등은 물론이고 심지어 기독교 이단종파에 대하여도 인정된다. 종교의 영역에서는 정통과 이단은 종교 내부의 교리상의 문제일 뿐이기 때문에 그 이단종파가 사회 또는 개인에게 해악을 분명히 끼치지 않는 이상 모든 종교는 보장되는 것이다. 그러기에 종교단체 내부의 규율에 위반하여 행한 설교나 예식 등의 종교행위도 종교의 자유로 보장되는 것이다(대법원 1971. 9. 28. 선고 71도1465).

종교의 자유는 신앙의 자유와 종교적 행위의 자유가 포함된다. 그 중 어떠한 종교를 선택하여 믿는 신앙의 자유는 내심의 자유로서 절대적으로 보장된다. 즉 신앙의 형성, 변경, 포기에 대한 어떠한 강제도 인정되지 않는다. 또 종교적 행위의 자유는 신앙고백의 자유, 종교적 의식·집회의 자유, 종교적 결사의 자유, 종교의 전파·교육의 자유가 이에 속한다. 그런데 이러한 종교적 행위의 자유는 다음에서 보는 바와 같이 그 한계가 있다.

또한 헌법에서는 정교분리의 원칙을 명문으로 규정하고 있다. 이는 국가와 종교의 엄격한 분리와 국가의 종교에 대한 중립을 의미한다. 따라서 국가는 특정종교에 대하여 편파적으로 우대하지 못한다. 예컨대 대통령이나 공무원이 공직에 취임하거나 선서하는 행위를 특정한 종교적 의식에 따라서 행하는 것은 인정되지 아니하고, 국가나 지방자치단체가 주관하는 장례의식에서 특정종교 의식에 따라 행할 수 없는 것이다. 국공립학교 내에 단군상을 건립하는 것이나 화폐 등에 불화를 도안한다거나 하는 것은 문제의 소지가 있는 것이다. 다만, 교회, 성당, 사찰과 같은 종교적 건물이라도 문화유산으로서의 가치를 인정할 수 있는 경우에는 국가의 지원과 보호를 받을 수 있다. 사립학교의 조성을 국가가 재정적으로 지원하는 경우에 특정종교 교육만을 고수하는 경우에는 문제의 소지가 있을 것이다.

가이사의 법과 한국교회

「종교의 자유에는 종교를 위한 선전포교의 자유가 포함되며 정교분리원칙상 국·공립학교에서의 특정종교를 위한 종교교육은 금지되나, 사립학교에서의 종교교육 및 종교지도자 육성은 선교의 자유의 일환으로서 보장되는 것이다.」

이와 더불어 국교는 부인된다. 국교라 함은 국가 또는 그 기관으로부터 그 나라의 종교로 지정받아 특별한 보호와 각종의 혜택을 부여받는 종교를 말하는데, 이러한 국교는 인정될 수 없다는 것이다.

종교의 자유의 제한 및 그 한계

종교의 자유는 무한한 것이 아니다. 종교의 자유가 세상법에 저촉되는 경우에는 앞서와 같이 세상법이 우선 적용되어야 하고, 종교의 자유가 외부로 표출되는 경우 특히 종교의 자유 중에서 종교적 행위의 자유에는 이러한 제한이 따를 수밖에 없다. 즉 종교적 행위가 다른 법익과 충돌될 때에 이를 조정하기 위하여 제한될 수 있다. 우리헌법 제37조 제2항에 의하면 국가안전보장, 질서유지, 공공복리를 위하여 이와 같은 외부적 종교의 자유를 제한할 수 있도록 규정하고 있다. 순수한 내심의 자유에 속하는 신앙의 자유는 절대적 자유로서 이를 제한할 수 없지만, 신앙의 자유가 외부로 나타난 종교적 의식·집회의 자유, 종교적 전파·교육의 자유는 상대적 기본권으로서 헌법 제37조 제2항에 의한 제한이 가능한 것이다. 그러나 이와 같이 제한할 경우에는 법률로서만 가능하고 종교의 자유의 본질을 훼손할 수는 없는 것이다.

　　이와 같은 측면에서 구체적으로 살펴보면, 먼저 종교교육기관의 설립에 대한 인가·등록을 법률로써 정하는 것은 종교의 자유를 침해하는 것이 아니다(헌재 2000. 3. 30. 선고 99헌바14, 대법원 2001. 2. 23. 선고 99두6002). 질병을 치료하는 방법으로 안찰을 통해서 폭행이나 상해 나아가 사망에 이르게 한다면 이는 민·형사책임을 진다. 또한 종교인의 범인은닉행위는 인도적인 측면을 고려하여 처벌을 할 수 없다는 견해도 있으나, 이 경우에는 형사처벌을 면할 수 없다. 종교적 이유로의 수혈거부 및 병역거부도 당연히 이에 따른 형사책임을 면할 수 없다. 헌법재판소와 대법원은 "여호와의 증인의 신자라는 종교적 교리를 이유로 하여 병역을 거부하는 행위에 대하여 병역법위반의 죄로 처벌하는 것은 헌법 제19조의 양심의 자유 또는 헌법 제20조의 종교의 자유를 침해하는 것이 아니라고 판시한 바 있다(헌재 2004. 8. 26. 선고 2002헌가1, 대법원 2004. 7. 15. 선고 2004도2965 등). 그런가 하면 종교를 이유로 한, 국기에 대한 경례거부행위에 대하여 이를 학칙을 위반하였다고 하여 제적처분을 한 것은 정당하다고 한다(대법원 1976. 4. 27. 선고 75누249). 일요일에 국가시험을 치르게 하여 예배를 빠지게 함으로써 종교의 자유를 침해하는 것이 아닌가에 대한 문제에 관하여 헌법재판소는 한국에서는 일요일이 종교적 축일이 아니라 일반적인 공휴일이므로 일요일에 국가시험을 실시함으로써 기독교인을 차별대우하는 것이 아니라고 함으로써 헌법 제37조 제2항의 한계(본질적 침해금지)를 벗어난 것이 아니라고 판시하였다(헌재 2001. 9. 27. 선고 2000헌마159).

대법원 2003. 10. 9. 선고 2003도4148

「불가불 타인의 주목을 끌고 자신의 주장을 전파하기 위하여 목소리나

가이사의 법과 한국교회

각종 음향 기구를 사용하여 이루어지는 선교행위가 소정의 인근소란행위의 구성요건에 해당되어 형사처벌의 대상이 된다고 판단하기 위해서는 당해 선교행위가 이루어진 구체적인 시기와 장소, 선교의 대상자, 선교행위의 개별적인 내용과 방법 등 제반 정황을 종합하여 그러한 행위가 통상 선교의 범위를 일탈하여 다른 법익의 침해에 이를 정도가 된 것인지 여부 등 법익간의 비교교량을 통하여 사안별로 엄격하게 판단해야 할 것이다.」

대법원 1992. 12. 22. 선고 92도1742

「종교교육 및 종교지도자의 양성은 헌법 제20조에 규정된 종교의 자유의 한 내용으로서 보장되지만, 한편 교육기관 등을 정비하여 국민의 교육을 받을 권리를 실질적으로 보장하고자 하는 교육제도 등에 관한 법률주의에 관한 헌법 제31조 제1항, 제6항 및 교육법상의 각 규정내용과 아울러 교육제도가 기본적으로 인류문화 발전의 초석인 점을 고려할 때 학교란 교육을 위하여 그에 상당한 인적 · 물적 설비를 갖추어 피교육자로 하여금 인간사회의 문화와 재생산 내지 증진을 위하여 계획적으로 정비된 교육내용을 영속적으로 가르침 받게 하기 위하여 설치된 기관을 의미한다고 볼 것이고 이러한 관점에서 보면 종교교육 및 종교지도자 양성은 그것이 학교라는 교육기관의 형태를 취할 때에는 헌법 제31조 제1항, 제6항의 규정 및 이에 기한 교육법상의 각 규정들에 의한 규제를 받게 된다고 보아야 할 것이다.」

종교의 자유에 대한 배려

　　종교의 자유를 보장하기 위하여 특별한 배려를 하는 경우도 많다. 이는 종교의 자유를 인간다운 생활을 하는 자유를 누리는 데 있어서 매우 중요한 자유로 인정하기 때문이다. 교회의 법적 성격은 비법인사단으로서 그 재산은 교회의 모든 신자들의 총유가 됨으로써 교회의 신자의 증감에 관계없이 존속할 수 있도록 하였고, 아울러 교회가 하나의 단체로서 소송을 포함한 여러 가지 법률행위를 할 수 있도록 배려하고 있다. 아울러 세상법에서 명문으로 다른 단체에 인정하지 않는 여러 가지의 혜택을 부여하고 있다. 이는 교회의 활동 및 재산에 대한 세금감면이나 건축에 있어서도 많은 배려를 하고 있는 것이 그 단적인 예다. 이러한 내용들에 관하여는 앞으로 자세하게 논의할 것이다.

풀이

종교의 자유도 무한한 것이 아닙니다. 즉 국가안전보장, 질서유지, 공공복리를 위해서 종교의 본질적 자유를 침해하지 않는 범위 내에서 이를 제한할 수 있습니다. 그러므로 헌법에 의해 국민의 4대 의무 중의 하나라고 할 수 있는 병역의무를 수행하기 위해서 대한민국의 성년이 된 남자가 병역법에 의하여 군 복무를 위해서 군에 입대하는 것은 당연한 것입니다. 그리고 군에 입대한 군인이라면 군인으로서 수행할 임무에 필수불가결한 집총을 거부하는 것은 종교의 자유로서 허용할 수 없다고 할 것입니다. 최근 자신의 종교적 신념 때문에 집총을 거부하는 사람들에게 종교의 자유를 보장하기 위해서 대체복무를 허용하자는 주장이 있었으나, 아직 시행되지 않고 있습니다.

가이사의 법과 한국교회

아울러 종교적 신념 때문에 자녀들이 병원에서 수혈을 받아야 함에도 불구하고 이를 거부하거나 방해하는 자들에게도 어린이의 생명과 건강을 침해하는 것이기 때문에 처벌을 받을 수밖에 없습니다. 이와 같은 경우에는 주변의 도움을 받아서, 수혈을 방해하는 부모를 격리시킨 후 수혈을 하는 경우도 있을 것입니다.

제2장

교회의 법적 성격

교회의 법적 성격

교회의 정의

교회에 대하여 신학적 정의와 법적 정의가 있다. 우선 신학적 정의로서 교회는 '에클레시아' 라는 헬라어를 번역한 용어로서 '택함을 받은 자' 라는 의미를 가진다. 즉 교회는 하나님으로부터 택함을 받은 성도의 무리를 의미한다. 대한예수교장로회 교단헌법에 의하면 교회에 대해 하나님이 만민 중에서 자기백성을 택하여 그들로 무한하신 은혜와 지혜를 나타내신다(제7조)고 정의함으로써 이와 같은 신학적 정의에 부합하고 있다. 물론 이와 같은 신학적 정의를 전제로 하여 교회법은 구체적 기준에 의하여 교회의 성립을 인정하고 있다. 위 교단헌법에 따르면 예수를 믿는 무리와 그 자녀들이 저희의 원하는 대로 일정한 장소에서 성경의 교훈에 따라 하나님께 예배하고 성결하게 생활하며 그리스도의 나라를 확장하기 위하여 활동하기 위한 조직체를 '지교회'라고 하면서, 이를 위해 공동예배를 위하여 15인 이상의 입교인이 모여서 일정한 절차에 의하여 교회가 성립한다고 규정하고 있다(동 헌법 제9조 및 제10조).

그런데 법적 정의로서 교회는 "기독교 교도들이 교리의 연구, 예배 기타 선교의 목적으로 구성한 단체"라고 하고 있다. 즉 대법원판례(1957. 12. 31. 선고 4289민상182)에 의하면 "교회라 함은 예수교의 신도들이 교리의 연구, 예배 기타 선교 상의 공동목적을 달성하기 위하여 각기 자유의사로 구성한 단체"라고 정의하고 있다.

교회의 법적 성격

일반적으로 성경적으로 볼 때 '교회'라고 하면 '신자들의 모임'이라고 할 수 있는데 세상법에서는 '교회'의 의미를 어떻게 정의하고 있으며 어떠한 요건을 갖추어야 합니까? 그리고 이렇게 하는 까닭은 무엇인가요?

의의

이와 같은 법적 정의에 따른 교회의 법적 성격은 '법인 아닌 사단' 즉 비법인사단이다. 이러한 교회의 법적 성격은 학설과 판례에 의하여 확고하게 확립되어 있다. 그렇다면 '법인 아닌 사단'의 의미는 무엇인가? 일반적으로 법률행위를 할 수 있는 주체로서는 자연인과 법인이 있다. 원래 자연인만이 권리능력의 주체이나 법적으로 일정한 단체에 대하여 법인으로서 설립등기를 함으로써 권리능력의 주체로 인정한 단체를 법인이라고 한다. 그리고 법인 중에서 일정한 사람들이 공동목적의 사업을 하기 위하여 결합하여 설립된 법인을 사단법인이라고 한다. 그런데 실질적으로는 사단법인(사단)으로서 설립등기를 하지 않아서 법인격이 부여되지 못한 단체를 '법인 아닌 사단(비법인사단)' 이라고 한다. 그리고 비법인사단에 대하여는 제한된 범위 내에서 권리능력을 부여한다. 그리고 교회는 이러한 의미의 비법인사단의 성격을 지닌다. 그리고 비법인사단인 교회로서 권리능력을 가지기 위해서는 사단법인으로서의 실질을 가져야 한다. 개 교회의 상부기구 예컨대, 기독교대한감리회총회도 개 교회와는 별도의 비법인사단이라고 할 수 있으며 개 교회와 소속교단이나 노회와의 관계는 종교단체 내부관계에 불과하다.

> 대법원 1995. 3. 24. 선고 94다47193
>
> 기독교의 개 교회는 대표기관과 구성원의 공동의사결정기구를 갖추고 재산을 관리하는 등 교회의 일상 업무를 처리하는 측면에서 보면 법인 아닌 사단의 형태를 갖추고 있는 본질적으로 같은 신앙을 기초로 한 신앙공동체임.

> 대법원 1964. 4. 28. 선고 63다722
>
> 기독교 대한감리총회의 총리원은 그 중앙본부의 역할을 하면서도 한편 그 고유의 목적과 조직을 가지고 있고 그 활동이 일정한 규약에 의하여 정해져 있다면 당사자능력 있는 비법인사단에 해당됨.

그런데 교회라고 함은 일반적으로 지교회를 말하며, 지교회가 자신의 교단이나 노회를 변경하는 것은 자율적으로 가능하다. 다만, 그 지교회의 교단 및 노회(지방회)를 탈퇴하거나 변경하는 행위는 사단법인의 정관변경에 준하여 의결권을 가진 교인 3분의 2 이상의 찬성에 의한 결의가 필요하다(대법원 2006. 4. 20. 선고 2004다37775 전원합의체판결). 그리고 교단변경의 결의가 이루어졌다고 하더라도 교단변경결의에 반대한 교인들은 특별한 사정이 없는 한 그 교회교인으로서의 지위는 여전히 유지되며, 그 교회구성원인 교인으로서의 지위상실은 그의 자유의사(교회탈퇴여부)에 의하여 결정된다.

성립요건

교회가 비법인사단으로서 요건을 갖추기 위해서는 사단법인으로서 실질을 갖추지 않으면 안 된다. 그러기 위해서는 첫째, 공공의 목적을 위하여 다수의 구성원이 단체를 구성하여야 한다. 즉 교회로서 실질을 갖추지 않으면 안 된다. 그러기 위해서는 각 교단헌법에서 요구하는 교인수를 충족해야 할 것이다. 둘째, 단체의 기관 등 그 조직이 존재하여야 한다. 즉 담임목사, 부목사, 장로 등으로 구성된 당회와 공동의회가 있어야 한다. 셋째, 단체의 구성원과 별개의 주체로서 단체가 존재하여 대외적으로 단체의 이름으로 활동할 수 있어야 하며, 단체의 구성원이 변경되더라도 단체의 동일성에 영향을 주지 않을 정도의 단체의 명칭이 있어야 한다. 즉 교회의 명칭이 있어야 한다. 넷째, 대표의 방법, 총회의 운영, 재산의 관리 기타 사단의 중요한 사항이 정관으로 정해져 있어야 한다. 즉 교회의 규정 등 정관이 있어야 하며 여기에 교회의 중요한 사항이 규정되어야 한다. 이와 같은 실질적 요건을 갖추고 있다면 비록 십자가나 교회의 표지가 없다고 해도 교회로서 인정되어야 할 것이다.

교회의 법률행위

이와 같은 요건을 실질적으로 갖춘 교회라고 한다면 일정한 범위 내에서 권리능력을 가지고 자연인과 동일하게 일정한 법률행위를 할 수 있으며 이에 따라 그 법적 효력이 발생한다. 교회의 법률관계는 내부관계와 외부관계로 나눌 수 있다. 대내관계에 있어서는 주로 자율성을 어느 범위까지 인정하고 사법부가 관여할 수 있는가의 문제로 귀착된다. 예컨대 교회의 권징문제에 대하여 사법부가 관여할 수 있느냐의 문제인데 이에 관해서는 후술할 것이다. 그리고 대외관계는 선의의 제3자를 보호할 필요성에 관하여 문제가 제기된다.

그리고 이러한 법률관계는 교회가 가지고 있는 규칙이나 규정 등에 의하여 정해지고, 그 규정 등에 정한 바가 없을 경우에는 민법의 규정(사단법인에 관한 규정)을 적용하게 된다. 그래서 대부분의 경우에는 민법의 규정(정관에도 동일하게 규정하고 있는 경우가 대부분)에 따른 다수결의 원

칙에 의한 의결내용이 곧 교회의 의사로 인정된다. 일부의 교인들만
의 결의는 교회의 의사라고 인정할 수 없는 것이다. 그리고 대외관계
는 교회를 대표하는 자(담임목회자)의 행위를 교회의 행위로 인정한다.
물론 중요한 법률행위가 교회의 규정에 의하여 공동의회의 결의를 요
구한다면 당연히 담임목회자는 이에 따라야만 적법한 교회의 법률행
위를 할 수 있고, 그 효력이 인정될 것이다.

가. 내부관계

일반적으로 교회의 내부관계는 교인들의 총의에 의하여 자율적
으로 결정하는 것이 원칙이나, 교회의 특성상 교단의 헌법과 교회의
규약에 의하여 노회나 총회와의 관계에서 제약을 받는 나름대로의 그
특성이 있다.

첫째, 교회의 내부문제는 소속노회의 규약에 따라야 한다.

대법원 1967. 12. 18. 선고 67다2202

교회는 그가 소속하는 노회와의 내부적 관계에 있어서는 그 노회의 규약
에 따라야 할 것

둘째, 교회의 대표자는 교단 헌법에 따라 선임되어야 하고,

대법원 1975. 12. 9. 선고 73다1944

원고 교회는 대한예수교장로회 경북노회에 소속하고 있는 지교회로서
설사 2개의 파로 분파되어 있다 하더라도 원고 교회의 대표자는 어디까
지나 위 경북노회 또는 원고 교회의 운영방법을 규율하고 있는 종헌인

　　　　　　　　　　　　　　　　가이사의 법과 한국교회

대한예수교장로회 헌법에 정하는 바에 따라 선임되어야 함.

그리고 예컨대 노회에서 면직된 장로는 교회대표의 자격이 없다.

대법원 1972. 11. 14. 선고 72다1330

대한예수교장로회에 소속된 교회는 설사 한 개의 교회로서 독자적으로 종교 활동을 하고 있는 말단 종교단체라고 하여도 그 관리운영에 관한 종헌인 대한예수교장로회의 헌법을 무시하고 그 관리운영을 할 수는 없으므로 그 헌법에 따라 소속교회의 장로를 면직판결 하였다면 그 장로는 원고교회의 대표자로서의 대표자격이 없다고 할 것임.

대법원 1981. 9. 22. 선고 81다276

대한예수교장로회(합동측) 총회재판국의 목사직 정직 등 결의에 불복하고 동 총회로부터의 이탈을 선언하여 독자적인 운영체제를 구축하여 교회의 권위와 질서에서 벗어난 목사에 대한 목사직 상실 및 타 목사 파송결의를 위 장로회 서울노회에서 하였다면 그 결의의 효력은 긍인되어야 함.

그러나 교회와 교단간의 내부문제라고 하더라도 지교회는 그가 소속할 노회나 지방회의 선택이나 교단변경이 가능하고(대법원 2006. 4. 20. 선고 2004다37775 전원합의체판결), 교인들은 그 교파를 선택할 수 있는 것이다.

이와 같은 경우에는 교회내부의 문제로 인정하는 것보다는 국민 개개인의 종교의 자유가 더욱 보장받아야 하기 때문이다. 또한 재산이 교단에 속한다거나 노회나 지방회에 속한다고 하는 경우와 같이 개 교회의 이해관계와 상충되거나 그 존립을 부인하는 경우에는 지교회의 권리를 우선하는 것이다. 판례는 기본적으로 지교회가 독립된 법적 주체이고 소속 교단이나 노회와의 관계는 내부관계에 불과함을 분명히 밝히고 있다. 그리하여 대법원 1993. 1. 19. 선고 91다1226 전원합의체판결에서 보는 바와 같이 재산관계에 있어서 노회 등 교단의 헌법규정은 지교회와 교단 간 또는 지교회와 각파간의 재산관계에는 구속력을 가지지 못한 것으로 보고 있으나 다만, 재산관계 이외의 권징이나 대표자 선출 등에 있어서는 교단의 헌법이 지교회를 구속한다는 입장에 서 있다.

나. 외부관계

교회의 외부문제도 교회의 신도들에 의하여 자율적으로 처리할 수 있다.

교회가 독립성 있는 비법인사단인 이상 노회 이외의 대외적 관계에 있어서는 소속교인들의 총의에 의하여 자율적으로 그의 대표자, 기타의 임원을 선임하고 그들을 통한 종교적 행사를 하며 교인들의 총유에 속하는 교회당을 처리할 수 있을 것임.

이에 따라 구체적으로 살펴보면 다음과 같다.

첫째, 교회는 교회명의로 법률행위를 할 수 있고 그 효력이 교회에 미친다. 따라서 교회는 부동산을 교회의 명의로 소유할 수 있고 (민법 제275조, 부동산등기법 제30조 제1항), 교회는 매매, 임대차 등 계약의 당사자가 될 수 있다.

둘째, 교회는 대표자(담임목사)의 직무에 관한 불법행위에 대해서도 대외적으로 손해배상의 책임이 있다. 교회를 대표하는 담임목사(혹은 당회장)는 그 행위가 불법·부당한 경우에도 그 직무범위에 속한 경우에는 이에 대하여 교회가 그 책임을 진다. 즉 교회가 피해자에 대하여 담임목사의 행위에 대하여 손해배상의 책임을 지지 않으면 안 된다.

재단법인 기독교대한개혁장로회 총회의 대표기관 또는 그 기관의 구성원인 목사 또는 전도사 등이 위 법인의 목적사업인 전도사업의 장소에서 교리에 전혀 없는 황당무계한 설교를 하여 신도들로부터 많은 금품을 편취했고, 사전에 책임금액을 점수제로 할당하여 성적미달자에게는 신앙심이 부족하다는 이유로 구타하여 금품을 갈취하는 등의 불법행위는 모두가 위 법인설립의 기본목적으로 하는 종교적 활동을 빙자 내지는 가장하여 이루어진 것이므로 이들의 행위는 위 법인의 기관으로서 그 조직적 의사의 발현이었다고 볼 일면이 부정될 수 없음.

셋째, 교회도 민사소송에서 당사자능력을 갖는다.

민사소송법 제52조, 대법원 1991. 11. 26. 선고 91다30675
교회가 다수의 교인들에 의하여 조직되고, 일정한 종교 활동을 하고 있으며 그 대표자가 정하여져 있다면 민사소송법 제48조 소정의 비법인사단으로서 당사자능력이 있다고 보아야 함.

그리고 교회의 당회장이 교회의 부동산 소송을 수행할 자격이 있다.

대법원 1985. 11. 26. 선고 85다카659
대한예수교장로회 헌법에 의하면 "당회는 예배규범에 의지하여 예배의식을 주관하되 모든 회집시간과 처소를 작정하고 교회에 속한 토지, 가옥에 관한 일도 장리하도록" 되어 있고 교회나 그 소속교인들은 그 소속교파의 교리는 물론 그 헌법 등 규약에 따라야 할 것이므로 당회장은 교회소속 전체교인들의 총회결의에 의한 특별수권이 없이도 위 헌법의 규정에 따라 위 교회를 대표하여 위 교회소유의 부동산에 관한 소송을 제기하여 수행할 수 있음.

'법인 아닌 사단'의 성격을 지닌 교회는 이 외에도 사단법인에 관한 민법의 규정이 유추 적용된다. 즉 민법은 '법인 아닌 사단'의 법률관계에 관하여 재산의 소유형태 및 관리 등을 규정하는 제275조 내지 제277조를 두고 있을 뿐이므로 사단의 실체, 성립, 사원자격의 득실, 대표의 방법, 총회의 운영, 해산사유와 같은 그 밖의 법률관계에 관하여는 민법의 법인에 관한 규정 중 법인격을 전제로 하는 조항을 제외한 나머지 조항이 원칙적으로 유추 적용된다(대법원 1992. 10. 9. 선고 92다23087).

다. 교회의 인적요소

비법인사단이라 할 수 있는 교회는 인적 요소와 물적 요소, 즉 재산으로 성립이 되는데, 그 중에서 물적 요소인 교회재산에 관하여는 별도로 자세하게 설명하기로 하고, 교회의 인적 요소에 관하여 필요한 범위에서 살펴보도록 하겠다.

교회는 비법인사단으로서 기독교 신자들의 일정한 모임이기 때문에 교회가 성립하기 위해서는 인적 요소인 목사 및 전도사 등의 목회자와 신자가 반드시 있게 마련인데, 그들의 법적 지위와 그의 행위 및 그에 따른 법적 효력에 대하여 여기서 알아보도록 하겠다.

교회가 자연인이 아니기 때문에 실제 교회는 자연인을 통해서만 의사를 결정하고 이에 따른 행동을 할 수밖에 없다. 그리고 이러한 역할을 하는 자연인은 담임목회자와 신자들로 구성된 회의체로서 공동의회(사무총회) 및 제직회가 있다. 앞서 언급한 바와 같이 교회가 성립되기 위해서는 교회의 정관(장정, 규약 등)이 필요하며, 이 정관에 의하여 교회가 실제로 운영된다. 그리고 그 정관에 의하면 대체로 그 교회를 대표하는 기관은 담임목회자가 되는 것이 원칙이다. 따라서 어느 교회든지 담임목사의 명의로 대외적 혹은 대내적으로 법률행위를 하게 되고, 그 법률적 효력은 그 교회에 미친다고 볼 것이다. 물론 그 담임목사와 그 교회와의 관계가 구체적으로 명시되기 때문에 선의의 제3자의 피해를 예방할 수 있다. 그렇지만 어떤 경우에나 교회의 담임목사가 모든 일을 다 할 수 있는 것이 아니고 그 교회의 규약 등에 따라야 할 것이며, 그렇지 않을 경우에는 그 교회 교인들의 총의에 따라야만 그 교회의 적법한 행위로 효력이 인정되는 것이다. 그런 점에서 교인들로 이루어진 공동의회(사무총회)가 교회의 의사결정기구로서 매우 중요한 역할을 수행한다고 할 것이다. 그리고 일반적으로 이에 대하여는 각 교회의 정관(장정 혹은 규정 등)에 자세한 규정이 있어서 그에 따르면 된다.

> **수원지방법원 1997. 12. 23. 선고 97노277**
>
> 승진교회의 정관 제10조에 의하면 공동의회는 회집된 회원으로 할 수 있다고 규정되어 있고 교회재산의 관리 및 처분은 교인들의 총회인 공동의회의 과반수 결의에 의하여야 할 것이므로 교인 15명 전원에게 공동의회 소집통지를 한 후 참석한 교인들로 공동의회를 개최하여 참석한 교인 11명의 찬성으로 이루어진 공동의회결의는 위 정관에 의한 것으로 적법 유효함.

그러나 형식적으로 당회의 의결을 얻었다고 하여 담임목사의 모든 행위에 대하여 소속 교회나 제3자로부터 법적으로 책임이 면제되는 것이 아니다.

가이사의 법과 한국교회

교회 목사가 개인비리나 부정을 무마하거나 처리하기 위하여 교회의 공금을 사용하는 것은 임무위배행위에 해당하고, 공금사용에 대하여 교인들로부터 적법하게 당회의 의결을 얻었다고 할 수 없어 횡령 또는 배임행위에 해당됨.

그리고 교회의 목사 및 전도사 등이 근로자에 해당되는지에 관하여 살펴볼 필요가 있다. 교회의 담임목사는 근로기준법상 근로자라고 할 수 없는 것은 당연하다. 그런데 교회에 소속한 부목사의 경우에 근로자인가에 대하여 논란이 있을 수 있으나 근로자라고 할 수 없다고 할 것이다.

교회의 부목사는 담임목사와 마찬가지로 목사자격을 보유하고 있어야 하고 담임목사의 추천으로 구역인사위원회로부터 파견되며 담임목사의 유고시 직무를 대행할 권한을 가지는 점 등에 비추어 근로기준법상 근로자라 볼 수 없음.

그러나 전도사나 그 교회에 소속한 관리집사의 경우에는 근로기준법상 근로자라고 할 수 있을 것이다

교회의 사무장으로 근무하는 근로자가 새벽기도를 위해 차량을 운행하다가 발생한 사고가 그 교회의 일상적 업무이고 이는 담임목사의 명시

적 내지 묵시적 승인 하에 이루어졌다고 할 것이므로 신도들을 교회로 수송하다가 발생한 사고는 교회의 근로자로서 수행한 교회의 업무로 보아야 함.

아울러 담임목사의 가동연한에 대하여는 70세가 되는 날까지로 인정한 대법원판례가 있다.

대법원 1997. 6. 27. 선고 96다426

일실수입 산정의 기초가 되는 가동연한은 사실심이 우리나라 국민의 평균여명과 경제수준, 고용조건 등의 사회적·경제적 여건 외에 연령별 근로자의 인구수, 취업률 또는 근로참가율 및 직종별 근로조건과 정년제한 등 제반사정을 조사하여 이로부터 경험칙상 추정되는 가동연한을 도출하든가 또는 피해 당사자의 연령, 직업, 경력, 건강상태 등 구체적 사정을 고려하여 그 가동연한을 인정하는 점을 전제로 할 때 목사의 가동연한을 70세가 되는 날까지로 봄이 상당함.

‘교회’의 성경적 의미는 ‘신자들의 모임’이라고 정의하는 것이 타당할 것입니다. 그런데 교회도 일정한 사회조직으로서 기능을 하고 있는 것이 현실이기 때문에 별도의 법적 정의가 필요한 것입니다. 즉 교회에 대하여 법적으로 규율하거나 보호할 필요가 있는 부분이 있기 때문에 명확한 법적 개념이 필요한 것입니다. 그러한 점에서 ‘교회’란 ‘예수 그리스도를 믿는 신자들이 예배, 기도, 신앙교육, 선교 등의 활동을 위해 자발적으로 조직한 비법인사단’이라고 말할 수 있습니다. 그리고 이와 같은 ‘교회’가 성립되기 위해서는 첫째, 교회로서 실질을 갖추기 위해서 각 교단헌법에서 요구하는 교인수를 충족해야 합니다. 둘째, 담임목사를 비롯하여 장로, 집사 등으로 구성된 당회와 공동의회가 있어야 합니다. 셋째, 교회의 명칭이 있어야 합니다. 넷째, 교회의 대표를 비롯하여 당회 및 공동의회, 재산의 관리 등 교회의 중요한 사항을 정한 교회규약이 있어야 합니다. 더 나아가 그 교회가 소속할 교단이나 노회(지방회)가 있어야 합니다.

제3장

교회 재산에 관한 법률관계

교회재산에 관한 법률관계

교회재산의 소유형태

사례

A교회는 1990년에 상가건물에 입주하고 이 건물의 명의를 그 당시 담임목사의 이름으로 하였습니다. 이와 같은 경우 그 재산은 담임목사의 소유라고 할 수 있는가요?

민법은 비법인사단의 재산 소유형태는 총유라고 명문으로 규정하고 있다(민법 제275조 제1항). 따라서 비법인사단의 성격을 지닌 교회재산의 소유형태도 당연히 총유라고 하겠다.

대법원 2001. 6. 15. 선고 99두5566

교회는 일반적으로 법인 아닌 사단이라 할 것이므로 그 재산의 귀속형태는 총유로 봄이 상당하고 따라서 교회재산의 관리와 처분은 그 교회의 정관 기타 규약에 의하되 그것이 없는 경우에는 그 소속교회 교인들 총회의 과반수의 결의에 의하여야 할 것임.

다만, 구세군의 경우는 특이하여 구세군대장의 단독소유에 속한다.

대법원 1986. 7. 8. 선고 85다카2648

구세군은 지역교회의 중심인 일반교회와 달리 강력한 중앙집권적 조직을 갖추어 산하 영문의 재산에 관하여 일체의 사권행사를 부인하고 있다고 해석하여야 할 것이므로 구세군 영문회당의 대지를 구입하고 건물을 신축함에 있어서 그 비용 가운데 구세군 교인들의 헌금이 일부 들어갔다 하더라도 위 대지 및 건물이 교인들의 총유에 속하는 것으로 볼 수 없음.

일반적으로 재산에 대한 공동소유형태는 공유, 합유 및 총유로 분류된다. 여기서 공유는 공동소유자 사이에 인적 결합이 전혀 없는 상태로서 재산에 대하여 공유자의 지분이 있지만 독립적이고 자유롭게 소유권을 행사할 수 있어서 어느 때나 분할을 할 수 있는 소유형태이다. 합유는 조합재산의 소유형태로서 각자가 그 재산에 대하여 지분의 범위 내에서 권리를 행사하지만, 그 지분을 자유롭게 처분하는 것이 금지된 소유형태이다. 그리고 '법인 아닌 사단(비법인사단)' 의 소유형태인 총유란, 여러 사람이 결합한 하나의 단체가 그 재산에 대하여 보존, 관리, 처분의 권한을 가지고 있으며, 그 단체의 구성원은 그 재산을 사용, 수익할 수 있는 권리가 인정되는 소유형태이다. 그러기에 법인인 단체의 재산은 법인의 단독소유인데 반하여 이와 같이 비법인 사단인 교회의 재산은 그 소유형태가 교인들의 총유인 것이다. 총유는 공유나 합유에서와 같은 지분이 인정되지 않고, 그러기에 그 재산의 분할을 청구할 수 없으며, 단체의 구성원으로서 단체의 재산에 대하여 사용하고 수익할 수 있을 뿐이다. 그리고 교회의 구성원 각자가 교회재산을 사용하고 수익하지만, 그 사용·수익의 주체는 신자들의 단체인 교회이고 그 대표자가 아니다. 그리고 단체의 재산 중에서 동산, 부동산 등에 관한 소유관계는 총유이나, 물건 이외의 재산권에 관한 소유관계는 준총유로 된다(민법 제278조). 그러기에 교회의 대표자는 교회의 재산에 대하여 단독소유권이 없다.

> **인천지방법원 1992. 5. 7. 판결 91가합10080**
>
> 교주인 망인이 신도들이 헌납한 금품과 자신이 헌납한 재산을 기초로 신도들이 공동생활을 통하여 신앙심을 돈독히 하고 자녀교육과 의식주를 함께 해결할 수 있도록 이른바 '신앙촌'을 세우기로 하고, 자기가 가장 신임하는 신자들의 명의로 소유권이전등기를 하여둔 경우 이 부동산을 교주 개인재산이라고 볼 수 없음.

또한 교회의 수입으로 이루어진 재산도 역시 교인들의 총유에 속한다

> **대법원 1980. 12. 9. 선고 80다2045**
>
> 교회에서 교인들의 연보, 헌금 기타 교회의 수입으로 이루어진 재산은 특별한 사정이 없는 한 그 교회소속 교인들의 총유에 속하는 것이므로

그 재산의 처분은 그 교회의 정관 기타 규약에 의하거나 그것이 없는 경우에는 그 교회소속 교인들에 의한 총회의 결의에 따라야 함.

따라서 '법인 아닌 사단' 인 교회재산의 소유형태는 총유(준총유)로서 이는 공동소유의 한 형태이지만 각 신자들이 지분권을 갖지 못하고, 그 재산에 대한 사용 및 수익은 교회정관이나 규약에 따라 정해진 바에 의하여 각 신자들에게 허용되며, 그 소유의 주체가 각 신자 개개인이 아니라 신자들의 결합체인 교회라고 할 것이다.

다만, 교회의 재산은 비록 교인들의 총유에 속한다고 할지라도, 그 재산이 교회 고유의 목적에 사용되는 경우에만 교회에 대하여 보장된 여러 가지의 법적 특혜가 허용된다고 할 것이다.

대법원 1993. 2. 23. 선고 92누18849

종교 법인이 토지를 고유목적에 직접 사용하지 못한 것이 제3자가 토지를 불법 점유하였기 때문이었다고 하더라도 양도 당시 고유목적에 직접 사용하지 않고 있었던 이상 양도소득이 구 법인세법 제59조의 3 제1항 제17호에 해당하여 특별부가세를 부과하지 아니한다고 볼 수 없음.

교회의 예배당이나 선교회관 등 교회의 건물은 그 교회 신도들의 총유라고 불리는 공동소유입니다. 비록 그 교회 담임목사 명의로 등기가 되어 있다고 하더라도 이는 그 교회의 소유 즉 교인들의 총유재산인데 이와 같은 경우 담임목사의 명의로 신탁된 재산으로 봅니다. 그러므로 만일 담임목사가 교인들의 총의를 구하지 않고서 이 재산을 함부로 처분한다면 배임죄가 성립되어 형사처벌을 받을 수 있습니다. 또 '부동산실권리자 명의등기에 관한 법

 가이사의 법과 한국교회

교회재산관계의 구체적 내용

일반적 기준

총유의 법률관계는 교회의 정관과 기타 규약에 의하여 정해지며 이에 의하여 정해지지 않은 부분은 민법규정에 의한다(민법 제275조 제2항). 그런데 여기서 말하는 교회규약 혹은 교회장정이라는 것은 그 교회가 속한 노회(지방회) 혹은 교단이 아니고 지교회의 규약 혹은 장정을 의미한다는 사실이다. 그러기에 당연히 지교회의 어떤 재산도 모두 그 지교회의 총유라고 할 것이다. 그러면 구체적으로 지교회의 총유재산에 대한 보존, 관리, 처분에 관하여 어떠한 절차에 의하여 행사하여야 적법한 것인지를 살펴보고자 한다.

구체적 내용

교회 재산이 교인들의 총유재산이라고 하는데, 그렇다면 교인들이 예배당에서 예배를 보는 등 신앙생활을 하는 데 다른 제한이 없습니까? 또 교회 소유의 재산을 처분하려고 하는데 어떤 절차를 밟아야 하는가요?

　　교회재산에 대한 총유는 그 소유권의 내용에 의하여 크게 두 가지로 나눠볼 수 있다. 첫째, 교회재산에 관한 사용·수익행위로서 이는 교회당을 예배, 기도, 교육 등 교회의 본래 목적 내지 용도에 따라 각 교인들이 사용하고 그로 인하여 신앙적 유익을 추구하는 것인데, 이는 교인 각자가 각 교회의 규약 등에 의하여 행사할 수 있다. 그리고 이렇게 교인들이 행사하는 개인적 사용권한은 교인으로서 그 교회에 등록됨으로써 당연히 그 권한이 인정되고, 그 교회를 탈퇴함으로써 당연히 그 권한을 상실한다.

　　둘째, 교회재산에 관한 보존, 관리, 처분행위로서 이는 각 교인에게 인정되는 것이 아니고 교회자체에 인정된다. 그러기에 이를 위하여서는 각 교회의 규약 등에 따라서 이루어지고 그렇지 않은 경우에는 민법의 일반원칙에 의하여 교인들의 총의에 따라서 행사하여야 한다. 즉 이 경우에는 민법(제276조 제1항)의 일반원칙(총유물의 관리 및 처분은 사원총회의 결의에 의한다)에 의하여 소속교회 교인들의 총회의 결의에 따르며 이 경우 소속교회 교인들 총회의 과반수의 결의에 따라야 할 것이다.

> **대법원 2001. 6. 15. 선고 99두5566**
>
> 교회는 일반적으로 '법인아닌 사단'이라고 할 것이므로 그 재산의 귀속형태는 총유로 봄이 상당하고, 따라서 교회재산의 관리와 처분은 그 교회의 정관 기타 규약에 의하되 그것이 없는 경우에는 그 소속교회 교인들 총회의 과반수의 결의에 의하여야 할 것임.

　　　　　　　　　가이사의 법과 한국교회

대법원 1995. 2. 24. 선고 94다21733

총유재산의 관리와 처분은 물론 그 보존행위도 총회의 결의에 의하여야
할 것임.

그러기에 교인총회의 결의가 없이 경료된 부동산 등기는 원인
무효라고 할 것이다.

대법원 1986. 6. 16. 선고 86도777

기독교단체인 교회의 재산은 특단의 사정이 없는 한 그 교회소속 교인들
의 총유에 속하므로 그 재산의 처분에 있어서는 그 교회의 정관 기타의
규약에 의하거나 그것이 없는 경우에는 그 교회 소속 교인들 총회의 결
의에 따라야 하는 것인 바, 교인들 총회의 결의가 없음에도 있는 것 같이
관계서류를 위조하여 경료한 소유권이전등기는 원인무효의 등기임.

비록 그 교회의 대표자인 담임목사라 할지라도 제직회만의 의
결이나 독자적으로 교인들 총회(공동의회)의 결의 없이 행한 보존행위는
무효라고 할 것이다.

대법원 1994. 10. 25. 선고 94다28437

총유물의 보존에 있어서는 공유물 보존에 관한 민법 제265조의 규정이
적용될 수 없고 특별한 사정이 없는 한 민법 제276조 제1항의 소정의 사
원총회의 결의를 거쳐야 하고 이는 대표자의 정함이 있는 비법인사단인
교회가 그 총유재산에 대한 보존행위로서 대표자의 이름으로 소송행위
를 하는 경우라 할지라도 정관에 달리 규정하고 있다는 등의 특별한 사

정이 없는 한 그대로 적용되며, 교인들의 총회에 해당하는 공동의회의 결의 없이 제직회의 결의만으로 교회 대표자가 교회재산 보존을 위해 제기한 소유권이전등기청구의 소는 부적법함.

그리고 이와 같은 교회재산의 처분행위에는 교인총회의 결의가 필요한데 한 번의 결의로써 교회의 대표자가 포괄적으로 처분이 가능하도록 할 수 없다. 즉 각 처분행위별로 별도의 결의가 필요하다고 할 것이다.

다만 교회의 사용을 방해하는 명백한 불법행위가 있는 경우에는 교회의 관리자는 그 출입을 제한할 수 있고, 불법 행위자를 퇴거시키는 행위는 정당행위로서 위법성이 없다고 할 것이다.

풀이

교회의 재산이 총유재산이라고 하는 것은 교회 재산이 그 신자들 총집합체의 소유이며, 그 신자라면 누구든지 공동으로 함께 사용할 수 있다는 것입니다. 함부로 다른 신자들이 사용하는 것을 방해하는 것은 안 됩니다. 그리고 이와 같이 교회 건물 등을 사용, 수익함에 있어서 교회내의 규약이 별도로 규정하고 있다면 이에 따라서 사용, 수익하여야 합니다. 또 교회 재산을 처분함에 있어서도 그 규약이 정한 바에 따르지 않으면 안 됩니다. 그런데 만일 규약에 정한 바가 없다면 민법의 일반원칙에 의하여 공동의회 회원(대개는 세례신자)의 과반수의 출석과 출석자의 과반수 찬성으로 의결한 결과에 의하여 처리됩니다.

가이사의 법과 한국교회

교회재산의 대외적 표시방법

A교회당 건물이 B교회 명의로 이전된 사실을 최근에 알게 되었습니다. 그래서 그 까닭을 등기소에 가서 알아보니까 B교회가 자신의 교회 신자들의 사무총회의 의결을 거치고서 이를 A교회 신자들의 정당한 의결을 거친 것처럼 문서를 위조한 후에 이를 등기소에 제출함으로써 이렇게 명의를 불법으로 변경시킨 것입니다. 무슨 구제책이 있습니까?

교회재산은 크게 부동산, 동산 기타 자산으로 나눌 수 있다. 먼저 부동산은 토지와 그 정착물이다(민법 제99조 제1항). 그리고 부동산에 속하는 정착물은 건물과 토지에 부착된 수목의 집단 등이다. 그리고 부동산 이외의 물건은 모두 동산이다(민법 제99조 제2항). 이동 가능한 물건이 모두 동산에 속하고, 전기 기타 관리할 수 있는 자연력도 동산이다. 그리고 기타 재산으로서는 예금채권, 상품권, 입장권 등을 들 수 있다. 이와 같이 교회의 재산을 분류하는 실익은 여러 가지가 있는데, 특히 공시방법의 차이 때문이다. 부동산은 등기가 공시방법이고, 동산은 점유(자동차는 등록으로 공시)가 공시방법이다(민법 제186조 및 제188조), 금전도 동산에 속한다.

그런데 교회재산 중 부동산의 소유관계를 대외적으로 나타내는 방법은 부동산등기법이 정하는 바에 따른다. 부동산등기법(제30조)에 의하면 "종중, 문중 기타 대표자나 관리인이 있는 법인 아닌 사단이나 재단에 속하는 부동산의 등기에 관하여서는 그 사단 또는 재단을 등기권리자 또는 등기의무자로 한다. 그 등기는 그 사단 또는 재단의 명의로 그 대표자 또는 관리인이 이를 신청"할 수 있게 된다. 따라서 교회는 비법인사단이므로 이 법 규정에 의하면 각 지교회의 명의로 그 대표자인 담임목사가 신청할 수 있다. 다만, 이와 같은 부동산등기는 보존행위도 될 수 있고 처분행위도 될 수 있겠지만 어느 경우에도 교회의 대표자가 임의로 할 수 있는 것이 아니고, 반드시 교회의 규약 등의 정관에 의하거나 그것이 없을 경우에는 교인들 총의에 따라서 이루어져야 한다. 교회재산에 대하여 등기가 이루어졌다고 해서 그 적법성이 당연히 인정되는 것이 아니다.

> **대법원 1964. 9. 30. 선고 63다758**
> 교회신도들의 총유재산인 건물을 재단이 기부 받았다고 하여 그 재단 앞으로 소유권이전등기가 되었다 한들 그 등기가 되었다는 사실 자체만으로 위 교인들의 증여를 위한 공동의회의 결의가 반드시 있은 다음에 소유권이전등기가 된 것이라고 추정할 수 있는 것이 아님.

따라서 거래의 상대방(교회나 일반 제3자)은 교회 재산의 이전에 있어서는 등기의 원인된 사실을 확인할 수 있는 사정에 관하여 교회의 규약 등의 정관에 의한 것이거나 그 공동의회의 의결이 있었는지에 관하여 미리 확인하지 않으면 안 된다.

동산에 관하여는 대외적인 공시방법이 점유인데, 점유라고 하는 방법은 공시방법으로서는 매우 불완전하다. 그러나 자동차 등의 경우와 같이 등록이 가능한 물건에 대하여는 등록함으로써 부동산과 같이 처리하게 된다. 또 예금채권의 경우에는 교회의 이름과 그 대표자 이름을 명기함으로써 대외적으로 공시하게 된다.

그리고 이와 같이 대외적으로 권리를 주장하기 위해서 특히 소송을 통해 주장하기 위해서는 당사자능력이 있어야 하는데, 앞서 설명한 바와 같이 교회는 비법인사단으로서 당사자능력이 있는 것이다.

대법원 1991. 11. 26. 선고 91다30675

민사소송법 제48조가 비법인의 당사자능력을 인정하는 것은 법인이 아닌 사단이나 재단이라도 사단 또는 재단으로서 실체를 갖추고 그 대표자 또는 관리인을 통하여 사회적 활동이나 거래를 하는 경우에는 그로 인하여 발생하는 분쟁은 그 단체의 이름으로 당사자가 되어 소송을 통하여 해결하게 하고자 함에 있다 할 것이며, 교회가 다수의 교인들에 의하여 조직되고 일정한 종교 활동을 하고 있으며 그 대표자가 정하여져 있다면 민사소송법 제48조 소정의 비법인사단으로서 당사자능력이 있다고 보아야 할 것.

B교회의 담임목사는 우선 사문서위조 및 동행사와 공정증서원본부실기재죄 등으로 형사처벌을 면할 수 없습니다. A교회는 잘못 등기이전 된 교회 부지 및 건물에 대하여 소유권이전등기말소청구소송을 관할 법원에 제기할 수 있습니다. 그런데 이 때 직접 A교회 명의로 소송이 가능합니다. 적법한 절차를 거치지 않고서 A교회의 건물과 토지가 B교회 명의로 등기이전 되었다는 사실을 주장하고, 이 B교회 사무총회의 의결에 참석한 교인들이 모두 A교회 교인이 아니라는 사실을 입증하면 됩니다.

교회재산에 대한 교인들의 권리의무

교회에 다닌 지 불과 한 달밖에 안 되는 초신자인데요, 교회가 분열되어 예배당을 처분하는 불미한 상황이 되었습니다. 초신자는 교회의 재산을 처분하는데 발언권이 있습니까?

교회의 교인들이 교회재산에 관하여 이를 사용할 수 있는 권리와 의무는 결국 그 구성원 즉 교인으로서의 등록과 탈퇴에 의하여 결정된다고 하겠다. 교인으로서 등록을 한다면 그가 비록 그 교회재산의 형성에 기여한 바가 없다고 할지라도 교인으로서의 지위에서 그 재산을 사용, 수익할 수 있는 권한을 부여받는다. 아울러 교인으로서 그 교회재산의 보존, 관리, 처분을 위한 공동의회의 의사결정에 참여할 수 있는 권리도 당연히 취득하게 된다. 한편, 교인으로서의 지위를 상실하면, 즉 그 교회를 탈퇴한다면 비록 그가 교회재산의 형성에 기여하였다고 할지라도 그 교회재산을 사용, 수익할 수 있는 권리를 상실함과 아울러 그 교회재산의 보존, 관리, 처분을 위한 결의에 참여할 수 있는 권리도 상실하게 되는 것이다.

대법원 1988. 3. 22. 선고 86다카197

교회신도들의 연보, 헌금, 기타 교회의 수입으로 이루어진 재산은 특별한 사유가 없는 한 그 교회 소속신도들의 총유로서, 신도로서의 지위를 상실함과 동시에 그 재산에 관한 권리의무도 상실된다.

다만, 일시적으로 교회를 출석하지 아니하는 경우와 같이 교회를 확실히 탈퇴할 의사가 객관적으로 명확한 경우가 아니라면 그 교회 교인으로서의 지위를 상실하였다고 볼 수 없기 때문에 이와 같은 권리를 상실하였다고 할 수 없을 것이다. 대법원 2006. 4. 20. 선고 2004다37775 전원합의체판결은 교회의 분열을 전제로 종래 논의되어 오던 교회재산의 귀속에 대하여 법적인 의미에서의 교회분열을 인정하지 아니함으로 인하여 교회의 재산은 원칙적으로 기존교회와 동일성이 있는 잔존 교회 교인들의 총유로 하되, 교인 3분의 2 이상의 동의를 얻어 교단을 탈퇴한 경우에는 탈퇴한 교인들로 구성된 교회가 기존교회와 동일성이 있다고 보아 그 교회 교인들의 총유라고 판시하고 있다.

교회의 채무는 교회가 비법인사단이기 때문에 교인들이 준총유한다고 할 수 있는데, 교회의 정관에 다른 규정이 없으면 교회재산만으로 책임을 지고 교인들 각자의 개인재산으로서 책임을 지지 아니한다. 가령 교회가 재정적으로 곤란하여 은행 등 제3자로부터 대출을 받았으나 변제기일까지 그 대출금을 은행 등에 변제하지 못한 경우, 교회는 이 대출금을 변제할 책임이 있다. 그리고 변제는 교회의 재산으로 변제하는 것이며 신자들 각 개인재산으로 변제할 책임이 있는 것이 아니다. 교회의 예배도구에 대하여는 압류가 금지되어 있다(민사집행법 제195조 제8호).

풀이

교회의 모든 재산은 일반적으로 그 교회에 등록된 모든 교인들의 총유재산이 됩니다. 그러므로 다른 교인들의 사용을 방해하지 않는 범위 내에서 교회의 예배당에서 예배를 드리고 기도를 할 수 있습니다. 비록 자신이 아직 헌금을 할 형편이 안 되어 한 번도 헌금한 적이 없더라도 헌금실적과 관계없이 그 교회의 모든 재산

교단과 지교회와의 관계

우리 교회는 예배당건물이 교단 유지재단의 명의가 된다고 규정
되어 있는 교단헌법에 의하여 교회 토지 및 건물이 그 유지재단
의 명의로 이전되었습니다. 그런데 이에 대하여 우리 교회 담임
목사가 임의로 침례교인들로 구성된 사무총회의 의사를 구하지
않고 임의로 이렇게 처리한 것입니다. 이와 같은 경우에 우리 교
회가 그 재산을 다시 우리 교회 명의로 바꿀 수 있습니까?

대다수의 교회들이 종교재산의 효율적 관리를 위해서 지교회
재산을 교단명의로 혹은 지방회나 노회 명의로 이전하는 수가 많다.
그것은 교단헌법 등에 그렇게 규정되어 있기 때문이다. 또는 교단의
유지재단명의로 이전하게 하기도 한다. 이와 같은 경우에 세상법과
교회법의 충돌이 발생한다.

그와 같은 경우에도 지교회가 취득한 재산은 지교회의 소유로
한다. 비록 교단헌법에서 교단의 소유로 인정하는 규정이 있다고 하
여도 그와 같은 규정은 그 범위 내에서 무효라고 할 것이다.

대한예수교장로회의 헌법에는 대한예수교장로회 경북노회 소속의 지교회에 속한 부동산은 노회의 소유로 하고 토지나 가옥에 관하여 분쟁이 생기면 노회가 처단할 권한이 있음을 규정하고 있으나 물권인 부동산소유권의 귀속 등 국가의 강행법규를 적용하여야 할 법률적 분쟁에 있어서는 이와 저촉되는 교회헌법의 규정이 적용될 여지가 없음.

그렇다면 이와 같이 지교회의 재산이 교단명의로 소유권 등기가 되어 있을 때 이를 법적으로 어떻게 해석해야 할 것인가? 이는 일종의 명의신탁으로 해석한다. 따라서 대외적으로는 교단이 소유권자로서 인정이 되기 때문에 이를 믿고 거래한 제3자가 있는 경우에는 제3자의 소유권취득이 유효하다. 그러나 대내적으로는 지교회 소유의 재산으로서 그 교회교인들이 이를 사용, 수익할 수 있는 것이다. 그런데 만일 지교회가 위 교단을 탈퇴한다면 그 명의신탁을 해지함으로써 그 지교회의 소유권을 회복할 수 있을 것이다.

침례교회가 신도들의 헌금으로 매입하고 신축한 교회 부지 및 건물을 재단법인 기독교한국침례회 유지재단 명의로 등기한 것은 위 재산을 위 유지재단에 종국적으로 취득하게 하겠다는 의사라기보다는 침례회에 대한 가입교회의 소속감을 강화하고 결집성을 확보하기 위한 상징적 의미로서 또는 침례회의 가입회원으로서 권리와 의무를 성실히 이행하고 침례회의 설립목적에 어긋나는 행위를 하지 않겠다는 다짐의 신표로서 한 것으로서 일종의 명의신탁에 해당할 여지가 충분함.

다만, 이렇게 명의신탁이 되었다가 이를 해지함으로써 다시 지교회가 그 재산권을 회복하기 위해서 별도의 주무관청의 허가 등이 필요한 경우라면 당연히 그 허가를 받아야 현실적으로 회복이 가능하다.

대법원 1991. 5. 28. 선고 90다8558

재단법인의 기본재산에 관한 사항은 정관의 기재사항으로서 기본재산의 변경은 정관의 변경을 필요로 하기 때문에 주무장관의 허가를 받아야 하고, 따라서 기존의 기본재산을 처분하는 행위는 물론 새로이 기본재산으로 편입하는 행위도 주무장관의 허가가 있어야 유효하고, 또 일단 주무장관의 허가를 얻어 기본재산에 편입하여 정관 기재사항의 일부가 된 경우에는 비록 그것이 명의신탁관계에 있었던 것이라 하더라도 이것을 처분(반환)하는 것은 정관의 변경을 초래하는 점과 다를 바 없으므로 주무장관의 허가 없이 이를 이전 등기할 수 없음.

담임목사가 교인들의 의사를 묻지 않고 일방적으로 교단 유지재단 명의로 이전을 한 그 교회의 재산이전은 무효라고 할 것입니다. 그러기 때문에 다시 그 명의를 회복할 수 있습니다. 비록 교단 헌법에 유지재단의 소유로 한다는 규정이 있다고 해도 그 헌법 규정만으로는 효력을 발생할 수 없습니다. 만일 그 헌법규정을 존중하여 교회의 사무총회에서 그러한 심의 및 의결을 거쳐서 적법하게 교회재산 명의를 이전하였다면 비로소 그 효력이 있다고 할 것입니다.

     가이사의 법과 한국교회

기타 사항

저는 A기도원 원장이 헌물을 하고 안수기도를 받아야 병이 낫겠다고 하여 할 수 없이 저의 남편 소유로 되어 있는 저의 집을 남편 몰래 인감도장, 인감증명 등을 갖추어서 그 기도원에 헌물을 한 사실이 있습니다. 그런데 저의 병이 낫지도 않고 나중에 이 사실을 알게 된 남편과 이혼할 위기에 처해 있어서 그 기도원 원장에게 반환을 요구하였지만, 한번 하나님께 바쳤는데 도로 돌려줄 수 없다고 하면서 소유권 등기명의를 이전해 주는 것을 거절하였습니다. 어떻게 해야 좋을지 모르겠습니다.

교인들이 담임목사로부터 사기 혹은 강박을 당하여 자신의 재산을 교회에 헌납하였다면 어떻게 할 것인가? 이러한 경우에는 법의 일반원칙에 의하여 그 헌납행위를 취소함으로써 다시 반환받아야 마땅하다.

대법원 1980. 4. 8. 선고 79다1814

교회재산이 교인들의 총유라고 할지라도 교회에 재산을 증여한 자가 사기에 의한 증여의 의사표시를 취소함으로써 그 원상회복을 구하는 경우에는 수증자인 교회나 그 교인의 처분행위를 별도로 필요로 하는 것이 아니라 할 것이므로 교인들의 결의여부는 아무런 영향이 없음.

이와 같이 교회에 특별하게 적용되는 규정이 없다면 교회재산에 관하여 발생할 수 있는 모든 법률관계는 예외 없이 세상법을 따르지 않으면 안 된다. 예컨대 교회가 도로를 점용하는 행위가 반드시 공용이라고 일률적으로 단정할 수 없는 것이다.

대법원 1974. 8. 30. 선고 73누98

도로법 제44조에서 규정한 도로의 점용이 공용 또는 공익을 목적으로 하는 것일 때라 함은 도로의 점용 그 자체가 공용 또는 공익을 목적으로 하는 때라고 풀이되며 그 점용하는 주체가 공익기관 또는 단체라 할지라도 그 점용이 반드시 공용 또는 공익목적으로 하는 것이라고 일률적으로 단정할 수 없음.

A기도원 원장은 결국 귀하의 재산을 돌려주어야 한다고 봅니다. 왜냐하면 우선 그 재산은 귀하가 함부로 할 수 없는 처지에 있다고 할 수 있는데, 이러한 내용을 잘 확인하지도 않고서 등기명의를 이전하였기 때문입니다. 또한 그 기도원 원장의 행위는 속임수에 의한 행위라고 할 것이므로 취소할 수 있는 행위라고 할 수 있습니다. 그러기에 그 재산은 다시 돌려받을 수 있다고 생각합니다.

제4장

교회의 분열

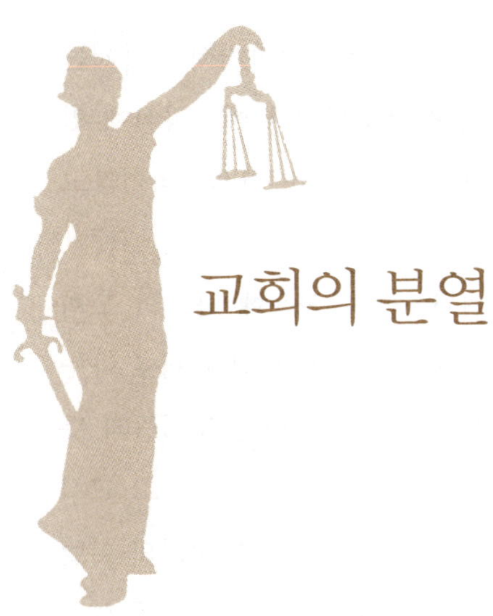

교회의 분열

교회분열의 의의 및 기준

사례 저희 A교회에서는 담임목사님이 헌금의 일부에 대하여 횡령사실이 드러나자 담임목사직을 사임하였습니다. 그런데 갑자기 이 목사님이 저희 교회에서 가까운 장소에 자신을 추종하는 신도들을 데리고 나가서 새로운 교회를 개척하고, 그 교회명칭을 저희 교회이름과 같은 A교회라고 하면서 이제 교회가 분열되었다고 하는데 옳은 주장입니까?

교회가 하나로 성립되어 내적으로 충만하고 외적으로 성장한다면 더할 나위 없이 좋은 일이나 현실이 그렇지 못할 때가 많아서 안타까울 뿐이다. 교회가 분열이나 갈등을 빚지 않고서 하나가 되는 것이 이상적이나, 그렇지 않기 때문에 이에 대한 법적인 예비지식을 가지는 것이 필요할 것이다. 또한 한 교회에서 신앙노선이나 예배형식에 있어서 다른 견해를 가질 수 있기 때문에 이를 반드시 비성경적이라고 할 수도 없는 측면이 있다.

우선 '교회의 분열'이란 무엇인가? 이는 처음에 하나의 교회로 성립하였으나, 그 후의 사정으로 인하여 두 개 이상의 교회로 나누어지는 것을 말한다. 따라서 교회의 소수의 교인이 다른 교인들과 뜻이 맞지 않든가 혹은 담임목회자의 신앙관과 차이가 생겨서 그 교회를 탈퇴하는 소위 교회의 이탈과는 성질을 달리한다. 즉 교회의 이탈은 종전의 교회가 그 동일성 및 계속성을 유지하면서, 다만 그 구성원의 숫자가 줄어드는 경우라 할 수 있다.

일반적으로 기존의 교회에 대하여 불만을 가지고 있는 측에서는 교회가 분열되었다고 주장하는 반면에, 종전 교회의 입장을 고수하는 측에서는 상대방 측에서 그 교회를 자발적으로 이탈하였다고 주장한다. 왜냐하면 교회가 분열되었을 경우에는 교회를 탈퇴하지 않는 한, 교회의 재산을 적정하게 사용할 수 있는 권리가 있고, 이를 관리처분하는 데 참여할 수 있는 권리가 있지만, 교회를 탈퇴하여 교회로부터 이탈된 신자들에게는 이러한 권리가 인정되지 않기 때문이다. 따라서 교회의 이탈과 분열에 대한 주관적인 시각차가 있다. 그래서 객관적으로 교회의 분열에 대한 기준을 정리할 필요가 있다. 교회가 분열되었다고 하기 위해서는 적어도 분열된 교회가 '사단적 성격을 갖는 교인들의 모임'으로 인정할 수 있는 규모임을 요함과 아울러 신앙노선을 달리함으로써 신앙공동체로서의 기초가 상실된 이질적 2개의 조직이 필요하다고 할 것이다.

기독교의 개교회는 대표기관과 구성원의 공동의사결정기구를 갖추고 재산을 관리하는 등 교회의 일상업무를 처리하는 측면에서 보면 '법인 아닌 사단'의 형태를 갖추고 있지만 이는 본질적으로 같은 신앙을 기초로 한 교인들의 모임인 신앙공동체이므로, 한 교회가 2개의 교회로 분열되었다고 하려면 한 교회에 속한 교인들이 교리와 예배형식 등 신앙노선을 달리하는 2개의 집단으로 나뉘어 그 신앙공동체로서의 기초가 상실되는 정도에 이르렀거나, 다른 사유에 기한 분쟁이라 하더라도 최소한 일부 교인들이 집단을 이루어 소속 교단을 변경하기로 하는 결의를 하고 다른 교단에 가입한 데 반하여 다른 교인들은 종전 교단에 그대로 남아있기로 하는 정도에 이르러야 하기 때문에 교회가 서로 예배를 달리 보는 2집단으로 나뉘어 있지만 한 교단에 속해 있으면서 신앙노선이 아닌 교회의 재산관리, 상회인 노회의 행정에 관한 승복여부에 관한 다툼을 계속하여 온 정도에 불과한 경우, 2개의 교회로 분열되었다고 할 수 없음.

이와 같이 교회의 분열의 의미와 재산귀속에 관하여는 과거에는 세상법에서 명확한 규정이 없기 때문에 대법원판례를 통해서 해석되고 규율되어 왔던 것인데, 「대법원 1993. 1. 19. 선고 91다1226(전원합의체판결)」에서 좀 더 분명한 입장이 나타났다.

즉 어떤 교단에 소속하는 교회의 교인들이 소속교단을 두고 의견이 대립되어 일부는 종전의 소속교단에 계속 남아있기로 하는 한편, 다른 일부는 그 교회의 소속교단을 변경하기로 결의하고 새로운 교단에 가입한 경우에는 원래의 교회는 종전의 교단에 소속하는 교회와 교단변경을 결의, 찬동하는 교인들에 의하여 새로운 교단에 가입한 교회의 2개로 분열된 것이라고 보아야 한다는 것이다. 이러한 대법원의 견해는 거의 상당한 기간을 지배하였으며 그 동안 많은 교회분열을 해결하는데 공헌한 바가 적지 않다고 할 것이다.

그러나 사회의 변화에 따라 교회의 이탈 내지 탈퇴와 교회의 분열 및 그에 따른 교회재산의 처리 등에 관한 기준이 애매하여 해결되지 아니하는 사례가 많아 판례의 실효성에 대하여 의문을 가져오고 있었는데, 최근 대법원판례에서는 종전의 판례를 변경하여 의결권을 가진 교인 3분의 2 이상의 찬성에 의한 결의에 의하면 형식적으로 탈퇴에 해당된다고 해도 실질적으로 그 정관을 변경할 정도에 이르기 때문에 새로운 교단에의 가입이 허용된다고 판시한 바 있다.

대법원 2006. 4. 20. 선고 2004다37775 전원합의체판결

어느 교단에 소속되어 있던 지교회의 교인들 중 의결권을 가진 교인 3분의 2 이상의 찬성에 의한 결의를 통하여 소속 교단을 탈퇴하기로 결의한 다음 종전 교회를 나가 별도의 교회를 설립하여 별도의 대표자를 선정하고 나아가 다른 교단에 가입한 경우에는 사단법인 정관변경에 준하여 종전 교회의 실체가 이와 같이 교단을 탈퇴한 교회로서 존속하고 종전 교회재산은 위 탈퇴한 교회 소속 교인들의 총유로 귀속되는 바, 교단에 속하지 않은 독립교회에 있어서도 교인들의 일부가 종전의 독립교회 상태를 벗어나 특정교단에 가입하기로 결의한 경우에는 이로 인하여 그 교회의 명칭이나 목적 등 교회규약으로 정하여졌거나 정하여져야 할 사항의 변경을 초래하게 되므로 위와 마찬가지로 사단법인 정관변경에 준하여 의결권을 가진 교인 3분의 2 이상이 찬성한 결의에 의하여 종전 교회의 실체는 특정교단에 가입하여 소속된 지교회로서 존속하고 종전 교회재

가이사의 법과 한국교회

위의 대법원판결은 다음과 같은 의의를 지닌다고 말할 수 있겠다.

먼저 위 판결은 교회의 법적 성격을 '법인 아닌 사단' 으로 명확하게 재확인함과 아울러 교단의 지교회에 대한 구속력의 한계를 밝혔으며 교인들의 의사가 일치되지 않는 한 법적인 의미에서의 교회의 분열을 인정하지 아니하고, 교단변경은 이제까지는 교인전체의 동의를 얻어야만 한다는 종래의 판례를 변경하여 교인 3분의 2 이상의 찬성을 얻으면 가능하도록 하였고, 교회의 분열을 전제로 종래 논의해오던 교회재산의 귀속에 대하여 교회분열을 인정하지 아니함으로써 교회의 재산은 원칙적으로 기존교회와 동일성이 있는 잔존 교회 교인들의 총유로 하되, 교인 3분의 2 이상의 동의를 얻어 교회를 탈퇴한 경우에는 탈퇴한 교인들로 구성된 교회가 기존교회와 동일성이 있다고 보아 그 교회 교인들의 총유로 인정함으로써 사단법인의 법 이론을 관철하였다는 것이다.

그렇다면 어느 지교회가 사실상 분열되는 경우는 첫째, 자발적인 경우로서 지교회 교인들의 신앙노선이 다르기 때문에 정관에 정한 바 있으면 그 정관에 따라, 그렇지 않은 경우에는 교인들의 합의에 의하여 사실상 분열되는 경우가 있을 것이다. 둘째, 비자발적인 경우로서 전체교인의 3분의 2 이상의 찬성을 얻지 못하는 경우에 신앙노선이 다르고 이에 따라 별도의 교회지도자가 선출되고 별도의 교회조직을 갖춘다면 사실상 교회의 분열이라고 할 수 있을 것이다.

귀하의 교회에서 사임하신 목사님이 새로운 장소에서 개척한 교회가 귀하가 섬기는 교회의 명칭과 같다고 하여도 교회의 분열이라고 말할 수는 없습니다. 이와 같은 경우에는 교회의 이탈이라고 할 것입니다.

교회분열과 법률관계

교회가 분열되는 경우에 교회의 인적 요소와 함께 물적 요소인 재산이 완전히 분할된다면 모든 것이 깨끗하게 정리되었다고 할 것인데, 그렇지 못한 경우, 즉 과도기적 상태가 교회의 분열 상태라고 할 것이다. 이와 같은 경우에 발생되는 법률관계는 여러 가지로 나누어서 살펴볼 필요가 생긴다.

교회재산의 사용관계

저희 교회는 최근 목사님의 신앙노선과 달리 하는 장로님들을 중심으로 하여 분열이 되었습니다. 그리하여 이 장로님들이 새로운 목사님 청빙을 별도로 하고 예배를 보는데 서로 불편하기 짝이 없습니다. 특히 주일대예배 때가 되기만 하면 어김없이 서로 고성이 오가고 몸싸움을 벌이는 바람에 주일예배가 엉망이 되고 전혀 은혜가 되지 않습니다. 무슨 방법이 있을까요?

교회가 분열되는 경우에는 우선 교회의 인적 요소로서의 교인들이 각각 나누어지는 것은 당연하다. 교회가 분열되는 경우에 가장 절박하게 문제가 제기되는 것은 같은 교회에서 예배를 따로 나누어서 드리는 등의 교회재산의 사용문제이다. 보통 그에 관하여 신사적으로 합의가 이루어진다면 한 지붕 두 가족식의 예배나 교회활동이 평화롭게 이루어질 것이다. 그러나 이것은 이상적인 경우이고 실제 그렇지 않다. 서로 자기네 편이 정통이고 상대방은 이탈이라고 주장하기 때문에 결국 물리력을 동원하여 상대방의 교회당 출입을 방해하고 자기 측만 예배를 드리려고 한다. 분열된 교회들이 하나의 교회 건물을 서로 독점적으로 점유하기 위하여 물리력을 행사하더라도 이를 방치할 수밖에 없어 종국에는 다수파에 의한 점거가 사실상 정당한 것처럼 유지되는 결과에 이르게 되는 경우가 많았다. 또한 분열된 각 교회가 상대방의 사용 · 수익을 방해하지 않는 범위 내에서 종전 교회의 건물을 사용, 수익한다고 하더라도, 교회 건물 외에 목사의 사택, 채권 · 채무 등 구체적인 재산의 사용 · 수익 및 처분이나 변제를 어떠한 방법으로 할 것인가에 대한 해결책은 찾을 수 없는 상태로 남아 있었다.

교회가 분열될 경우를 대비하여 교회의 정관이나 규약에 이에 대한 규정이 있다면 이에 따라서 처리하면 될 것이다. 그러나 교회가 분열될 경우를 예상하여 규정을 두는 경우는 현실적으로 상상할 수 없다. 그러기에 이론과 판례에 의하여 정리할 수밖에 없다.

이러한 상태에서 최근에 종전의 판례를 변경한 새로운 대법원 판결이 선고되었는바, 대법원 2006. 4. 20. 선고 2004다37775 전원합의체판결은 지교회가 민법상 사단법인의 정관변경에 준하여 의결권을 가진 교인 3분의 2 이상의 동의에 의한 교단탈퇴결의가 있으면 지교회는 자신이 속해 있던 교단을 탈퇴할 수 있고, 이 경우에는 탈퇴한 교인들로 구성된 교회가 기존의 교회와 동일성을 유지하여 기존 교회 재산은 그 교회 교인들의 총유가 된다고 판시하고 있다. 그러나 위 대법원판례의 사안의 경우와 달리, 교단을 변경하거나 탈퇴하지 않는 교회분쟁이나 어느 교단에도 소속되지 않은 교회의 분쟁에 있어서도 위 판례의 사안의 경우와 동일하게 3분의 2 이상의 결의를 요구하는 것인지에 대하여는 위 판례가 명확한 해답을 주지 못하고 있다. 따라서 이와 같은 경우에는 단체법의 원칙을 충실하게 적용함으로써 해결을 모색하여야 할 것으로 생각한다. 따라서 정관변경에 준하지 아니하는 교회분쟁의 경우 예컨대, 교단변경이 아닌 재산문제로 인한 분쟁, 담임목사의 도덕성 문제로 인한 분쟁, 교회의 운영권 확보를 위한 분쟁 등의 경우에는 교회의 정관 등에 규정된 일반 다수결의 원리에 의하여 해결하여야 할 것이다. 참고로 민법상 사단법인의 총회결의는 다른 규정이 없는 이상 구성원 과반수의 출석과 출석 구성원의 결의권의 과반수로써 하도록 규정되어 있으나(민법 제75조 제1항), 사단에 따라서는 재산내역이 규약에 특정되어 있거나 그렇지 않더라도 재산의 존재가 규약에 정하여진 사단의 목적수행 및 사단의 명칭, 소재지와 직접 관련되어 있는 경우에는 그 재산의 처분은 사단법인의 정관변경에 관한 민법 제42조 제1항을 유추 적용하여 총 구성원의 3분의 2 이상의 동의를 필요로 한다고 해석된다.

위 2004다37775 대법원판례에 의하면 일부 교인들이 교회를 탈퇴하여 그 교회 교인으로서의 지위를 상실하게 되면 탈퇴가 개별적인 것이든, 집단적인 것이든 이와 더불어 종전 교회의 총유재산의 관리처분에 관한 의결에 참가할 수 있는 지위나 그 재산에 대한 사용·수익권을 상실하고, 종전 교회는 잔존 교인들을 구성원으로 하여 실체의 동일성을 유지하면서 존속하며 종전 교회의 재산은 그 교회에 소속된 잔존 교인들의 총유로 귀속됨이 원칙이다. 그리고 교단에 소속되어 있던 지교회의 교인들의 일부가 소속 교단을 탈퇴하기로 결의한 다음 종전 교회를 나가 별도의 교회를 설립하여 별도의 대표자를 선정하고 나아가 다른 교단에 가입한 경우, 그 교회는 종전 교회에서 집단적으로 이탈한 교인들에 의하여 새로이 '법인 아닌 사단' 의 요건을 갖추어 설립된 신설 교회라 할 것이어서, 그 교회 소속 교인들은 더 이상 종전 교회의 재산에 대한 권리를 보유할 수 없게 된다.

특정 교단에 가입한 지교회가 교단이 정한 헌법을 지교회 자신의 자치규범으로 받아들였다고 인정되는 경우에는 소속 교단의 변경은 실질적으로 지교회 자신의 규약에 해당하는 자치규범을 변경하는 결과를 초래하고, 만약 지교회 자신의 규약을 갖춘 경우에는 교단변경으로 인하여 지교회의 명칭이나 목적 등 지교회의 규약에 포함된 사항의 변경까지 수반하기 때문에, 소속 교단에서의 탈퇴 내지 소속 교단의 변경은 사단법인의 정관변경에 준하여 의결권을 가진 교인 3분의 2 이상의 찬성에 의한 결의를 필요로 한다.

만약 교단 딜되 및 변경에 관한 결의(아래에서는 '교단변경결의' 라 한다)를 하였으나 이에 찬성한 교인들의 숫자가 의결권을 가진 전체 교인 3분의 2에 이르지 못한다면 종전 교회의 동일성은 여전히 종전 교단에 소속되어 있는 상태로서 유지된다. 따라서 교단변경결의에 찬성하고 나아가 종전 교회를 집단적으로 탈퇴하거나 다른 교단에 가입한 교인들은 종전 교회의 교인으로서의 지위는 물론이고 종전 교회 재산에 대한 권리를 상실하였다고 볼 수밖에 없다.

　　　그러나 위의 교단변경결의 요건을 갖추어 소속 교단에서 탈퇴하거나 다른 교단으로 변경한 경우에는 종전 교회의 실체는 이와 같이 교단을 탈퇴한 교회로서 존속하고 종전 교회 재산은 위 탈퇴한 교회 소속 교인들의 총유로 귀속된다. '법인 아닌 사단' 의 재산에 관한 관리처분권은 사단에 속하고 그 관리처분권에 관한 의사결정은 총회의 결의에 의하여 이루어진다고 할 것이기 때문에, 이와 같이 교단변경결의에 찬성하지 아니한 교인들이 결과적으로 불리한 지위에 놓이게 된다고 하더라도 이는 다수의 구성원으로 이루어진 사단의 민주적인 의사결정에 의한 결과이므로 민법의 '법인 아닌 사단' 에 관한 기본 법리에 따라 승복하여야 한다.

　　　교단변경결의가 이루어졌다고 하더라도 종전 교회의 동일성이 유지되고 있으므로 교단변경결의에 반대한 교인들이라 하더라도 특별한 사정이 없는 한 교인으로서의 지위는 여전히 유지되며, 그 교회 구성원인 교인으로서의 지위상실은 그의 자유의사에 의하여 결정된다.

　　　위 대법원판례에 의할 때 앞으로 교회 내부에서 교단탈퇴 및 변경을 둘러싸고 분쟁이 발생하는 경우 교단탈퇴를 의도하는 교인들로서는 최소한 결의권자의 3분의 2에 이르는 교인들의 지지를 얻고 적법한 소집절차에 따른 결의를 거칠 것이 요구되고, 반대로 교단탈퇴에 반대하는 교인들로서도 만약 위의 요건을 갖추어 결의가 이루어진 경우에는 여기에 승복할 것이 요구됨으로써, 민주주의 원칙과 민법의 '법인 아닌 사단' 에 관한 일반 법리에 따른 교회운영이 가능해지고 교회분쟁에 대한 예방적 기능을 수행할 수 있게 될 것으로 기대된다.

　　　　　　　　　　　　　　　　　　　가이사의 법과 한국교회

양측 교인들의 어느 한쪽이라도 전체교인의 3분의 2 이상의 공동의회 결의를 갖추지 못하여 사실상 교회가 분열이 된 경우라도 그 교회의 예배당을 비롯하여 모든 교회재산은 양측 교인들의 총유재산이기 때문에 분열된 상태에서 두 그룹이 서로 같은 예배당을 사용하는 등 교회의 재산을 함께 사용할 수밖에 없는 것입니다. 그러기에 서로 예배를 방해하거나 교회의 재산을 분열된 상대방 교인들이 사용하는 것을 방해할 수 없습니다. 그러기 때문에 상호간에 협의를 잘 함으로써 예배시간을 조정하고 교육관 등의 사용도 서로 마찰이 없도록 협의를 잘 하여야 할 것입니다.

교회재산의 처분 및 분할

우리 교회는 분열이 되어서 여러 가지 마찰을 빚으면서 예배시간을 달리하여 서로 다른 목사님을 모시고 예배를 드리고 있습니다. 이렇게 하다 보니 은혜가 되지 않고 많은 교인들이 다른 교회로 떠났습니다. 그래서 빨리 교회의 재산을 처분하고 그 재산을 분할하려고 하는데 법원에서 해결하는 방법은 없나요?

교회가 사실상 분열되는 경우에 최종적인 해결책은 그 재산을 합리적으로 분할하는 것이다. 그러기 전에 대개는 분열된 교회 중에서 좀 더 힘이 센 측에서는 상대방 측의 교회출입을 금하거나 예배를 드리지 못하도록 하는 경우도 있으나, 그 교회재산을 처분하는 경우도 있다. 이러한 경우에 예배방해죄나 횡령죄가 성립될 수 있으며 교회 시설 등 교회의 재산은 총유재산이기 때문에 예배방해금지가처분신 청을 통하여 임시적인 해결을 시도할 수 있을 것이고 이러한 행위가 불법행위에 해당될 때_(공동의회의 결의가 없이 이루어졌을 때) 형사처리를 의뢰 함으로써 간접적으로 그 행위를 제지하고 또한 민사소송에 의하여 그 처분행위가 나중에 무효로 확인되어 원상회복시키는 방법 등이 있을 것이다.

교회재산의 분할을 법원에 청구할 수 있는가? 역시 이것이 가장 합리적 방법임에도 불구하고 교인 총회의 결의가 없는 한 불가능하 다. 교회는 법률상 '법인 아닌 사단' 이므로 그 단체성으로 인하여 구 성원인 각 교인은 교회시설 등 교회재산에 대하여 사용·수익권을 가 질 뿐이고, 이를 넘어서 교회재산에 대한 지분권이 인정되지 아니한 다. 따라서 교회재산의 분할은 법률상 인정되지 아니한다. 다만, 교회 의 규약 등에 정한 바가 있으면 그에 따를 것이고 그것이 없다면 교인 들의 총의에 따라서만 가능하다.

이와 같이 교회가 현실적으로 분쟁상태에 있어 사실상 분열되 어 있음에도 불구하고 이를 법원에서 일도양단으로 해결할 수 있는 방 법이 완비되어 있지 못하여 매우 안타까운 것이 현실이다. 다만 이와 같이 분열된 한쪽에서 예배를 방해하는 상대방에 대하여 예배방해금 지가처분신청과 손해배상청구소송 등을 통해서 압박함으로써 교회재 산을 원만하게 분할하는 방법으로 교회의 분쟁을 종식시키도록 하는 간접적 수단이 있을 수 있으나 새로운 대법원판례의 취지에 따라, 교 회의 정관과 사단법인의 법리에 의하여 교인총회의 의사결정에 승복 하는 것이 바람직하다고 할 것이다.

    가이사의 법과 한국교회

결론적으로 교회의 구성원이 함께 모여서 해결을 보는 방법이 아니고서는 다른 방법이 없습니다. 어느 한 쪽이 다른 쪽을 상대로 하여 재산분할청구를 할 수 없는 것입니다. 현실적으로 분쟁상태에 있어서 사실상 분열 상태에 있지만 법원에서 이를 해결할 수 있는 방법이 없기 때문에 안타까운 현실입니다.

제5장

교회내의 행위(권징포함)와 사법심사

교회내의 행위(권징포함)와 사법심사

서언

교회는 기독교신앙을 가진 사람의 집단이기 때문에 그 집단에 고유한 규범이 있어야 하고 그 규범은 여러 가지의 형태로 존재한다. 일반적으로 각 교단의 수준에서 효력을 가지는 헌법이 있고 지교회 내에서 효력을 가지는 장정, 규약, 정관 등이 있다. 그리고 이와 같은 교회의 규범은 각 교회의 교인들에게 적용되고 교인들은 이를 지키게 된다. 이와 같이 자율적으로 교인들이 지키게 되는 교회의 규범에 의하여 교회 내의 신앙생활에 필요한 여러 기관을 조직하고 대내적 혹은 대외적 활동을 하는데 필요한 의사결정을 하게 된다. 이는 교인들의 권리 혹은 의무의 형태로 나타난다.

이와 같이 교회 내에서 적용되는 교회의 자율적 규범에 따르는 행위는 어떤 규범적 효력이 있는가? 교회의 질서를 유지하고 교인들의 신앙생활을 위하여 필요한 규범이 세상법과 저촉되지 않는다면 교회법과 교인들의 자율적인 결정을 존중하는 것은 당연하다. 그런데 교인들이 교회법과 이에 따른 여러 가지의 결정을 거부하면서 이를 세상법에 호소하는 경우에는 문제가 다르다. 즉 교회내부의 문제를 세상법 내지 세상법정에 호소할 경우에는 세상법은 이를 어떻게 처리해야 하는가의 문제이다. 특히 교회의 권징재판에 대하여는 사법부의 심사가 가능한지의 문제이다. 바로 이와 같은 문제가 교회내의 행위와 사법심사의 문제인 것이다. 각 경우로 나누어서 교회의 자율성 내지 재량을 인정하는 범위와 사법부의 심사의 한계에 대하여 설명하도록 하겠다.

교회의 자율적 행위

교인의 개 교회 선택 및 개교회의 교단(지방회)의 선택

사례

우리 교회는 원래 A노회에 소속되어 있었는데요, 최근에 담임목사를 청빙하는 문제로 갈등을 일으킨 나머지 공동의회의 결의에 따라 A노회를 탈퇴하였습니다. 그런데, 우리 교회 건물과 토지가 모두 A노회 명의로 이전되어 있습니다. 그렇다면 우리는 교회 건물과 토지를 사용할 수 있는 권한도 없다고 할 수 있습니까?

모든 국민에게는 종교의 자유가 보장되어 있다. 따라서 개인이

가이사의 법과 한국교회

자신의 신앙노선과 교리에 따라서 신앙생활을 할 교회를 선택할 수 있는 것이 헌법이 보장하는 바이다. 아울러 자신이 선택한 지교회는 총의에 의하여 자신이 속할 교단과 지방회(노회)를 선택하고 이를 변경할 권리가 있는 것이다.

대법원 1991. 5. 28. 선고 90다8558

소속교단의 규약에 가입과 징계에 관한 규정이 있을 뿐이고 탈퇴에 관한 규정이 없다하더라도 일반적으로 교인 전원의 총의에 의하는 경우 소속 교단의 변경이 가능함.

비록 지교회가 이전에 속한 교단의 헌법이나 지방회의 규약에 의하면 그 교단이나 지방회를 탈퇴하는 것이 불가능하게 규정되어 있더라도 이러한 규정은 효력이 없다고 할 것이다. 즉 교단을 탈퇴한 경우 탈퇴한 교인들에게는 그 교단의 헌법 규정은 이제 더 이상 효력이 없는 것이다.

대법원 1993. 1. 19. 선고 91다1226

종전 교회가 소속한 교단헌법에 '교단의 교리나 법규를 준행하지 않거나 이탈한 자는 재산의 사용권을 가지지 못한다' 고 규정되어 있는 경우, 교회와 소속 교단과의 관계는 교회의 기본적 독립성이 인정되는 범위에서 정립되어야 하고 교회의 기본재산은 특별한 사정이 없는 한 교회의 교인들이 자기들을 위하여 소유·사용할 의사를 가진 것이라고 보아야 하며, 종교자유의 원칙상 교회의 교인들이 소속 교단을 탈퇴하거나 변경할 수 있으며 교회에서 탈퇴하지 않는 이상 교회구성원의 지위를 상실하는 것이 아닌 점 등에 비추어 보면 위 규정이 종전 교회의 교인들이 교회 자체를 탈퇴하여 교회구성원의 지위를 상실하는 경우가 아니라 다수 교인들이 소속 교단을 탈퇴하고 새로운 교단에 가입하여 별개의 교회를 결성함으로써 종전 교회가 2개의 교회로 분열된 경우까지 구속력을 가진다고 할 수 없음.

또한 어느 지교회의 소속 교인이 그 교단에서 탈퇴한 후에도 그 교회에서 탈퇴한 것이 아니므로 단지 교단에서 탈퇴하였다는 이유로 그 교회의 총유재산에 관한 권리의무를 상실하였다고 할 수 없다(대법원 1978. 1. 31. 선고 77다2303).

풀이

비록 교인들이 모두 A노회에서 탈퇴하였다고 해도 그 교회를 이탈한 것이 아니므로 종전과 같이 그 교회의 건물이나 토지를 이용할 수 있습니다.

교인들의 자율적 결정과 행사

사례

우리 교회는 어느 때부터 노회에서 간섭이 심합니다. 그래서 노회를 탈퇴하자는 의견이 많습니다. 우리 신자들이 교회의 재산에 관하여 처분할 수 있는 권한이 거의 없다고 합니다. 그것은 노회에서 이를 승낙하지 않기 때문이라고 합니다. 이렇게 노회가 매사에 간섭하기 때문에 신앙생활을 하는데 있어서 불편하고 은혜가 되지 않는데요, 어떻게 해야 할까요?

교인이 자신의 선택에 의하여 교회를 결정한 후 그 교회에 등록을 마친 경우에는 그 교인은 그 교회에 헌금을 하지 않았다 하더라도 그 교회의 재산을 사용·수익 할 수 있는 권리가 있다. 또한 그 교회의 규약, 장정 등 정관에 의하여 각종 회의에 참석하여 의결권을 행사함으로써 교회의 제직을 선출하고 예산을 처리할 수 있을 뿐만 아니라, 대외적인 문제도 처리할 수 있다. 즉 교회가 필요로 하는 재정 및 인사 그리고 교회재산의 보존, 관리, 처분행위를 위한 총의를 나타내고 교회로 하여금 그 결정된 대로(혹은 그 정관에 정한 바가 있다면 그 정관에 따라) 자율적으로 처리할 수 있다. 따라서 교회의 공동의회에서 결의한 사항이 절차적으로 중대한 하자가 없다면 공동의회에서의 결의는 존중된다(대법원 2006. 2. 10. 선고 2003다63104). 그렇다고 지교회 및 그 교인들이 언제나 교단의 헌법과 지방회의 규약을 무시할 수 있는가? 교단과 지방회의 존재이유는 신앙의 질서를 유지하기 위한 것이기 때문에 개교회의 재산의 소유, 관리 및 처분 등에 관하여는 지교회의 정관이나 교인들의 총의에 따라야 할 것이고 이에 배치되는 범위 내에서는 그 적용이 되지 않는다. 그렇지만 그 외에 지교회의 전반적 운영에 관하여는 지교회는 교단 및 지방회의 통제에 따라야만 한다. 따라서 재산문제가 아닌 지교회의 대표자 선출, 교인이나 교회 대표자의 징계 등 교회운영에 관한 문제에 있어서는 교단의 헌법, 장정 등이 강제적 효력을 가지고 지교회를 기속한다.

개교회가 자율적으로 신앙생활을 하는데 필요한 내용과 교회의 재산이나 운영에 관한 중요한 사항을 그 교회의 규약이나 장정에 규정하고 있기 때문에 이에 따라 교회의 모든 업무를 처리하면 됩니다. 그러므로 교단이나 노회(지방회)에서 이 규정과 상반된 내용을 정하는 경우라고 하더라도 이러한 한도에서는 효력이 없다고 할 것입니다. 다만 교단헌법에서 정하는 사항은 실질적으로는 개 교회에 적잖은 효력이 있다고 할 것이므로 가급적 이를 존중해야 한다고 생각합니다. 그러기 때문에 만일 그렇게 심하게 불편하여 신앙생활을 하기에 어렵다면 교인들의 공동의회 결의에 의하여 그 교단이나 노회를 탈퇴하거나 아니면 자신이 다른 교회에 등록하여 그곳에서 신앙생활을 할 수밖에 없다고 할 것입니다.

교회의 권징과 사법부의 심사

가. 권징

교회에서 사용되는 용어인 줄 아는데요, '권징' 이란 무슨 의미인가요?

권징이란 권선징악의 준말로서 "예수 그리스도께서 교회에 주신 권리를 행사하며 그 법도를 시행하는 것으로서 각 치리회가 헌법과 헌법이 위임한 제 규정 등을 위반하여 범죄한 교인과 직원 및 각 치리

가이사의 법과 한국교회

회를 권고하고 징계하는 것(대한예수교장로회 통합교단헌법 권징편 제1조)"을 의미한다. 이와 같은 권징의 목적은 "범죄를 방지하여 교회의 신성과 질서를 유지하고 범죄자의 회개를 촉진하며 바른 신앙생활을 하게 함이다(위 교단헌법 권징편 제2조)"고 한다. 법원에서의 교회의 권징재판에 대한 정의는 "종교단체가 그 교리를 확립하고 단체 및 신앙상의 질서를 유지하기 위하여 목사 등 교역자나 교인에게 그 헌법 소정의 범죄(종교상의 비위)가 있는 경우에 종교상의 방법에 따라 징계 제재하는 종교단체 내부에서의 규제(대법원 1995. 3. 24. 선고 94다47193 등)"이다.

이처럼 교회의 권징은 교회 내에서 신앙적인 잘못을 행한 자에 대하여 그 교역자나 교인의 권리를 정지하는 등 불이익을 가하는 일종의 징계라고 할 수 있을 것이다. 그리고 이렇게 권징을 해야 할 교회법상의 범죄는 "교인과 직원의 신앙과 행위 또는 치리회의 결의나 결정이 성경에 위배되거나 성경에 의거하여 제정된 교회의 규례를 위반하는 것과 다른 사람으로 범죄하게 하거나 덕을 세우는데 방해하는 것(위 교단헌법 권징편 제3조)"이라고 그 요건을 명시하고 있다. 그러나 이렇게 정한 권징의 요건은 사실상 매우 추상적이고 불명확하다고 할 것이다. 그리고 이러한 권징재판은 각급 치리회가 담당하고(위 교단헌법 권징편 제4조), 재판에서 범죄가 확인된 자에게는 판결로써 벌을 정하는데 그 벌의 내용으로서는 교인에게는 권계, 견책, 수찬정지 및 출교가 있고, 직원에게는 시무정지, 시무해임, 정직 및 면직이 있으며, 치리회에 대하여는 결의무효, 결의취소, 총대 파송정지 및 치리회 해산 등이 있다.

일반적으로 교회에서 '권징' 이란, 목회자와 교인들에게 하는 권면적 성격을 지닌 징계라고 할 수 있습니다. 목회자에 대하여는 시무정지, 정직, 면직 등이 있으며, 교인들에 대하여는 권계, 견책, 수찬정지 등이 있습니다.

나. 권징과 사법부의 심사

교회의 권징은 지극히 성경적이고 바른 신앙생활을 위해서 존재하는 것이기 때문에 반드시 필요한 제도라고 할 것이다. 그렇기 때문에 원칙적으로 교회의 권징은 교회 내의 자율권으로서 사법부에서는 교회의 결정을 존중하고 있다. 대법원판례를 중심으로 설명하고자 한다.

(가) 원칙 : 자율성 보장

우리 교회에서는 어느 장로님께서 술을 파는 장사를 한다고 해서 여러 차례에 걸쳐서 이는 교회와 신자들에게 덕이 되지 못하니 다른 종목으로 영업을 바꾸는 것이 좋겠다고 담임목사님께서 권면을 하였지만 이를 고집하므로 결국 공동의회를 열어서 장로직을 면직하는 권징을 한 사실이 있습니다. 그런데 이 장로님은 절대 이를 승복할 수 없다고 하면서 노회에 이의신청을 하고 나아가 법원에서 구제절차를 밟겠다고 합니다. 가능한 주장입니까?

목사의 면직처분에 대하여는 "종교단체의 권징결의는 교인으로서 비위가 있는 자에게 종교적인 방법으로 징계 제재하는 종교단체 내부의 규제에 지나지 아니하므로 이는 사법심사의 대상이 되지 아니하고 그 효력과 집행은 교회 내부의 자율에 맡겨져야 할 것인바, 대한예수교장로회(합동측) 총회 재판국의 목사직 정직 등 결의에 불복하고 동 총회로부터의 이탈을 선언하여 독자적인 운영체제를 구축하고 교회의 권위와 질서에서 벗어난 행위를 한 목사에 대해 목사직 상실 및 타 목사 파송결의를 대한예수교장로회 서울노회에서 하였다면 그 결의의 효력은 긍인 되어야 한다(대법원 1981. 9. 22. 선고 81다276)"고 판시함으로써 사법심사에서 배제하고 있다.

이와 아울러 장로의 면직에 대하여도 동일한 취지에서 그 교단 헌법의 효력을 인정하고 있다. "대한예수교장로회에 소속된 교회는 설사 한 개의 교회로서 독자적으로 종교 활동을 하고 있는 말단종교단체라 하여도 그 관리운영에 관한 종헌인 대한예수교장로회의 헌법을 무시하고 교회를 멋대로 관리 운영할 수는 없으므로, 그 헌법에 따라 동 교회의 장로를 면직판결 하였다면 그는 대표자격이 없어진다(대법원 1972.11.14. 선고 72다1330)"라고 판시한 바 있고, "기독교대한성결교회의 장로면직 및 출교처분이 종교단체의 교리를 확립하고 단체 및 신앙상의 질서를 유지하기 위하여 교인으로서 비위기 있는 자에게 종교적인 방법으로 징계 제재한 종교단체 내의 규제에 불과하고, 그것이 교인 개인의 특정한 권리·의무에 관계되는 법률관계를 규율하는 것이라고 볼 수 없다면 확인소송의 대상이 될 수 없고, 이 같은 판단은 평등권 등의 헌법상 규정에 위배되지 아니한다(대법원 1983. 10. 11. 선고 83다233)"고 판시하여 장로면직과 출교처분이 법원에서 사법심사의 대상이 되지 아니한다고 판단한 것이다. 나아가 목사 및 장로의 자격에 관한 시비는 직접적으로 법원의 심판의 대상이 되지 않고 교회내부의 자율에 맡겨진 것이라고 한다(대법원 1995. 3. 24. 선고 94다47193).

풀이

교회에서 규약이 정한 절차에 의하여 장로면직 사유가 된다면 면직결정을 할 수 있다고 봅니다. 다만 이러한 면직결정이 그 사유나 절차에 있어서 하자가 있다면 노회나 교단에다가 이의신청을 할 수 있을 것입니다. 그러나 일반적으로 교회의 권징에 대하여는 법원에서 그 옳고 그름을 판단하지 않습니다. 이는 각 교회나 교단내부의 자율사항이기 때문입니다. 그러므로 법원에 자신이 억울하다고 소송을 한다고 해도 원하는 판결을 받기 어렵다고 할 것입니다.

(나) 예외 : 사법부 판단

사례

우리 교회에서는 담임목사님과 A장로님 사이에 갈등이 심하였는데, 최근에 더욱 격화되기에 이르렀습니다. A장로님이 예배 중에 공개적으로 담임목사님을 비방하면서 설교를 중단시켰기 때문입니다. 그래서 곧 그 자리에서 공개적으로 그 장로님을 면직하고, 그 다음 주 교회주보에 이 사실을 공고하고 심지어 교단 신문에 이를 공표하였던 것입니다. 그러자 A장로님은 법원에 장로면직처분을 취소해 달라는 소송을 하였다고 하는데 어떻게 판결이 나올 수 있는가요?

교회의 권징 내지 권징재판은 교회내의 자율에 맡기고 사법부가 그 심사를 자제하는 것이 종교의 자유를 보장하는 측면에서 바람직하다. 그런데 만일 교회의 권징재판을 교회내의 자율에 맡길 수 없는

가이사의 법과 한국교회

상황이 발생한다면 사정이 달라진다. 다시 말해서 사법부는 교회의 권징재판에 관하여 그 적법성 여부를 판단하여야 하는 것이다. 이는 교회의 권징재판의 효력에 관한 자율성의 한계라고 할 수 있다.

이와 같은 점에서 교회 내부의 사항이라고 하더라도 그 사항에 교회, 교직원, 교인 등의 직접적인 법률 또는 권리관계에 영향을 주는 별개의 사항이라면 사법부의 심사가 가능하다. 이때에는 이해관계 있는 당사자의 입장을 무시할 수 없기 때문이다. 이와 같은 경우는 실제로 어떠한 교역자나 교인들의 권리의무에 있어서 직접적 이해관계가 있는 경우에 발생한다. 특히 다른 소송사건의 재판에 있어서 그 유·무효가 전제가 되는 경우에는 유효여부에 관하여 사법부의 심사가 불가피하게 된다. 예컨대 그 교회의 담임목사가 소송상 대표로서 자격이 없다는 전제로 그 담임목사의 자격유무를 판단하지 않으면 안 되는 경우에는 사법부는 불가피하게 그 담임목사에 대한 권징재판의 유·무효를 판단하지 않을 수 없다는 것이다.

이렇게 사법부가 판단하게 되는 경우에 그 무효와 유효의 한계가 정해져야 한다. 교회의 자율성을 보장하는 것이 사법부의 기본적인 시각이기 때문에 이와 같은 경우에는 교회의 권징재판이 명백하고도 중대한 하자가 있는 경우라면 무효이고, 그렇지 아니한 경우에는 유효라고 할 것이다. 따라서 권징재판이 교회헌법에 정한 적법한 재판기관에서 내려진 것이 아닌 경우에는 그 권징재판은 무효라고 할 것이기 때문에 이에 대하여는 사법부가 판단하게 된다(대법원 1984. 7. 24. 선고 83다카2065). 즉 권징재판의 주체가 아닌 기관에서 아무런 권한 없이 행한 권징재판임이 명백한 경우라면 이를 교회헌법에서 정한 권징재판이라고 볼 수 없기 때문이다. 아울러 권징재판의 절차의 흠결이 중

대하고 명백하여 누구라도 권징재판이 무효라고 볼 수밖에 없다면 그 권징재판도 무효라고 볼 수밖에 없다. 그러나 경미한 하자가 있는 경우에는 권징재판의 효력을 존중하여야 하는 것이다.

이와 같이 대법원판례는 교회의 권징재판이 교인 및 교역자의 권리의무에 직접적 영향을 미치는 경우에만 그 유·무효를 판단한다고 하면서도, 그 권징재판 자체가 정의 관념에 비추어 도저히 수긍할 수 없을 정도의 것이라면 무효라고 할 수 있다는 입장이다.

대법원 2006. 2. 10. 선고 2003다63104

우리헌법이 종교의 자유를 보장하고 종교와 국가기능을 엄격히 분리하고 있는 점에 비추어 종교단체의 조직과 운영은 그 자율성이 최대한 보장되어야 할 것이므로 교회 안에서 개인이 누리는 지위에 영향을 미칠 각종 결의나 처분이 당연 무효라고 판단하려면 그저 일반적인 종교단체 아닌 일반단체의 결의나 처분을 무효로 돌릴 정도의 절차상 하자가 있는 것으로는 부족하고 그러한 하자가 매우 중대하여 이를 그대로 둘 경우 현저히 정의 관념에 반하는 경우라야 하는데, 교회의 목사와 장로에 대한 신임투표를 위한 공동의회의 소집절차에 당회의 사전결의를 거치지 아니한 하자가 있으나 그 하자가 정의 관념에 비추어 도저히 수긍할 수 없을 정도의 중대한 하자가 아니기 때문에 공동의회에서의 시무장로에 대한 불신임결의는 당연 무효가 아님.

대법원 1984. 7. 24. 선고 83다카2065

권징재판은 종교단체 내부에서의 규제에 지나지 아니하고 그것이 교직

가이사의 법과 한국교회

자나 교인 개인의 특정한 권리의무에 관한 법률관계를 규율하는 것이 아
니므로 권징재판 그 자체는 소위 법률상의 쟁송의 대상이 될 수 없으며
이는 그 종교단체 대표자의 지위에 관하여 소송상 그 대표권을 부인하면
서 그 전제로 권징재판의 무효를 다투고 있는 경우에 있어서도 그 권징
재판이 교회헌법에 정한 적법한 재판기관에서 내려진 것이 아니라는 등
특별한 사정이 없는 한 교회헌법 규정에 따라 다툴 수 없는, 이른 바 '확
정된 권징재판' 을 무효라고 단정할 수 없음.

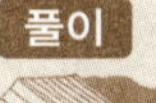

원칙적으로 장로면직에 있어서 교회의 공동의회의 절차가 다소
위법하거나 그 사유가 해당되지 않는다고 해도 교회 내부의 자율
문제로 판단하는 법원에서는 이에 대하여 옳고 그름을 판단하지
않는 것이 원칙입니다. 다시 말해서 법적으로 말하면 '각하' 된다
고 할 것입니다. 그런데 항상 그런 것이 아닙니다. 가령 귀하가
출석하고 있는 교회의 경우와 같이 전혀 공동의회의 결의가 없는
경우와 같이 장로면직 결정을 위한 절차를 전혀 거치지 않는 경
우에는 그 하자가 매우 중대하므로 법원에서도 교회의 자율사항
으로 볼 수 없는 여지가 있다고 생각합니다. 그러므로 법원의 판
결에 의하여 장로면직 처분이 무효가 될 가능성이 매우 크다고
할 것입니다.

다. 권징재판의 효력범위

우리 교회 담임목사님은 교회건축과 관련하여 횡령사실이 드러나서 업무상횡령혐의로 구속된 후, 1심 재판에서는 징역을 선고받고 항소하여 항소심 재판에서도 징역형이 선고되어 결국 징역이 확정되었습니다. 그러자 교단에서 담임목사직을 면직하였습니다. 그런데 우리 교회 교인들 대부분이 이 담임목사님이 교회건축을 하다가 본의 아니게 이런 일을 저지른 것이고 자신의 잘못을 회개하시기 때문에 저희가 소속한 교단을 탈퇴하여 다른 교단 소속으로 하고 현재 담임목사님과 함께 신앙생활을 하고 싶습니다. 그것이 가능한 것입니까?

교회의 권징재판은 사법심사의 대상 밖에 있고 그 효력과 집행은 교회 내부의 자율에 맡겨진 것이나, 이는 어디까지나 그 교회에 소속된 목사나 교인에 대한 관계에서 그러한 것이고 그 소속을 달리하는 목사나 교인에 대하여서까지 그 효력이 미친다고 할 수 없다(대법원 1985. 9. 10. 선고 84다카1262). 이는 권징재판이 교회내부의 규제이기 때문에 그 효력도 그 교단에 속한 교인이나 교회에 적용될 뿐이다. 비록 교단헌법에 이와 달리 "소속교회나 소속교인이 아닌 사람에 대해서도 이 헌법이 적용된다."고 규정하였다고 하여도 이러한 규정이 모든 교회나 교인에게 적용될 수는 없는 것이다. 그러므로 만일 어떤 교인이나 목회자가 그 교단을 떠난다면 그에게 내려진 권징재판은 더 이상 효력이 있다고 하기 어려울 것이다.

만일 어떤 목회자나 교인들이 원래 소속했던 교단을 떠났다면 그 교단에서 내린 권징재판은 더 이상 효력이 없다고 할 것입니다. 그러기 때문에 귀하가 속한 교회와 담임목사님이 그 소속 교단을 이탈한 후 새로운 교단 소속으로 신앙생활을 할 수 있다고 생각합니다. 다만 변경된 교단 헌법에서도 동일한 사안 즉 목회자가 형사처벌을 받은 경우에 목사직 면직규정이 있는 경우라면 역시 목사직을 정식으로 유지하면서 담임을 하기를 어렵다고 할 것입니다.

제6장

교회의 건축

교회의 건축

서언

교회는 살아계신 하나님의 집이요 진리의 기둥과 터(딤전 3:15)이기 때문에 정성을 다하여 아름다운 성전을 하나님께 봉헌하는 것은 극진한 신앙의 표현행위라고 할 것이다. 그런데 일반적으로 교회건물을 건축하면서 각 교회는 시험에 드는 경우가 비일비재하고 심지어는 교회가 분열되거나 흩어지는 가슴 아픈 일이 없지 아니하다. 그런데 이 문제를 자세하게 검토해 보면 재정적인 문제도 있지만 법적인 문제를 도외시하고 일을 과욕으로 무리하게 추진함으로써 이런 일이 발생하기도 한다. 교회건물(이하 이장에서 '교회'라 한다)도 일종의 건축물이요 시설물이기 때문에 세상법에서 방치하지 않는다. 종교의 자유를 보장하는 측면에서는 교회를 증축하거나 개축하거나 신축함에 있어서 법적으로 많은 배려를 하기도 하나, 일반 공중의 이익을 해하거나 타인의 권리를 침해하는 경우에는 세상법에 의한 규제를 할 수밖에 없는 것이다. 이하에서는 교회의 건축과정과 더불어 일어날 수 있는 법적인 문제점을 점검하기로 한다. 그런데 교회의 증축과 개축은 특별한 제재를 받는 경우가 드물고, 또 신축과정에 포함되어 설명될 수 있으므로 교회를 신축하는 경우에 대하여 살펴보고자 한다.

건축과정과 법적 규율

저희 교회에서는 이번에 새로 교회건물을 신축하였습니다. 그런데 안타깝게도 시험에 들고 말았습니다. 사실 예산을 절약하려고 건축에 경험이 미숙한 건축업자와 도급계약을 체결하였습니다. 그 건축업자가 처음 가지고 온 견적서는 총 5억 원의 공사비용으로 되어 있었는데, 1억 원을 깎아서 4억 원으로 하기로 하였던 것입니다. 그리고 추가비용을 청구하지 않기로 하였습니다. 그런데 공사가 진행되면서 비용이 1억 5천만 원 가량이 더 늘어났습니다. 공사가 한창 진행 중이라서 도급계약을 해지할 수도 없어서 1억 5천만 원을 더 부담할 수밖에 없었습니다. 그런데 공사가 끝나고 많은 하자가 발생하였습니다. 한쪽 지반이 들어가면서 건물 뒤쪽으로 상당히 기울고 비가 새고 합니다. 그런데도 위 건축업자는 비용이 더 들었다고 하면서 무슨 영수증을 가지고 와서 추가비용을 요구합니다. 추가비용을 내지 않으면 교회건물을 가압류하고 소송을 해서 추가비용을 받아 내겠다고 합니다. 어떻게 대응하여야 할지 난감합니다.

건축부지의 선정

교회의 건축은 부지의 선정이 중요한데, 법적인 문제가 따른다. 건물 혹은 토지에 저당이 설정되어 있는 경우가 있고, 종중토지인 경우에는 여러 가지 복잡한 문제(종중총회의 매도결의유무, 분묘이전 등)가 있을 수 있다. 특히 경매가 진행되거나 무허가건물이 있는지를 살펴보는 등 법적으로 복잡한 곳을 피하는 것이 좋다. 그리고 모든 토지에는 각기 그 용도가 정해져 있다. 용도가 교회의 건축이 가능한가에 대하여 살펴보고 용도변경이 가능한지를 살펴보아야 한다.

아울러 건축으로 인하여 주변으로부터 소음, 분진 및 일조권 침해 등의 사유로 공사금지가처분신청과 손해배상을 청구해올 수도 있으므로, 이러한 환경도 미리 잘 점검할 필요가 있다.

건축설계과정

교회의 건축은 설계도의 실제화라고 할 수 있다. 그만큼 설계가 중요하다. 따라서 설계사(건축사)의 도움이 필요한 부문이다. 대부분 이 과정을 소홀히 함으로써 나중에 여러 가지 법적인 분쟁을 야기한다. 설계비를 절약하기 위해서 전문성이 부족한 건축사나 설계사에게 설계를 의뢰한 나머지 나중에 예측하지 못한 경제적 손실 나아가서 법적인 분쟁에 휘말리게 되는 것이다. 나중에 법적인 문제를 예방하기 위해서는 보다 더 면밀하게 건축을 추진하고 공정하고 합리적 방법(입찰공모 등)으로 설계와 시공업자를 선정하여 책임을 엄격하게 부여하는 것이 좋다. 그리고 이 과정에서 계약서는 서면으로 작성하고, 계약서에는 대상건물의 규모와 성격 및 특징, 대지에 관한 제반사항, 건축개요, 설계비 총액 및 지불방법, 설계용역의 범위와 책임한도, 설계도의 개괄적 내용 등이 명시되어야 할 것이다. 중요한 것은 계약을 위반하였을 경우에 그 책임을 물을 수 있는 손해배상 내용이 들어가 있어야 한다. 계약서를 작성하는 경우에는 법률전문가의 자문이나 도움을 반드시 받는 것이 좋다. 종종 계약서를 쓰는 것을 소홀히 함으로써 나중에 문제가 생겼을 때 분쟁에 휘말려 들어가고 예측하지 못한 손해가 발생하는 경우가 있다.

건축의 사전심의 및 허가

교회를 건축하려면 관할관청의 허가를 받아야 한다. 연면적에 따라 허가기관이 다르다. 물론 일정한 소규모의 증축이나 개축의 경우에는 신고만 해도 되나 교회를 신축하기 위해서는 허가가 필요하다. 그리고 허가를 받기 위해서는 건축법의 규정에 따라 각종의 사전심의가 필요하다. 그 심의 중에는 교통영향평가심의, 건축심의, 굴토심의 등이 있다.

건축허가신청은 거쳐야 할 모든 각종의 심의를 마친 후 행하여져야 한다. 건축허가 신청서류는 건축의 기본 설계도를 첨부하여 관할구청에 제출하고 이를 접수한 기관에서는 이에 대한 허가여부를 결정하여 통보한다. 그래서 교회건축이 허가되면 착공신고를 해야 한다. 건축과 관련된 법령에 관해서는 후술하고자 한다.

건축의 시공

시공자는 대개 건설회사이다. 건설회사는 단종회사와 종합건설회사로 나뉜다. 전자는 건축분야 가운데 특정분야의 건축을 허가받은 소규모 회사이고, 후자는 어떤 건축이든지 모든 건축을 할 수 있는 대규모회사이다. 교회를 건설하는 규모에 따라 시공자를 선택한다. 특히 경쟁 입찰의 방법을 통해서 시공자를 투명하고 공정하게 선정하는 방법이 현명하다. 물론 경우에 따라서는 제한경쟁입찰의 방법을 택할 수도 있을 것이다. 교회가 건설회사의 자격을 심사하려면 전문가들의 협조를 반드시 받아야 할 것이다.

시공방식은 3가지가 있는데, 첫째는 건축주 자신이 직접 나서서 건축 업무를 지휘하고 담당하는 직영방식이고, 둘째는 건설업 면허를 가지고 있는 건설회사에 도급계약으로 일괄도급을 주어 건설회사의 책임으로 건축하는 도급방식이며, 셋째는 공사 중 재료나 설계의 변경이 자유롭게 가능한 실비정산방식이 있다. 규모가 작은 경우(150평 이하)에는 직영방식이 가능하나, 이 경우에도 교회의 건축책임자와 목회자는 건축전문가의 도움을 상시 받아야만 한다. 통상적인 경우에는 도급방식이 가장 무난하다. 시공자를 선택하는데 있어서 교회건축비를 절감한다는 명분으로 아무런 자격이 없거나 미흡한 자를 선정한다면 나중에 많은 손해가 발생하고 분쟁에 휩싸이게 될 수도 있다.

특히 시공자와 공사도급계약을 체결하는 일이 매우 중요한데, 계약서 및 그에 부속된 시방서 등에는 공사의 내용과 도급금액, 착공과 완공일지, 공사비 지급방법, 설계변경 시 공사비 증감방법, 자재의 규격과 품질, 손해배상과 하자보증 등의 내용이 되도록 자세하게 포함되도록 한다. 다시 말해서 건축공사과정에서 발생할 수 있는 모든 문제들을 예상하여 이를 계약서에 서면화 하도록 하는 것이 이상적이다. 특히 회사가 작성한 건축계약서를 세밀하게 검토해 보지도 않고 서명하였다가 낭패를 보기 쉽다. 따라서 공공기관에서 만든 표준공사도급계약서를 가지고 계약을 하는 것이 안전하다.

건축의 감리

건축의 감리는 설계대로 시공이 이루어지는지 여부를 확인하고 지도·감독하며, 설계의 조정, 변경과 설계사의 의도를 시공자에게 전달·조정하는 일 및 품질, 공정을 관리하는 일이다. 그리고 통상 이와 같은 일은 감리사가 한다. 그러기에 감리사의 임무는 교회의 건축에서 부실공사의 사전예방과 위법사항의 시정조치라고 할 수 있다. 그런데 통상 이와 같은 감리(사)의 역할을 소홀히 하는 것이 우리의 현실이다. 감리와 감독은 다르다. 건축설계감리와 건축시공감독은 전문분야가 비슷하지만 전혀 다른 분야의 전문가이다. 건축시공감독만으로는 한계가 있기 때문에 감리사를 선정함으로써 사전에 부실공사를 방지하고 나아가 위법사항이 생기지 않도록 하는 것이 바람직하다. 특히, 대형교회를 건축함에 있어서는 건축의 부분별로 즉 토목, 기계, 전기, 소방, 설비 분야도 각각 전문적인 감리를 받을 필요가 있다. 간혹 감리비 지출을 절약하기 위해서 전문 감리사 선정을 외면하는 경우가 있으나, 이는 오히려 큰 손해를 야기한다는 사실을 유의하여야 할 것이다. 설계계약과 마찬가지로 감리계약도 서면으로 계약서를 작성해야 할 것이고, 여기에는 업무기간, 특약, 보수, 자료제공 및 성실의무

사항, 업무의 착수시기, 업무의 수행 및 현장의 확인지도사항, 주요공정의 확인점검사항, 공기 및 공법의 변경사항, 감리보고서, 자재검사, 이행보증보험증서의 제출, 계약해제 및 해지, 손해배상, 면책사유, 공사의 감리중단, 특정 공사의 확인점검, 비밀보장, 분쟁조정, 각종 통지의 방법 등의 내용이 들어갈 것인데, 특히 계약의 해제 및 해지, 면책사항, 분쟁조정 등의 조항이 빠지지 않도록 주의를 기울여야 한다.

건축의 완공 및 준공

시공자가 건축을 모두 마친 경우를 공사완료, 즉 건축의 완공이라고 한다. 공사완료시에 건축주는 공사가 설계대로 다 이루어졌는지를 확인하고 점검해야 한다. 설계사 및 감리사의 적극적인 도움으로 정확하고 세밀하게 점검해야 할 것이다. 그래서 공사가 계약서대로 완공이 되고 건축허가관청에서 사용검사필증이 발급되면 잔금을 지불하게 된다. 물론 하자가 발생할 우려가 없지 않기 때문에 이에 대한 대비가 필요하다.

사용검사필증은 건축을 허가한 행정기관에서 교회의 건축이 적법하게 이루어졌는지를 최종적으로 확인하여 허가된 설계도대로 건축이 되었다고 판단하면 발급해 주는 것으로 일반적으로 이것을 준공이라고 한다. 물론 허가된 대로 건축이 되지 않았다면 시정지시를 하게 된다. 교회는 건축허가 이후 건축 중에도 필요한 내용을 행정기관에 의무적으로 중간보고 하도록 되어 있고 이를 준수하여야 할 것이다.

교회를 건축함으로써 많은 교회와 교인들이 시험에 드는 경우가 많습니다. 그러므로 이에 대한 건축전문가의 도움을 사전에 받고 공사를 진행하면서도 전문가의 의견을 경청하여야 합니다. 이와 같은 경우에 일반적으로 공사가 끝난 후 추가공사비용이 있다면 이를 교회가 부담하지 않으면 안 된다고 생각합니다. 다만, 최초에 그 금액을 고정시켜 놓고 그 이후에도 추가비용을 부담하였는데도 불구하고 다시 추가비용을 내라고 한다면 억지주장이라고 할 수밖에 없습니다. 오히려 교회 건물에 많은 하자가 발생하여 이로 인한 손해가 발생하였으므로 건축업자를 상대로 하자보수공사를 요구하고, 그렇지 아니하면 하자보수공사를 한 후에 그 비용을 청구하는 방법도 있을 것으로 생각합니다.

건축 관계 법령

저는 A교회 담임목사입니다. 최근 교회를 옮기기 위해서 교회 자리를 물색 중에 있습니다. 아무래도 주택가로 가야 많은 교인들이 교회를 찾아오기가 쉬울 것 같습니다. 그런데 공동주택단지의 복리시설을 매입하여 교회를 개척할까 하는데 지장이 없을까요?

교회를 건축하고자 하는 경우에 건축법, 도시개발법, 주택법, 개발제한구역의 지정 및 관리에 관한 특별조치법, 도시공원 및 녹지 등에 관한 법률, 자연공원법 등 각종의 법령에 의한 제한과 규제를 받게 된다. 종교시설이 아닌 타 용도로 사용하고 있는 건축물을 교회로 사용하기 위해서는 용도변경 절차를 밟아야 한다. 따라서 교회건축을

가이사의 법과 한국교회

위해서는 건축법은 물론이고 이와 관련된 법령에 규정된 제한사항도 필요한 범위 내에서는 전문가를 통해서 알아보아야 한다.

　교회건축을 비롯하여 모든 건축에 있어서 기본이 되는 법률이 건축법이라고 할 수 있다. 건축법은 건축물의 대지 및 구조설비의 기준 및 용도 등에 관하여 규정함으로써 공공복리의 증진을 도모하기 위한 목적으로 한 법률이기 때문이다. 그리고　건축법의 하위법령으로서는 건축법시행령 및 시행규칙, 건축물의 구조기준 등에 관한 규칙, 건축물의 피난·방화구조 등의 기준에 관한 규칙 등이 있다. 교회의 건축에서 가장 중요한 사항은 교회건축의 허가 및 신고와 용도변경에 관한 것이므로 이에 대하여 간략하게 살펴보도록 하겠다.

　우선 교회를 건축함에 있어서는 건축허가가 필수적인데 건축법에서는 이와 같은 허가를 신청하기 전에 허가권자에게 당해 건축물을 해당 대지에 건축하는 것이 법령의 규정에 허용되는 것인지 여부에 대하여 사전결정을 신청할 수 있도록 되어 있는데, 이를 사전결정신청이라고 한다(건축법 제7조).　그리고 사전결정신청에 의하여 사전결정을 통지받은 경우에는 통지를 받은 날로부터 2년 이내에 교회건축허가를 신청할 수 있다. 교회를 건축하거나 대수선(리모델링)하는 경우에 시장, 군수, 구청장의 허가(이 경우에 시장 등은 사전에 도지사의 승인을 받아야 하는 경우가 많음)를 받아야 하는데 21층 이상의 건물과 연면적 10만 제곱미터 이상의 건축물(증축도 포함)의 경우에는 특별시장 또는 광역시장의 허가를 받아야 한다. 다만, 바닥면적의 합계가 85제곱미터 이내의 증축, 개축 또는 재축의 경우와 연면적 200제곱미터이고 3층 미만의 건축물의 대수선 및 소규모의 건축물에 해당되는 경우에는 위 기관에 신고함으로써 가능하다(동법 제9조).

이와 같이 처음부터 교회로 신축된 경우가 아니고 다른 용도 즉 사무실, 창고 등 기존에 교회 이외의 용도로 사용되어 오던 건물을 교회 건물로 변경하여 사용하려고 하면 건축법(14조)에 따라 시장, 군수, 구청장에게 용도변경에 관한 허가 또는 신고를 하여야 한다. 그럼에도 불구하고 이러한 절차를 무시하고 교회용도로 사용함에 따라 행정청의 제재를 받는 수가 많다. 또한, 타 법령에서 교회로의 용도변경을 금하는 경우도 없지 않다. 예컨대 과거의 주택건설촉진법 제38조 제2항에서 공동주택 및 부대시설과 복리시설의 소유자, 입주자, 사용자 및 관리주체는 공동주택과 그 부대시설 및 복리시설을 사업계획에 따른 용도 이외의 용도에 사용하는 행위를 금지하고 있었다. 이에 따라 공동주택관리령 제6조는 용도의 사용 등의 허가기준을 정하고 있는데, 이에 따르면 공동주택 또는 복리시설 등 다른 건축물로부터 종교시설로의 용도변경은 불가능하게 되어 있다. 따라서 주택건설촉진법의 적용을 받는 공동주택 내에서는 교회로의 용도변경이 불가능하다.

대법원 1991. 4. 23. 선고 91도77

건축법시행령 및 공동주택관리령 등에 의하면 종교시설은 공동주택에의 설치가 제한되며 또 공동주택의 복리시설로부터의 용도변경도 제한되고 있음이 명백하나, 이는 종교시설에 한정된 제한사항이 아니고 공동주택에 설치된 근린생활시설 등을 교회로 용도변경이 가능하기 때문에 공동주택의 주거환경을 보호하기 위하여 가하여진 이러한 제한조치는 헌법이 보장하는 평등권, 종교의 자유를 위배한 위헌조항이 아님.

항상 주의할 것은 기존 교회 건물이 아닌 곳은 교회로의 용도변경이 가능한가를 먼저 관할 구청이나 시청에서 확인하는 것이 매우 중요합니다. 용도변경이 불가능함에도 불구하고 마음대로 교회를 짓거나 교회 용도로 사용한다면 건축법령에 위반되어 제재를 받게 됩니다. 그렇기 때문에 먼저 용도변경 가능여부를 먼저 확인하고 용도변경허가를 받은 후 교회로 사용하거나 신축 또는 개축하여야 합니다.

건축법령 위반 시 벌칙

최근 저희 교회가 상가로 이사를 해서 그곳을 개조해서 교회로 사용하고 있습니다. 그런데 얼마 전에 구청에서 용도변경 없이 교회 용도로 사용하고 있다고 하면서 고발되었다는 통지를 받았는데 어떻게 해야 할지 고민입니다.

건축법 등 법령을 위반할 경우에는 어떻게 되는가? 건축허가를 받지 않고 교회를 신축하거나 용도변경의 허가나 신고 없이 타 용도의 건축물을 교회로 사용한다면 공사 중지, 강제철거 등의 제재를 당하며, 건축법에 의하여 형사처벌을 받게 된다. 특히, 현재에는 건축법령에 위반되지 않으나 과거에 위반된 사실이라도 건축시점에서의 건축법령에 위반되었다면 면책되지 않는다.

당국의 허가를 받지 아니하고 그 용도가 목욕탕, 헬스클럽으로 된 상가 건물을 교회로 용도변경 하였다면 그 후 공포 · 시행된 주택건설기준등에 관한규정 제5조 제7호 등에 의하여 종교생활에 사용할 수 있는 시설이 공동주택의 복리시설에 해당하게 되어 주택단지에 설치할 수 있게 되었다 하더라도, 건축물의 용도를 변경함에 있어 당국의 허가를 받도록 한 관계법령이 개정되지 아니한 이상 건축법 제54조 제1항, 제5조 제1항 본문, 제48조 위반의 범죄행위를 구성한다 할 것임.

이와 같은 건축법령의 위반 시에 가해지는 벌칙에는 벌금형이 있으나 징역형도 많다. 그리고 이와 별도로 가해지는 행정벌로서 과태료 및 이행강제금제도가 있다. 과거에는 교회 등 종교시설에 대하여 많은 특별한 배려를 하였으나 최근에는 타 시설물과 동일한 규제를 하는 경향이 있다. 예컨대 소방방염시설설치 등도 과거에는 적용되지 않았다가 최근에는 적용되고 있고, 만일 이를 어기는 경우에는 그 설비가 보완될 때까지 과태료가 부과되는 등 점점 예외가 없어지고 있다. 그리고 법령 위반 시 벌칙을 받는 대상은 교회인데 그 대표자와 함께 병과되는 경우도 있다.

교회의 담임목사가 건축허가 없이 기존 교회건물에 붙여서 건축물을 건축한 이상 건축법위반죄가 성립되는 것이고 교회내부에 그 증축에 관한 실무책임자가 있다거나 목사는 건축 관계로 인한 민사, 형사책임을 지지 않는다는 교회내부의 규약이 있다고 해서 그 죄책을 면할 수 없음.

용도변경허가가 없이 교회용도로 사용하는 경우에 건축법 위반으로 처벌을 받을 수 있습니다. 특히 건축법 제14조에 의하면 주택을 함부로 교회용도로 사용하는 경우에 동법 제78조에 따라 벌칙이 적용됩니다. 그리고 이와 같은 경우에 교회와 교회대표자인 담임목사가 함께 처벌을 받을 수 있습니다.

구체적 판례

행정 분야

① 예배당건물이 무허가건물로서 '특정건축물 정리에 관한 특별조치법'에 의하여 양성화 건물로 특정되어 등재되었고 서울특별시의 '기존 무허가건물행위 완화신고 사무처리 지침'에 따라 소규모의 개·보수가 가능하도록 건축법상 행위제한을 완화하였다면 이 기준에 따라 개·보수를 하여야 하는데도, 당초 신고내용을 초과하여 위 지침이 허용한 범위를 넘어 대수선을 하였기 때문에 이로 인하여 지방자치단체가 철거명령을 하고, 이 철거명령을 할 때까지 이행강제금을 부과할 수 있는 것이다(대법원 2006. 9. 14. 선고 2004두2035).

② 등기부나 건축물관리대장상 대부분 각각 독립된 건물로 등재되었고, 사회통념상 전체가 1개의 건축물에 해당한다고 보기 어려운 기존건축물 18동을 철거하고 그보다 층수가 많고 높이가 높은 교회건물을 축조하는 행위는 증축이나 개축에 해당되지 아니하고 신축에 해

당된다고 할 것이며, 개발제한구역 및 도시공원에 속하는 임야상에 신축된 위법건축물인 대형 교회건물이 합법화가 불가능하여 교회건물의 건축으로 공원미관조성이나 공원관리 측면에서 비록 유리하고, 철거될 경우 막대한 금전적 손해를 입게 될 뿐만 아니라 신자들이 예배할 장소를 잃게 되는 사정이 있다고 해도, 위 교회건물의 철거의무의 불이행을 방치함은 심히 공익을 해한다고 본다(대법원 2006. 6. 23. 선고 98두3112).

③ 건축법 제14조, 같은 법 시행령 14조 제1항 별표 1(건축물의 용도분류)의 각 규정을 종합하면 건축물의 용도를 잡옥, 창고, 사무소 또는 군사시설에서 종교시설로 변경하는 행위는 건축물의 건축으로 간주된다고 할 것이므로 관할 관청으로부터 허가를 받아야 할 것인데, 만일 이와 같은 허가 없이 건물등기부의 용도만을 교회당으로 기재하였다고 위 건물들의 용도가 변경되었다고 할 수 없다(서울고등법원 1997. 12. 23. 선고 94구15969).

④ 교회건축을 위하여 관할 관청으로부터 건축허가를 받은 후 위 교회로의 통행로를 확보하기 위한 공사를 함에 있어서 그 토지의 일부가 교회소유가 아니고 타인의 소유이기 때문에 이들이 그 통행로 확보공사를 방해한다고 할지라도, 그 통행로가 불특정다수인이 통행해왔던 경우에는 비록 소유자들의 동의가 없다고 해도 관할 관청은 그 공사를 금지할 수 없다(서울고등법원 1996. 12. 19. 선고 96구4826).

⑤ 교회건물의 건축공사가 완료되고 준공검사까지 받았는데 그

교회부지의 통행권 또는 통행이익을 침해하였다고 하여 건축허가처분을 취소할 수는 없다(대법원 1992. 4. 28. 선고 91나13441).

민사 분야

① 교회건물 건축 도급공사계약을 체결한 이후, 추가공사 및 공사대금이자액 반영과 관련하여 교회 회의록에 담임목사 및 장로들의 서명이 있어도 그 내용이 위 추가공사 등에 관한 사항에 대하여 협조하겠다는 내용에 불과하다면, 위 추가공사 및 공사대금 이자액 반영에 관한 계약이 성립되었다고 할 수 없다(서울고등법원 1998. 2. 10. 선고 96나16096).

② 교회신축공사의 수급인을 감독할 책임이 있는 위치에 있는 회사는 만약 위 교회신축공사 중 발생한 붕괴 등으로 인한 손해에 대하여 위 수급인에 대한 사용자로서 책임을 진다(서울고등법원 1995. 12. 21. 선고 94나41838, 서울고등법원 1995. 8. 17. 선고 94나34298).

③ 교회신축공사를 함에 있어서 당회에 위임되고 당회장인 담임목사가 당회의 결정에 따라 이와 같은 행위를 할 수 있는데도 불구하고, 위 교회의 일상적 업무처리를 해오던 관리처장이 이를 무시하고 당회의 결정을 무시하고 담임목사의 허락도 없이 교회신축공사계약을 체결하였다면 이는 무권대리행위로서 위 교회는 그 책임이 없다고 할 것이나, 다만 위 교회의 당회에서 설계비의 일부를 지급하는 등 추인의 의사가 있었다면 위 계약체결행위에 대하여 위 교회의 책임이 있

다(서울지방법원 1993. 8. 26. 선고 93가합8653).

④ 주거전용지역에 교회를 건축하면서 건축법 소정의 수평거리를 확보하지 아니하여 인접가옥을 응달에 묻히게 하고 가옥 실내등을 관망할 수 있게 한 경우에는 그 교회는 불법행위의 책임을 면할 수 없다(서울고등법원 1983. 11. 17. 선고 83나1174).

형사 분야

① 교회신축을 위해서 교회의 담임목사가 건설업자와 공모하여 실제 교회 건축도급계약서와는 다른 내용으로 허위의 건축공사표준계약서를 작성, 제출하는 방법으로 건설공제조합 담당자를 기망하여 선급금보증서를 발급받아 발주자에게 제출하였다면 이는 사기죄가 성립된다(대법원 2006. 11. 24. 선고 2005도5567).

② 교회 목사가 타 용도로 공금사용을 함에 있어서 교인들로부터 적법하게 당회의 의결을 얻었다고 할 수 없으면 횡령 또는 배임행위에 해당된다(대법원 2006. 4. 28. 선고 2005도756).

③ 교회의 대표자가 교인총회를 소집, 개최하여 처분결의를 얻을 수 있음에도 그러한 노력을 기울이지 아니한 채 이중으로 매매계약을 체결하거나 담보가등기를 설정한 행위는 배임죄에 해당된다(대법원 1993. 4. 9. 선고 92도2431).

결어

　　최근 생활환경의 변화와 사회추세로 인하여 교회건물도 대형화되고 고층화되는 경향이 있다. 예배당건물을 처음 설계보다 크게 짓다보니 그 부분은 무허가에 해당되어 그 부분을 철거당하거나 이행강제금을 부과받거나 무허가건축으로 처벌을 받게 된다. 교회건축과 관련하여 부실공사 등으로 많은 하자와 이에 따른 손해배상 등의 분쟁이 있어 왔고, 건축으로 인한 이웃주민과의 마찰로 인하여 많은 어려움과 아울러 교회와 교인들이 함께 시험에 드는 경우가 많다. 교회건축 시에 특히 건축전문가 뿐만 아니라 법률전문가와도 긴밀한 자문과 협조가 필요하다. 교회건축에 관한 건축법령 등이 요청하는 내용은 교회와 교인이 솔선하여 지켜나가야 할 것이다. 교회와 교인들의 안전과 보건을 위하여 필요한 내용을 법 규정으로 강제하고 있는 것이므로 교회가 더욱 모범을 보여야 할 것이다.

제7장

교회의 세금

교회의 세금

서언

우리가 납부하는 세금은 중요한 것으로 어떠한 것들이 있습니까? 그런데 우리가 소유하는 부동산에 대하여 재산세를 납부하고도 종합부동산세를 통해서 다시 세금을 납부하도록 하는 것은 이중과세로서 헌법정신에 위배되는 것이 아닌가요?

조세의 의의

우리 헌법 제38조에서는 "모든 국민은 법률이 정하는 바에 의하여 납세의 의무를 진다"라고 규정함으로써 국민의 납세의무를 명시하고 있다. 이는 국가 및 지방자치단체의 존속과 유지를 위하여 필수적으로 소요되는 국가 또는 지방자치단체의 재정을 확보하기 위하여 납세의무가 필요한 것이다. 그러기에 조세는 "국가나 지방자치단체가 반대급부 없이 재정에 충당할 목적으로 법률에 정한 바에 의하여 국민들이나 주민들로부터 강제적으로 징수하는 경제적 부담"이라고 정의할 수 있는 것이다. 그리고 여기 국민에는 자연인과 법인도 포함된다. 그러므로 교회나 목회자도 일단 이에 포함된다고 할 수 있을 것이다. 교회는 비법인사단이지만 우리나라 세법상으로는 법인과 동일하게 취급되기 때문이다.

조세의 종류

조세는 그 분류기준에 따라 여러 가지로 분류된다. 일반적으로 과세권자에 따라 국가가 과세권자인 국세와 지방자치단체가 과세권자인 지방세, 법률상의 납세의무자와 실질상의 부담자가 일치하는 직접세와 일치하지 않는 간접세, 국내에 있는 과세물건에 대하여 과세하는 내국세와, 외국으로부터 수입하는 재화에 대하여 과하는 관세, 과세물건의 차이에 따라 소득·재산 등이 귀속하는 사람을 중심으로 하여 인적 측면에 주안점을 두어 과하는 인세(人稅)와, 물건의 취득·제조·판매·수입 등 물건에서 생기는 수익에 과하는 물세(物稅)와 직접 물건을 목적으로 하지 않는 경제적 행위에 과하는 행위세(行爲稅)로 분류된다.

그 중에서 일반적으로 알려져 있는 분류방법이 국세와 지방세이다. 국세는 소득세·법인세·상속세·증여세·부당이득세·부가가치세·특별소비세·종합부동산세·교육세 등이 이에 속한다. 지방세는 주민세·취득세·재산세·등록세·자동차세 등이 이에 속한다.

가이사의 법과 한국교회

조세법의 원칙

조세를 부과하는 것은 개인의 재산권을 침해하는 측면이 있는 것이므로 조세법을 해석함에 있어서 적용되는 여러 가지 법원칙이 있다. 이러한 원칙 중에서 가장 중요한 원칙으로서 조세법률주의, 조세공평주의, 신뢰보호의 원칙이 있다.

첫째, '조세법률주의' 라 함은 헌법(59조)에서 천명하는 바와 같이 "조세의 종목과 세율은 법률로 정한다"는 원칙을 말한다. 국민의 재산권을 보호하기 위해서 과세의 요건·효과·절차 등을 국회가 제정한 법률로 명확하게 먼저 정하여, 이러한 법률에 의하여 과세하도록 하는 것이다.

> 대법원 1987. 10. 26. 선고 86누426, 대법원 1995. 9. 26. 선고 95누7857
>
> 조세법률주의의 원칙은 조세요건과 부과징수절차는 국민의 대표기관인 국회가 제정한 법률로 이를 규정하여야 하며, 그 법률의 집행에 있어서도 이를 엄격하게 해석·적용하여야 하며, 행정편의적인 확장해석이나 유추적용은 허용되지 않음을 의미하는 것임. 법률의 위임 없이 명령 또는 규칙 등의 행정입법으로 조세요건과 부과징수절차에 관한 사항을 규정하거나 또는 법률에 규정된 내용을 유추·확장하는 내용의 행정규정을 마련하는 것은 조세법률주의의 원칙에 위반한다고 할 것임.

둘째, '조세공평주의' 라 함은 헌법(11조 제1항)의 헌법질서의 근본이 되는 평등의 원칙(불평등취급 금지)에 근거하여 국민은 각종의 조세법률관계에 있어서 평등하게 취급되지 않으면 안 되고, 조세의 부담은 국민의 세금부담능력에 따라서 공평하게 부담되어야 한다는 원칙을 말한다. 특히 자의적 과세금지를 위해서는 과세의 근거가 확실하지 않으면 안 되기 때문에 추계과세는 특별한 경우에만 예외적으로 활용되어야 한다.

> 대법원 1997. 9. 9. 선고 96누12054, 대법원 1990. 11. 23. 선고 90누2734
>
> 추계과세는 실액조사가 불가능하여 추계의 방법에 의할 수밖에 없는 경우에 한함은 물론 그 추계의 방법과 내용이 가장 진실에 가까운 소득실액을 반영할 수 있도록 합리적이고 타당성이 있는 것이어야 하며, 이러한 추계과세의 적법 여부가 다투어지는 경우에 그 합리성과 타당성에 대한 입증책임은 과세관청에 있음.

셋째, '신뢰보호의 원칙'이라 함은 헌법(13조 2항)에 규정한 '소급입법에 의한 재산권 침해금지원칙'을 국세기본법(18조 3항)에 명문화한 원칙으로서 "세법의 해석 또는 국세행정의 관행이 일반적으로 납세자에게 받아들여진 후에는 그 해석 또는 관행에 의한 행위 또는 계산은 정당한 것으로 보며 새로운 해석 또는 관행에 의하여 소급하여 과세하지 아니한다"는 원칙이다.

조세의 법원(法源)

'조세의 법원'이란 일반 국민 및 주민에게 조세를 부과할 수 있는 법적 근거가 되는 헌법, 법률, 명령, 조례 등을 말한다. 헌법에는 앞서 언급한 바와 같이 제59조에 "조세의 종목과 세율은 법률로 정한다"고 규정하여 국가의 최고기본법인 헌법은 조세에 관한 최고의 효력을 지닌 법원이라고 할 수 있다.

이러한 헌법에 근거하여 하위법으로서 국회가 제정한 각종의 법률이 있는 바, 그 중에서 대표적인 법률로서는 '국세기본법' 이 있다. '국세기본법' 은 국세 및 지방세 전반에 걸쳐서 실체법적인 총론규정과 부과처분 등 과세절차에 관하여 규정과 아울러 세금에 관한 행정심판 및 행정소송에 관해 규정하고 있다. 조세에 관한 일반법으로서 '국세기본법' 외에도 조세채권의 강제징수절차를 규정한 '국세징수법' 이 있고, 각종 세금에 대한 특례를 정한 '조세특례제한법' 이 있다.

국세는 소득세, 법인세, 상속·증여세, 부가가치세, 교육세, 종합부동산세 등이 있는데, 이들에 대한 법원(法源)은 소득세법, 법인세법, 상속·증여세법, 부가가치세법, 교육세법, 종합부동산세법 등 각종 단행 법률로 존재한다. 이에 대하여 지방세는 취득세, 등록세, 면허세, 주민세, 재산세, 자동차세, 도시계획세 등이 있는데, 이들에 대한 법원은 위와 같은 각 세목에 대하여 '지방세법' 이라고 하는 단일법에 통일적으로 규정하고 있다. 이와 같은 조세의 법원(法源)으로서 법률 이외에도 위 법률의 시행령 및 시행규칙이 있다. 아울러 지방세에 있어서는 지방자치단체의 의회에서 제정한 조례와 지방자치단체장이 제정한 규칙도 위 법률의 범위 내에서 조세의 법원(法源)이 될 수 있다.

문제는 세법은 매우 기술적이고 전문성이 있는 분야이므로 이와 같은 헌법을 비롯하여 각종의 법률, 시행령, 시행규칙만으로 복잡다기한 세무행정을 모두 규율할 수 없다. 그래서 국세청이나 재정경

제부에는 세법해석의 기준이나 세무행정의 운용 준측으로서 마련한 '조세통칙(조세통첩)'이 있다. 그런데 이 '조세통칙'이 과연 일반법원에서 인정할 수 있는 법적 근거인가에 대한 논란이 있는데, 일반적으로는 그 법원성을 부인하고 있으나, 대법원에서는 상위법령의 위임의 한계를 벗어나지 않는 범위 내에서는 대외적으로 구속력 있는 법원으로 인정한다.

> **대법원 1987. 9. 29. 선고 86누484**
>
> 재산제세사무처리규정이 국세청장의 훈령형식으로 되어 있다 하더라도 이에 의한 거래지정은 소득세법시행령의 위임에 따라 그 규정의 내용을 보충하는 기능을 가지면서 그와 결합하여 대외적 효력을 발생하게 된다 할 것이므로 그 보충규정의 내용이 위 법령의 위임한계를 벗어났다는 등 특별한 사정이 없는 한 양도소득세의 실지거래액에 의한 과세의 법령상의 근거가 됨.

(5) 과세제외(비과세) 및 조세의 감면

과세제외는 과세대상이 되어 있는 물건을 특별한 사유로 과세의 대상에서 제외하는 것을 말하며, 조세의 감면은 납세의무자의 신청에 의하여 납세의무의 전부 또는 일부를 면제하는 것을 말한다. 다시 말해서, 과세제외는 법률이 처음부터 과세의 대상에서 제외하여 전혀 납세의무가 발생하지 않은 것이며, 조세의 감면은 납세의무자가 특별한 이유가 있는 경우에 그의 신청에 의하여 이미 발생한 납세의무를 소멸시키는 것이다.

이와 같은 과세제외(비과세) 및 조세의 감면은 이에 관한 법적 근거로서 각종 세법 및 관세법과 조세특례제한법에 상세하게 규정되어 있다. 과세제외(비과세)가 되는 것은 대개 공익사업의 보호, 외교상의 이유, 담세력박약자 보호 등 때문이다. 조세의 감면은 재해로 인한 담세력 상실, 공익사업의 육성, 외화의 획득 등 때문이다.

풀이

세금은 과세의 주체에 따라 국세와 지방세로 나눌 수 있습니다. 국세에는 해당되는 법인세, 소득세, 부가가치세 등이 있고, 지방세에는 재산세, 취득세, 등록세 등이 있습니다. 종합부동산세에 관하여는 위헌논란이 있는데, 그 중 이중과세라는 지적도 있습니다. 그런데 귀하의 부동산이 만일 종합부동산세 납세대상이라면 이미 납부한 재산세를 공제하고 부과되기 때문에 반드시 이중과세라고 판단하기는 어렵다고 할 것입니다.

교회에 대한 세법의 태도

사례

최근 교회와 목회자가 세금을 납부해야 하는데, 납부하지 않은 것처럼 모 방송 프로그램에서 대대적으로 방영됨으로써 기독교 신자인 저로서는 매우 안타까운 마음을 금할 수 없습니다. 과연 교회나 목회자가 세금을 법적으로 납부하여야 함에도 불구하고 세금을 포탈한다는 것인가요?

교회의 법적 성격

교회는 신학적으로는 '에클레시아' 라는 헬라어를 번역한 용어로서 '택함을 받은 자' 라는 뜻이다. 대한예수교 장로회 교단헌법(제7조)에 의하면 '교회' 는 '하나님이 만민 중에서 자기 백성을 택하여 그들로 무한하신 은혜와 지혜를 나타내신다' 고 규정하고 있다. 법적 정의로서 '교회' 라 함은 '예수교의 신도들이 교리의 연구, 예배 기타 선교의 목적을 달성하기 위하여 각기 자유의사로 구성한 단체(대법원 1957. 12. 31. 선고 4289민상182)' 라고 설명하고 있다.

이와 같은 법적 정의에 따른 교회의 법적 성격은 '법인 아닌 사단' 즉 '비법인사단' 이다. 이러한 교회의 법적 성격은 학설과 판례에 의하여 확립된 입장이다. 법인 중에서 일정한 사람들이 공동목적의 사업을 영위하기 위하여 결합하여 설립된 단체를 '사단법인' 이라고 하는데, 교회와 같이 '비법인사단' 은 '사단법인의 실질을 갖추고 있지만 설립등기를 하지 않아서 법인격이 부여되지 않은 단체' 를 말한다.

이와 같은 '비법인사단' 으로 인정되는 경우에는 비록 법적으로는 '사단법인' 이 아님에도 불구하고 '사단법인' 과 거의 동일하게 취급된다는 점에서 매우 중요하다. 그리고 이와 같이 '비법인사단' 으로 성립되기 위하여서는 다음의 요건이 필요하다.

첫째, 교회의 실질을 갖추어야 한다. 그러기 위해서는 각 교단헌법에서 요구하는 교인 수를 충족해야 할 것이다(대한예수교 장로회 교단헌법 제10조에서는 15인 이상의 교인이 필요함).

둘째, 교회로서의 기관과 조직이 정비되어야 한다. 즉 담임목사를 중심으로 장로, 집사, 권사 등으로 한 당회와 공동의회가 존재하여야 한다.

셋째, 교회의 구성원인 신자와 별개의 주체로서 단체가 존재하여 대외적으로 단체의 이름으로 활동할 수 있어야 하며, 단체의 구성원이 변경되더라도 단체의 동일성에 영향을 주지 않을 정도의 단체의 명칭이 있어야 한다. 즉 교회의 명칭이 있어야 한다.

넷째, 대표의 방법, 총회의 운영, 재산의 관리 기타 단체의 중요한 사항이 정관으로 정해져 있어야 한다. 즉 교회의 규정 등과 같은 정관이 있어야 하며, 여기에 교회의 중요한 사항이 규정되어야 한다.

이와 같은 실질적 요건을 구비하고 있다면 비록 십자가와 같은 교회의 표지가 없다고 해도 교회로서 인정된다.

종교의 자유와 교회세금

천부적인 인권으로 오랜 역사를 가진 '종교의 자유'는 우리 헌법(제20조)에서도 명문으로 보장되어 있다. 종교의 자유는 인간의 행복을 추구하는데 있어서 핵심적 지위에 있다고 할 것이므로 국가는 소극적으로는 종교의 자유가 침해되지 않도록 할 뿐만 아니라, 적극적으로는 종교의 자유가 최대한 보장되도록 여러 가지 제도적 측면에서 보호하고 있다.

그리고 이러한 종교의 자유를 최대한 보장하는 차원에서 모든 종교단체와 그 활동에 대하여 국가가 보호하는 제도 중의 하나가 과세제도에 있어서 혜택이라고 볼 수 있다. 그리고 교회에 대한 세금부과의 문제는 이와 같은 종교의 자유 보호 차원에서 국가의 재정시정과 국민적 정서를 고려하여 교회의 재산 및 그 활동으로 인하여 발생하는 소득 등에 관하여 비과세하거나 감세하는 경향이 있다. 그러면 교회 등에 대하여 비과세하는 정책적 요소는 없는가? 대체로 교회 등 종교단체는 세법상 공익단체로서 비영리사업자로 분류되고 있다. 그와 같은 점에서, 교회 등 종교단체에 대하여는 공익성 측면에서 정책적으로 비과세한다고 할 수 있는 것이다. 다시 말해서, 교회 등 종교단체의 활동은 과거 역사적으로 뿐만 아니라 현재에도 많은 공익활동을 하고 있다는 사실이 국가의 비과세의 정책적 이유가 된다고 할 수 있다. 사실, 많은 종교 법인이 의료, 자선, 교육 분야에서 국가가 담당할 사업을 자신의 재정으로 이를 담당하고 있다는 것은 주지의 사실이다. 그러기에 국가가 자신이 해야 할 사업을 담당하고 있는 종교단체에 대하여 적극적으로 재정지원을 하거나 그렇지 않다고 하더라도 세제혜택을 주는 것은 당연한 반대급부라고 할 수 있다는 것이다.

세제혜택의 주요 내용

과세 대상이 될 수 있는 부분은 크게 나누면, 교회의 재산, 교회의 활동 및 목회자에 대한 소득활동으로 분류할 수 있다. 그리고 교회가 교회의 실질을 갖추고 있는 경우에 교회 본래의 용도나 목적에 기여되는 교회의 재산이나 교회의 활동에 대해서는 비과세 된다. 이는 일반 교회나 그 활동에만 국한되는 것이 아니라 교회를 포함한 기독교는 물론이고 기독교 이외의 모든 종교단체와 그 활동에 동일하게 적용된다. 다시 말해서 이는 교회만의 문제라고 할 수 없는 것이다. 그런데 목회자의 사례비에 대해서는 국세청이 이를 적극적으로 근로소득으로 인정하지 아니하고 이를 개교회의 재량에 맡기고 있는 실정이다.

그래서 각 교회의 사정에 따라서 목회자가 자신이 소속된 교회로부터 받거나 타 교회에서 부흥회 인도 등으로 받게 되는 사례비에 대하여 일반근로자와 동일하게 납세를 하는 경우도 있고 그렇지 않은 경우도 있다. 그러므로 특히 목회자가 받게 되는 사례비에 대한 납세필요성에 대한 찬반 논의가 뜨겁게 되는 것이다.

교회과세에 대한 찬반 논의

종교의 자유를 최대한 보장하기 위한 제도 중의 하나로서 교회과세의 문제는 교회에 국한되는 문제가 아니고, 모든 종교재산과 활동 그리고 종교인에 대한 문제라고 함은 앞서 언급한 바이다. 그러나 이 문제가 주로 교회와 목회활동을 주도하는 목회자에 대한 시각에서 비롯되는 것은 그 활동이, 즉 교회의 목회자의 사회적 역할이나 활동이 세상의 눈에 먼저 띄고 관심을 끌기 때문일 것이다. 그러기에 각종 세법상의 규정과는 별도로 교회에 대한 세금문제는 비기독교인들 뿐만 아니라 기독교인들까지도 그 찬반에 대한 논의가 뜨겁게 되었다. 특히, 앞서와 같은 우리나라 세제상 교회의 세금 문제는 특히 목회자의 소득활동에 대하어 과세를 하는 것이 정당한 것인기에 집중된다.

① 납세에 대한 찬성 의견

첫째, 목회자가 하는 목회사역을 근로라고 하지 않을 수 없으며, 목회자가 비록 생활비라는 명목으로 지급받는 사례비는 이렇게 목회활동이라는 근로에 대한 대가라고 하지 않을 수 없다.

둘째, 목회자도 국민의 한 사람으로서 국민이 납부하는 세금으로 인하여 유지되는 각종의 공공재를 향유하고 국가서비스를 이용할 수 있어서 국가의 혜택을 받기 때문에 목회자의 활동에 대하여 세금부과는 정당하다는 것이다.

셋째, 모든 소득 있는 곳에는 과세가 있다는 과세원칙은 국민 모두에게 평등하게 적용되어야 하는 것인데, 목회자와 일반 근로자와 차이를 둘 수 없다는 것이다.

넷째, 국가가 일반 목회자의 목회활동에 대한 대가로 지급받는 사례비에 대하여 명백하게 과세대상이라고 규정하고 있지는 않지만, 국가가 종교의 자유 보장 차원에서 각 교회의 관행에 맡긴 것일 뿐이므로 과세대상이 될 수 있다는 것이다.

② 납세에 대한 반대 의견

첫째, 목회자가 하는 목회활동은 일반 근로자의 근로와 질적인 차이가 있다. 즉 목회활동은 근로자에게 적용되는 근로기준법의 원칙(예컨대, 8시간 근로원칙, 휴일 및 야간근로제한 등)을 전혀 적용할 수 없는 영역이다. 따라서 전인격적 헌신과 무한봉사를 전제로 한 사례비는 근로의 대가로 인정할 수 없는 분명한 특수성이 있다.

둘째, 목회자 목회활동에 대한 납세가 인정이 된다면 국가에서 정당한 세금납부가 이루어지고 있는지에 관한 교회와 목회자에 대한 세무조사 등이 이루어지면서 교인들의 헌금실태 등 종교의 자유의 본질적 부분을 침해할 우려가 현실화 된다.

셋째, 국가가 담당하지 않으면 안 되는 많은 대형 공익사업(의료, 자선, 교육 등)을 교회의 재단 및 목회자가 그 일부를 담당함으로써 국가의 재정을 절약하므로 공익적 측면이 매우 강하다고 할 것이므로, 이

가이사의 법과 한국교회

에 대한 보상차원에서 목회자 및 교회에 대한 세제혜택이 이루어져야
형평이 맞다.

외국의 교회세금제도

① 교회재산 및 교회활동에 대한 과세

우선 미국에서는 교회를 비롯한 각종 종교단체, 교육기관 등 공
익을 목적으로 하는 단체들은 그 설립과 운영을 장려하기 위하여 여러
가지 특혜를 부여한다. 이들은 세법상의 혜택을 누리게 되는데 교회
의 경우에 국가로부터 비영리단체 인가를 받는 경우(소규모인 경우에는 인
가가 없이도 혜택가능)에는 그 본래적 용도에 제공된 재산이나 그 본래의
활동으로 발생된 소득(수익사업으로 인한 경우는 제외)에 관하여 재산세, 소득
세 등에 있어서 세금혜택을 받을 수 있다. 다만 각 주의 사정에 따라
면세요건의 엄격성에 있어서 다소 차이가 있을 뿐이다. 교회의 부속
기관(여선교회, 청년부, 주일학교 등)의 경우에는 역시 세제혜택을 받을 수 있
다. 그리고 영국에서도 대체로 교회의 재산 및 교회의 활동에 대해서
는 미국과 거의 유사하게 세제혜택이 이루어지는 경향이 있다. 중국
에서도 거의 동일한 것으로 보인다.

일본의 경우에는 종교단체에 대해서 비과세혜택이 주어지고 있
다. 즉 종교단체의 고유의 목적에 제공되는 재산과 그 활동에 대해서
는 세제혜택이 이루어지고 있는 것이다. 과거에는 종교단체의 수익활
동에 대해서도 과세되지 아니하다가, 타 단체와의 형평성 문제가 제기
됨에 따라 수익활동에 대해서는 과세된다.

② 목회자 소득에 대한 과세

　　미국의 경우 목회자의 소득에 관해서는 특별한 보호를 받지 못하는 것 같다. 즉 목회자에 대한 소득에 대하여는 일반 근로소득자와 큰 차이가 없는 것으로 보인다. 그런데 사회보장세 및 의료보험세의 경우에는 그 혜택을 거부하고자 하면 그 부분에 대해서는 면제를 한다. 다만, 목회자가 자신이 받은 사례비 중에서 목회활동에 직접 필요한 용도(차량유지비, 도서구입비 등)에 들어간 비용은 공제된 후에 소득세가 부과된다. 그리고 목회자의 사택에 있어서 이용대가나 수당에 대해서는 세금을 부과하지 않는다.

　　영국에 있어서도 목회자의 활동과 관련하여 특별한 세제혜택이 이루어지고 있지는 않다. 영국은 일정한 소득수준 이하의 경우에는 세제혜택이 다소간 이루어진다. 중국의 경우에는 목회자의 소득수준이 최저임금에 못 미치는 경우에는 오히려 국가의 보조를 받게 되나, 그렇지 않은 경우에는 공무원에 준하여 세금을 납부하고 있는 실정이다.

　　요컨대, 교회의 경우에 있어서 교회만이 특별한 혜택이 누리는 것이 아니라 종교단체, 자선단체 및 교육단체, 공익성을 지닌 비영리단체는 동일한 혜택을 받는 것으로 보인다. 그리고 세제혜택의 내용은 대체로 교회의 재산이나 교회의 활동으로 발생한 소득에 대해서는 면세가 되나, 목회자의 활동에 대한 사례비에 대해서는 특별한 혜택이 부여되고 있지 않는 경향이 있다.

가이사의 법과 한국교회

교회나 목회자가 세금을 법적으로 납부할 의무가 있음에도 불구하고 고의로 이를 회피하거나 포탈하는 것으로 인식되어 있다면 이는 오해입니다. 현행 세법상 교회뿐만 아니라 일반 종교단체 그리고 비영리단체 내지 공익사업자는 일정한 요건을 갖추면 당연히 면세혜택을 누리고 있습니다. 그러기 때문에 비영리공익단체에 해당되는 교회의 재산이나 교회의 활동으로 발생되는 소득에 대해서는 비과세혜택을 주는 것입니다. 다만, 목회자의 경우에 있어서는 목회자를 엄격히 근로자로 인정하는 경우에는 그 근로대가라고 할 수 있는 사례비에 대하여 근로소득세를 부과할 수 있겠지만, 현재 국세청에서는 목회자에게 지급되는 사례비는 생활비의 일종으로 분류하여 세금납부여부에 대하여 각 개교회의 재량에 맡기고 있는 실정입니다. 다시 말해서, 국세청에서는 적극적으로 목회자의 활동에 대한 사례비에 대하여 세금부과대상이라고 유권해석을 하고 있지 않다고 하는 것입니다. 따라서 목회자가 받는 사례비에 대하여서도 세금을 납부하지 않는 것이 납세의무를 위반하고 있다고 할 수 없는 것입니다.

교회관련 세금에 대한 구체적 내용

세법상 공익법인

교회만 특별하게 세제상의 혜택을 부여받는 것이 아니고 교회를 포함한 비영리공익법인은 세제상의 혜택이 주어진다. 그런데 민법에서는 영리법인과 비영리법인으로만 구분되는데, 비영리법인으로서는 학술, 종교, 자선, 기예, 사교 기타 영리 아닌 사업을 목적으로 하는 사단법인, 재단이 이에 속한다. 그리고 세제 혜택이 주어지는 법인세법상 비영리법인과 상속세 및 증여세의 혜택이 주어지는 공익법인의 개념에 차이가 있다. 아무튼 교회와 같은 종교단체는 모두 세금혜택을 받는다.

국세

국세는 국가가 징수권자인 세금을 말하는데, 여기에는 법인세, 소득세, 상속세 및 증여세, 부가가치세가 있다.

① 법인세

저희 교회는 현재 교회당으로 입당한지 2년이 채 못 되었는데 신자수가 너무 많이 늘어나서 현재 예배당 안에서는 예배드리는 데에 한계가 왔습니다. 그래서 새로운 부지를 물색한 후에 교회토지와 건물을 다른 교회에 매각하려고 합니다. 양도소득세를 물어야 하는가요?

비영리사단법인은 수익사업소득에 대하여만 과세한다(법인세법 3조). 따라서 교회는 세법상으로는 비영리사단법인에 속하므로 수익사업으로 인하여 발생한 소득에 대해서는 법인세가 부과된다. 그러므로 수익사업과 비수익사업의 구별이 중요하다. 수익사업에 해당되는 것으로는 임대수입, 정기간행물 발간사업, 광고수입, 구내식당 운영수입, 교육훈련에 따른 수수료 수입 등이 있다. 그리고 비수익사업에 해당되는 것으로는 일시적인 저작권의 사용료로 받는 인세수입, 회원으로부터 받은 회비 또는 수수료, 업무와 직접 무관하게 무상으로 받은 자산의 가액 등이 있다. 만일 교회가 납골당을 이용하여 실비로 받는 대가는 수익사업으로 볼 수 없지만, 실비 이상의 대가를 받는다면 수익사업으로 볼 수 있다.

고정자산의 처분으로 인하여 생기는 수입은 법인세법(3조 2항)에 의하면 수익사업에 해당되나, 당해 고정자산의 처분일 현재 3년 이상 계속하여 정관에 규정된 고유목적사업에 직접 사용된 경우에는 과세대상에서 제외된다(동법 시행령 2조 2항).

그리고 헌금의 경우에 이를 은행 등에 예금했을 경우에는 은행 등에서 그 이자소득에 대하여 원천징수하여 국가에 납부한 금액에 대하여서는 교회가 다시 환급받을 수 있다. 또한 교회가 담임목사, 부목사, 전도사 기타 교회사찰에게 주는 사례비와 교회가 부흥강사에게 지급하는 사례비, 원고료 등에 대한 근로소득세에 대하여는 그 원천징수 유무를 각 교회에 재량으로 일임하고 있다.

풀이

교회의 토지 및 건물을 타인에게 양도하는 경우라도 그 용도에 3년 이상을 사용한 후에 매각한다면 그로 인하여 발생하는 양도차익에 대해서는 비과세가 됩니다. 그런데 만일 그 기간 안에 처분한다면 과세된다는 사실을 유의하여야 할 것입니다.

② 소득세

소득세란 개인이 자신의 근로, 이자, 사업, 부동산임대 등이나 퇴직 및 양도 등으로 발생한 소득에 대하여 부과하는 세금을 말한다 (소득세법 1조, 3조). 소득세가 비과세되거나 감면되는 경우는 사병의 급여, 산업재해보상보험법에 의해 지급되는 각종 급여, 고용보험법에 의해 지급되는 실업급여, 공무원연금법에 의해 지급되는 장해보상금, 국가유공자예우법에 의해 지급되는 보훈급여금 등이다(동법 12조).

목회자에게 지급되는 사례금이 과연 소득세의 과세대상이라고 할 수 있느냐가 논란이 되고 있다. 소득세법(20조)에는 과세대상으로서 근로의 제공으로 인하여 받는 봉급·급료·보수·세비·임금·상여·수당과 이에 유사한 성질의 급여를 갑종근로소득으로 규정하고 있다. 그런데 과연 목회자가 받게 되는 사례비가 근로의 제공으로 받는 급여라고 할 수 있는가가 쟁점이라고 할 것이다. 법문상으로 볼 때는 갑종근로소득에 해당되는 것으로 보이는데, 문제는 목회자가 행하는 목회사역을 일반 근로라고 해석할 수 있는지 의문이며, 이에 대하여 지급하는 사례비는 순수한 급여라고 볼 수 있는지 그 사실 관계를 명확하게 판단하기 어렵다는 점이다. 앞서 언급한 바와 같이 이에 대하여는 국세당국이 명백하게 비과세대상이라고 해석하고 있지 않다. 즉 목회자의 사례금은 일종의 생활비 차원에서 각 교회의 해석에 일임하고 있는 실정이다. 아울러 목회자의 개인소유인 교회재산에 대하여는 양도소득세를 부담하지 않으면 안 된다.

③ 상속세 및 증여세

교회(종교, 자선, 학술 기타 공익을 목적으로 하는 자)가 상속이나 증여를 받은 경우에는 그 재산의 가액은 상속세나 증여세 대상에서 제외된다(상속세 및 증여세법 16조, 48조). 교회가 상속이나 증여를 받았을 경우에 출연 받은 재산을 출연 받은 날로부터 3년 이내(불가피한 경우에는 연장승인가능)에 직접 교회 고유의 목적과 용도에 사용한다면 면세되나, 만일 교회의 고유목적에 사용하지 않거나 특히 3년 이내에 고유목적에 사용하지 않는다면 추가로 납부해야 한다(동법 시행령 38조).

④ 부가가치세

부가가치세는 재화나 용역을 공급하거나 수입하는 경우에 사업자가 부담하는 세금으로서 세율은 100분의 10이다(부가가치세법 1조, 2조, 14조). 비영리법인인 교회도 만일 영리사업을 한다면 부가가치세법(5조)에 의하여 사업장별로 세무서에 사업자 등록을 하여야 한다. 교회가 고유목적사업만 영위한다면 납세의무가 없으나, 수익사업을 하는 경우에는 부가가치세를 납부하지 않으면 안 된다(동법 12조).

지방세

요즈음 각 교회의 주차장 문제가 심각한 줄 압니다. 저희 교회에서도 교회부지 내에 있는 주차시설로는 도저히 신자들의 차량을 수용할 수가 없어서 불가피하게 저희 교회에서 떨어진 곳에다 주차장 부지를 매입하여 주차장을 만들었습니다. 그런데 난데없이 구청에서 재산세를 납부하라는 통지가 왔습니다. 이를 납부하는 것이 맞습니까?

지방자치단체가 주체가 되어 거두어들이는 세금으로서 취득세,

재산세, 등록세 등이 있는데 이에 대하여는 단일법인 지방세법에 상세하게 규정되어 있다.

① 취득세

취득세는 부동산, 차량, 주식 등 자산을 취득하는 경우에 그 취득자에게 부과되는 세금을 말한다(지방세법 105조). 그런데 교회의 자산의 경우에 부동산일 경우에는 제사·종교·자선·학술·기예 기타 공익사업을 목적으로 하는 비영리사업자의 경우에 취득세를 부과하지 아니하나, 그 자산을 수익사업에 사용하거나 취득일로부터 3년 이내에 정당한 사유 없이 고유목적에 사용하지 않은 경우와 사용일로부터 2년 이상 그 용도에 직접 사용하지 아니하고 매각하거나 다른 용도로 사용하는 경우 그 해당 부분에 대하여서는 취득세를 부과한다(동법 107조).

② 등록세

등록세는 재산권 기타의 권리의 취득·이전·변경 또는 소멸에 관한 사항을 공부에 등기 또는 등록하는 경우에 그 등기 또는 등록하는 자에게 부과되는 세금을 말한다(동법 124조). 그런데 등록세의 경우에도 위 취득세와 동일하게 교회에 대하여는 공익사업을 목적으로 하는 비영리사업자로 분류됨으로써 교회 소유의 부동산에 대해서는 등록세를 부과하지 아니하나, 동일한 제한을 가하고 있다(동법 127조).

③ 재산세

재산세는 토지·건축물·주택·선박·항공기를 사실상 소유하고 있는 자에게 부과하는 세금을 말한다(동법 181조, 183조). 그런데 재산

 가이사의 법과 한국교회

세의 경우에도 위 취득세나 등록세와 동일하게 공익 사업자에 속하는 교회의 재산을 고유목적에 사용하는 경우에는 재산세를 부과하지 아니하며, 이 경우 그 사업에 직접 사용할 건축물을 건축 중인 경우와 건축허가 후 행정기관의 건축규제조치로 인하여 건축에 착공하지 못한 경우의 그 건축예정 건축물의 부속 토지는 그 사업에 직접 사용하고 있는 것으로 본다(동법 186조).

교회 주차장의 경우에는 교회의 고유목적에 사용하는 경우에 해당되므로 당연히 재산세를 부과할 수 없는 것이 원칙이다. 그러나 각 지방자치단체의 사정에 따라 재산세 부과가 일정하지 않다. 대개는 교회건축물에서 육안거리로 100미터 이내에 위치한 주차장의 경우에는 비과세 된다.

교회의 직접용도에 사용되는 부동산은 비과세되는 것이 맞습니다. 그러기에 주차장도 교회에 연접해 있는지와 관계없이 즉 교회부지와는 따로이 밖에 있어도 비과세되어야 타당하다고 할 것입니다. 그런데, 서울의 경우에는 각 자치단체에 따라 다소 차이가 있는데 교회의 건물과 주차장의 거리가 서초구의 경우에는 직선거리 100미터(도보거리 150미터), 종로구의 경우에는 직선거리 150미터(도보거리 200미터), 용산구의 경우에는 직선거리 200미터(도보거리 300미터)까지는 면세가 됩니다. 그리고 다른 구에서는 대체로 직선거리 300미터(도보거리 600미터)까지는 면세대상입니다. 그러나 최근에 교회의 신자 수 등 구체적 사정에 따라 위 각 구의 조례에서 정한 규정을 어기더라도 면세되는 판례가 등장하고 있습니다.

기타의 경우

저희 유지재단에서는 각 교회에서 증여한 부동산을 소유하고 있는데, 그로 인하여 종부세가 부과되었습니다. 우선 종교목적으로 사용하고 있다고 생각이 드는데 어떻게 해서 종부세가 부과되었는지 궁금합니다.

종합부동산세의 경우에도 재산세에 관한 지방세법 규정을 준용함에 따라 교회의 경우 예배·선교·교육 등 그 고유목적에 사용하는 교회의 부동산에 대하여서는 비과세 된다(종합부동산세 6조).

또한 자동차세의 경우와 같이 비과세에 관하여 특별한 규정이 없는 경우에도 교회소유의 자동차에 대하여는 과세된다(지방세법 196조의 4 참조). 물론 자동차를 취득하거나 등록하는 경우에도 취득세 및 등록세는 비과세되지 않는다(동법 107조 및 127조 참조).

각 교회나 유지재단에서 만약 교회의 본래 목적 즉 예배나 선교 등에 사용하고 있는 부동산이라면 비과세대상에 해당된다고 할 것입니다. 그러나 과세가 되었다면 병원을 경영하여 얻는 수익 등과 같이 교회의 본래 목적과 직접 연관된 활동이 아니었기 때문에 과세가 된 것 같습니다. 다만 이와 같은 경우에 각 부동산을 종합하여 세금을 부과한다면 납부할 세액이 만만치 않을 것 같습니다. 앞으로 이 문제에 대해서는 논의가 있어야 할 것으로 생각합니다.

비과세 및 과세대상에 대한 판례

비과세 사례

① 목사의 사택은 지방세의 부과대상이 되지 않는데 이는 목사의 사택은 그것이 교회 내에 있든지 교회 밖에 있든지 교회가 목적사업을 함에 있어서 필요불가결한 중추적 존재라고 할 것이기 때문에 교회의 목적사업에 직접 사용하는 것과 다름이 없기 때문이다(대법원 1983. 12. 27. 선고 83누298, 대법원 1983. 11. 22. 선고 83누456).

② 선교사용의 주택이나 교육관도 재산세의 부과대상이 아닌 것은 교회의 본연의 임무가 복음을 전파하는 것이고 선교는 복음을 전파하는 행위인데, 이와 같이 복음을 전담하는 선교사가 사용하는 주택이나 사무실에 대하여는 종교사업의 수행을 위하여 반드시 필요한 재산으로 파악하였기 때문이다(대법원 1978. 10. 10. 선고 78누245, 대법원 1978. 11. 14. 선고 78누168).

③ 교회의 신축을 목적으로 그 대지를 구입하는 행위는 개교회가 그 목적을 위하여 그 본연의 사업에 직접 사용하는 것이므로 역시 취득세의 부과대상이 아니다(대법원 1972. 12. 12. 선고 72누174).

④ 교회의 주차장은 교회에 인접한 주차장으로서 연건평의 4분의 1이하의 면적의 주차장에 대하여는 과세대상이 아니다.

⑤ 교회가 교회의 신축부지로 용도를 특정하여 부동산을 매수한 뒤 부득이한 사유로 위 부동산을 처분하였다면 이로써 교회가 외형상 양도로 인한 소득이 발생하였다고 해도 법인세법상 특별부가세를 부과할 수 없다(대법원 1986. 6. 24. 선고 85누189판결).

과세 사례

저희 교회는 주차장이 있는데요, 주일 외에는 사실 사용할 필요가 없기 때문에 이를 주변 주민들에게 편익을 주기 위해서 개방하였습니다. 그런데 외부차량도 많이 이용하여 할 수 없이 한 달에 주차료를 조금씩 받고 이용하도록 하였습니다. 그런데 최근 관할 세무서에서는 주차장에 대한 재산세와 소득세를 납부하라는 통지서를 받았습니다. 영문을 알 수 없습니다.

① 부목사, 강도사, 전도사, 사찰 등의 사택은 교회의 목적을 달성하기 위한 필요불가결한 중추적 존재는 아니기 때문에, 그들이 주거하고 있는 사택은 교회사업에 직접적으로 사용하는 것이라고 단정할 수 없으므로 비과세대상이 아니라고 한다(대법원 1986. 2. 25. 선고 85누824).

② 선교단체의 병원은 비록 의료수익으로 개인적 이익을 도모한 것이 아니라, 선교단체의 고유목적사업에 필요한 재원조달에 충당하였고 극빈자에게 대하여는 진료비를 감면하였다고 해도 병원운영이 수익사업에 해당되는 것이 명백하므로 비과세대상이 아니라고 한다(대법원 1991. 5. 10. 선고 90누4327).

③ 교회의 명의만 사용하였을 뿐 사실상 교회의 고유재산의 용도로 사용하지 않은 재산은 그 실질적 소유관계 등으로 볼 때 교회의 고유사업으로 취득한 재산이라고 볼 수 없기 때문에 비과세대상이 아니라고 한다(대법원 1991. 5. 28. 선고 91누1868). 예컨대 교회건물의 일부를 임대한 경우에 그 임대수익금에 대하여서는 과세대상이 된다.

④ 교회가 재산을 고유목적에 사용하지 않고 있다가 처분한 경우에는 비록 제3자가 불법으로 점유하여 불가피한 경우라고 하더라도 특별부가세의 대상이 된다(대법원 1993. 2. 23. 선고 92누18849).

원칙적으로 교회의 주차장은 교회 고유의 용도에 사용된다고 할 수 있기 때문에 비과세대상이라고 할 수 있습니다. 그러나 이렇게 비과세대상이 되는 주차장은 교회에서 근거리(약 100-300미터 이내)에 위치해 있다면 큰 문제는 없다고 할 수 있습니다. 그런데 문제는 이 주차장을 주변 주민들에게 개방하는 경우에는 경우가 다릅니다. 무료로 사용한다면 몰라도 만약 주차료를 조금이라도 받는다면 그에 상응한 세금부과가 된다고 할 것입니다.

비과세 요건 및 절차

저희 교회는 분명히 구청에 교회로 등록이 되어 있다고 하는데 세금이 나왔다고 합니다. 도저히 그 까닭을 알 수 없습니다. 그 원인이 어디에 있다고 생각하십니까?

비과세 요건

교회는 세법상 비영리법인이면서 공익사업자로 분류된다. 그러기에 교회가 실질적으로 비영리사업 내지 공익사업을 하는 경우에만 비과세 된다. 다시 말하면 교회 고유의 목적 내지 용도를 한도로 해서 비과세 요건이 제한된다. 교회 본연의 임무 내지 목적에 직접적으로 기여되는 교회의 활동이나 교회의 재산인 경우에만 비과세된다. 이와 같은 경우에만 예외적으로 세금을 면제하는 것이 종교의 자유와 평등의 원칙을 조화시키기 때문이다.

그러므로 교회가 그 고유의 목적에 직접 사용하지 않거나 교회 명의만을 대여하면서 실제로 일반법인과 동일한 수익사업을 한다면 바과세에 해당되지 않는다. 교회가 교회건물의 일부를 임대한 수익이나 교회부지의 일부를 주차장으로 대여함으로써 발생한 수익은 모두 과세대상이 되는 것이다.

교회재산이 실제로 교회의 재산임에도 불구하고, 담임목사 개인 명의로 소유하고 있다면 이는 명의신탁에 해당된다. 그러므로 일단 그 재산이 과세대상이 된다. 그러나 교회의 용도로 사용하고 있다

는 사실을 입증함으로써 세금을 환급받을 수는 있다. 다만, 이 경우에
는 부동산실명법에 의한 벌칙의 적용을 받게 된다.

비과세 절차

이와 같이 교회가 세제 혜택을 받기 위해서는 모든 행정절차에
의하여 명백하게 교회로서 객관적으로 인정할 수 있어야 한다. 그러
므로 교회는 관할 세무서에 법인으로 등록되지 않으면 안 된다. 교회
는 관할세무서(민원실)에 필요한 서류(법인설립신고서 및 사업자등록증신청서, 법
인으로 보는 단체승인서, 교회규약, 소속 증명서, 대표자 증명서, 교회토지건축물 관리대장 또
는 교회 임대차계약서, 계좌개설신고 등의 서류)를 제출하도록 되어 있으며, 관할
세무서로부터 고유번호증(반드시 000-82-0000), 법인으로 보는 단체승인여
부 통지서, 법인으로 보는 단체의 국세에 관한 의무이행자 지정통지서
를 발급받는다. 일반적으로 이를 게을리 함으로써 세금에 있어서 많
은 불이익을 받게 되는데 교회를 설립할 때 가장 먼저 할 절차라고 할
것이다.

종교단체(교회)관련 세금개선사항

① 종교단체의 고유목적 사업용 부동산 인정범위 확대

지방세법 107조 1호에 의하면 제사 · 종교 · 자선 · 학술 · 기예
기타 공익사업을 목적으로 하는 부동산의 경우에 그 사업에 사용하기
위한 부동산에 관해서는 비과세하고 있다. 그런데 교회건물의 예배당
과 그 울타리 내에 있는 부속시설에 한해 취득세 등을 비과세하고 그

밖에 있는 부목사 사택, 주차장 등은 과세되는 것으로 해석되고 있다.

그러나 담임목사 뿐만 아니라 부목사, 전도사 등 교회의 교역자는 순전히 목회활동에 전념하고 있으므로, 이들이 사용하고 있는 사택과 교회 건축물 밖에 있는 주차장도 교회활동에 직접 공여되고 있다는 점을 감안하여, 이러한 부대시설에 대해서도 비과세되어야 합당하다고 생각한다.

② 종교단체(교회)가 복지사업을 하는 경우에 지방세 감면제도 보완

사회복지법인에서 복지사업을 위하여 취득하여 사용하는 부동산에 대하여는 비과세되고 있으나, 교회 등 종교단체가 취득하여 사용하는 사회복지용 부동산에 대하여는 취득세 등이 부과되고 있다. 아울러 종교단체가 종교시설이 아닌 요양시설용 부동산을 취득하여 사용하는 경우에도 과세되고 있다.

그러나 이와 관련된 지방세법시행령 79조 1항 1호에 따르면 "종교 및 제사를 목적으로 하는 단체"라고 되어 있고, 감면규정에 "그 사업에 사용하기 위하여"라고 규정되어 있으므로 복지사업도 종교단체의 목적대상에 해당된다고 할 것이므로 세금감면대상이 되어야 한다고 생각한다. 또한 종교단체가 요양시설용부동산을 취득하여 무료나 실비로 공급하고 있는 경우에는 종교목적 중 구제 사업에 해당된다고 할 것이므로 이 또한 종교단체의 목적사업 범위에 포함하여 비과세되어야 할 것으로 본다.

가이사의 법과 한국교회

③ 교회의 법인 인정요건 완화

국세기본법에 따라 교회가 비법인사단으로 승인되지 않은 경우에 비영리사업이나 공익사업에 해당되는 법인으로서 비과세혜택을 받을 수 없다. 그리하여 양도소득세 등이 부과되고 고유목적사업 준비금 설정으로 인한 세제혜택을 받을 수 없는 경우가 발생한다.

그러나 교회가 일반적으로 구청이나 시청 등에는 등록하고 있는 실정인데, 이런 경우에도 주무관청에 등록된 것으로 보아야 할 것이다.

풀이

교회의 실질을 갖추고 있다고 해도 '비법인사단' 으로서의 교회로 세무서에 등록이 되어 있지 않다면 그런 경우가 발생합니다. 그러므로 관할세무서에 필요한 서류(법인설립신고서, 사업자등록신청서, 법인으로 보는 단체승인서, 교회규약, 소속증명서, 대표자증명서, 교회토지건축물 관리대장 또는 임대차계약서, 계좌개설신고서)를 제출하여 교회로서 등록을 받아야 비과세의 혜택을 받을 수 있는 것입니다.

결어

사례

저희 교회에서는 최근까지 선교관으로 사용하고 있는 교회건물에 대하여 재산세를 납부하고 있었습니다. 그런데 알아보니까 그 건물이 복지시설로 등록이 되어 있었기 때문이라고 합니다. 어떻게 하면 세금혜택을 받을 수 있습니까? 그리고 지금까지 납부한 세금은 환급받을 수 있나요?

국세에 있어서는 다양한 사례가 있을 수 있으나 우선 교회가 고유번호를 관할 세무서에 신청할 때 법인으로 등록되어 있느냐, 개인으로 등록되어 있느냐에 따라 부동산을 처분하면서 양도소득에 대한 과세문제가 빈번히 발생한다. 원칙대로 교회이름으로 등록하는 것이 이와 같은 시비를 불식한다. 각 교회명의로 취득한 부동산을 3년 이상 직접 고유목적에 사용한 세법상의 법인에 해당되는 경우에는 과세문제가 전혀 발생하지 않는다. 그러나 개인적으로 등록된 경우에는 양도소득세가 부과되는 사례가 흔히 발생한다. 취득한 교회 부동산에 법인세가 주로 부과되는 경우로서 간과하기 쉬운 경우는 교회가 수익사업을 하는 경우와 3년 이내에 직접 고유목적사업에 사용하지 않는 경우이다(법인세법 제3조). 그리고 교회에 대한 증여세를 추징하는 경우로서 출연재산을 공익목적에 제대로 사용하지 않는 경우이다(상속세 및 증여세법 제48조).

그리고 지방세(취득세, 등록세, 재산세)에 있어서도 다양한 사례가 있을 수 있으나 다음과 같은 경우에는 과세가 되므로 주의를 요한다(지방세법 제107조, 제127조 및 제186조). 즉 취득일로부터 3년 이내에 정당한 사유 없이 종교목적에 직접 사용하지 아니하는 경우, 사용일로부터 2년 이상 종교목적에 직접 사용하지 아니하고 매각하거나 다른 용도로 사용한 경우에는 과세가 된다.

교회의 재산이나 교회의 활동으로 인한 소득에 대하여 과세를 하지 않는 것은 종교의 자유를 위한 특별한 혜택이라고 볼 수 있다. 그러나 어디까지나 교회도 사회의 구성원으로서 필요하다면 국가에 대한 의무를 부담하는 것이 당연하다고 할 것이다. 다만 교회가 부담하지 않아도 될 세금을 행정절차의 미숙으로 인해 부담하게 되는 경우가 종종 있다. 이러한 경우는 세금에 대한 인식부족과 태만으로 비롯된 것이다. 따라서 관할관청에 대한 자세한 문의와 전문가의 의견을 경청하여야 할 것이다.

풀이

교회 재산이라고 해도 복지시설인 경우에는 과세대상이 됩니다. 그러기 때문에 실제로 교회 고유의 목적이라고 할 수 있는 선교관으로 사용되고 있다면 이를 증명할 수 있는 자료를 통해서 그 건물의 용도를 선교관 용도로 변경을 해야 합니다. 바로 이러한 절차를 밟으면 향후에는 세금통지가 오지 않을 것입니다. 그리고 만약 그 교회 건물이 처음부터 선교관 용도로 사용되고 있었다면, 이 사실을 입증하여 이미 납부한 세금을 환급신청을 할 수 있다고 생각합니다. 5년을 소급해서 환급받을 수 있다고 생각합니다.

제8장

교회의 이단과 법적 대응

교회의 이단과 법적 대응

서언

"○○교는 이단이다"라고 하면서 공개적으로 비방하는 것을 보고 도대체 이단인지 아닌지 구별도 쉽지 않고 설령 이단이라고 해도 함부로 비방하는 것이 법적으로 문제가 없는지 알고 싶습니다.

성경은 이단에 대하여 단호한 배척과 경계를 당부한다. 이는 당시 교회 내에 이단의 침투가 심각한 상태였음을 알려주는 실례이나, 교회사를 통해서 보더라도 교회에 대한 외적 방해와 탄압으로 인한 교회의 위기보다도 오히려 이단의 발호에 의한 교회 내의 위기가 더욱 심각하였음을 알 수 있다. 이와 같이 교회사적으로 적지 않은 폐해를 야기했던 이단의 양상은 현재까지도 여러 가지의 유형과 형태로 교회를 공격하고 복음을 변질시킬 뿐만 아니라 사회적으로도 큰 문제를 야기시키고 있는 실정이다. 특히 최근의 이단과 사이비는 사회봉사와 문화적 행사를 크게 홍보하고 앞세우기 때문에 대다수 사람들은 그들에 대한 정통교회의 비판을 순수하게 받아들이지 않는 경향이 있다. 그러기에 이러한 측면에서 이단에 대한 법적 대응을 하는 경우에도 몇 가지 요소를 먼저 고려할 필요가 있다.

첫째, 정확성이다. 먼저 이단에 대한 정확한 개념을 범교단(凡敎團) 차원에서 정의하고 이러한 기준에 의하여 이단성 여부에 대한 정확한 판단이 이루어져야 한다. 그러기 위해서는 권위 있는 기관에서 필요한 기준과 원칙을 제시하여야 할 것이다. 종종 이단에 대한 시비가 제대로 가려지지 않아서 새로운 불씨가 되어 교회분열과 교인이탈의 불상사가 발생하는 수가 있다.

둘째, 적정성이다. 이단에 대한 법적 대응수단에는 합리적인 적정성이 있어야 한다. 이단에 따른 피해규모와 성격에 적합한 해결책을 적절한 시기에 활용하여야 할 것이다.

셋째, 신중성이다. 이단에 대한 대응시 그 부작용을 최소화하기 위하여 사전에 철저히 검토하고 대책을 광범위하게 의논한 후에 이에 대한 대응책을 구사하여야 한다. 헌법상 종교의 자유는 정통과 이단의 구별 없이 보호받기 때문이다.

풀이

이단이나 사이비에 대한 정확한 판단은 사실 매우 조심스럽습니다. 사실 전문가가 아니면 정확히 판단할 수 없는 경우가 많기 때문입니다. 또한 자신의 교단의 교리나 주장과 조금만 차이가 있어도 이단이라고 비난하는 경우가 있는데 이러한 태도는 지양되어야 한다고 할 것입니다. 또한 법적인 관점에서는 이단과 정통, 어느 쪽에 대하여도 중립적입니다. 그러기 때문에 이단이라고 해서 함부로 비난하거나 함부로 명예를 훼손하는 것은 잘못된 시각입니다.

가이사의 법과 한국교회

이단에 대한 실제적 대응양태

저희 딸이 최근 이상한 집단에 빠져 들어가는 것 같습니다. 딸한테 물어봐도 속 시원하게 말을 하지 않아서 답답한데요, 딸이 없을 때 소지품을 보고 그 집단의 이름과 소재를 알게 되었습니다. 바로 고소할 수 있습니까?

사이비 및 이단종파로 인한 폐해는 여러 가지의 형태로 나타난다. 내적으로 그리스도인들의 신앙이 병들고 복음의 순수성이 퇴색되는 것은 물론이거니와, 교주를 중심으로 한 자기들만의 폐쇄적이고 비윤리적인 삶을 통한 가정파탄, 자녀교육의 붕괴, 재산의 손실 등 이루 말할 수 없다. 우선 법적 대응에 필요한 범위에서 설명하고자 한다.

첫째, 이단종파에 대한 사회고발 및 홍보이다. 광범위한 폐해를 사전에 예방하고 더 이상의 폐해의 확산을 방지할 필요에서 이단종파에 대한 사회적 고발과 홍보가 필요하다. 방송 및 신문 등 언론매체와 인터넷을 통하여 이단의 폐해상황을 고발하고 더 이상의 폐해가 없도록 하는 것이다. 설교 시에도 이러한 사례를 사실에 근거하여 교육차원에서 홍보하고 이에 현혹되지 않도록 한다. 그런데 이 경우에 정확성의 원칙이 적용된다. 자칫하면 사실 아닌 허위의 내용이나 풍문에 불과한 사실을 진실인양 알리게 됨으로써 명예훼손 등의 법적 문제를 야기하는 수가 많다. 대중매체를 이용할 경우에는 전파성이 강하므로 효과적인 측면에서 매우 뛰어나나, 아울러 종교의 자유에 대한 침해 및 명예훼손 등을 이유로 이단으로부터의 반격이 예상된다.

둘째, 이단종파에 빠진 개인구출이다. 이는 잘못된 구원관 등으로 인한 왜곡된 진리로 인하여 미혹된 개인에 대한 설득 및 구출로서 개인의 인격, 명예, 재산, 가족관계, 정조 및 신체에 대한 피해를 회복하는 것이기 때문에 실질적이고 구체적인 대응책이라고 할 것이다. 그러나 이러한 대응에는 신중성 및 적정성의 원칙이 고려되어야만 한다.

풀이

이단이라고 해서 함부로 고소하거나 고발하는 것이 적절하지 않을 수 있습니다. 잘못되면 무고죄로 처벌받는 경우도 있습니다. 그들의 잘못된 불법사실을 알아내고 그러한 내용을 가지고 담임목사와 전문가들에게 협조를 구하여야 할 것 같습니다. 경우에 따라서는 변호사의 법적 조언과 도움이 필요할 수도 있습니다.

법적 대응 방안

이상의 대응책을 구사하는데 있어서 발생하거나 발생 가능한 사태에 있어서의 법적 대응방안에 대하여 설명하고자 한다.

방어적 대응 방안

사이비 및 이단종파에 대한 사회적 폐해를 사전에 예방하기 위해서나 사후 그 폐해를 최소화하기 위한 사회고발 및 홍보는 많은 경우 상대 이단종파측에서 반격수단으로 고소 내지 고발을 통한 형사처벌을 요구해오고, 민사적으로 명예훼손으로 인한 손해배상청구를 해오는 결과를 낳는다. 특히 명예훼손의 경우에는 형사적으로 고소와 함께 민사적으로 손해배상을 함께 청구하게 된다.

가. 명예훼손 및 모욕죄의 성립요건(형사문제)

저희 교회 담임목사님께서는 언젠가 설교 시에 어느 이단 교회의 교주가 종교연구가를 살해한 주범이라고 말한 적이 있습니다. 그리고 이 설교 내용이 기독교 방송으로 전국에 방영된 적이 있습니다. 그런데 이 이단 교회에서는 저희 교회 담임목사님을 명예훼손혐의로 고소를 하였습니다. 과연 처벌을 받게 됩니까?

일반적으로 '명예' 란 '인격적 가치에 대한 사회적 평가' 라고 정의된다. '공연히 사실을 적시하여 사람의 명예를 훼손한 경우' 에는 '2년 이하의 징역이나 금고 또는 500만 원 이하의 벌금' 에 처하고, '허위의 사실을 적시하여 공연히 사람의 명예를 훼손한 경우' 에는 형이 가중되어, '5년 이하의 징역, 10년 이하의 자격정지 또는 1000만 원 이하의 벌금' 에 처한다(형법 제307조).

특히 출판물에 의한 명예훼손의 경우, 즉 '사람을 비방할 목적으로 신문, 잡지 또는 라디오 기타 출판물에 의한 명예훼손의 경우' 에는 훨씬 그 형이 가중된다(형법 제309조).

또한, '정보통신망이용촉진 및 정보보호 등에 관한 법률' 에 의하면 '사람을 비방할 목적으로 정보통신망을 통하여 공연히 허위사실을 적시하여 타인의 명예를 훼손한 자는 3년 이하의 징역이나 금고 또는 는 2000만 원 이하의 벌금' 에 처하도록 규정되어 있다(동법 제61조).

또 ‘모욕죄’ 의 경우 ‘공연히 사람을 모욕한 자는 1년 이하의 징역이나 금고 또는 200만 원 이하의 벌금’ 에 처한다.

여기서 이러한 죄가 성립되기 위하여는 ‘공연성’ 의 요건을 충족하여야 하는데, 이는 보통 ‘불특정 또는 다수인이 인식할 수 있는 상태’ 라고 설명한다. 단순히 교회 내에서 교인들을 상대로 한 설교 등에서 이러한 행위가 이루어지는 경우에는 공연성의 요건을 충족한다고 할 수 없다. 그러나 예컨대 설교 장면이 방송으로 나가는 경우에는 ‘공연성’ 이 충족된다고 할 것이다. 그러기에 신중을 요한다. 그리고 ‘공연성’ 의 요건은 대법원판례가 ‘전파가능성’ 이론에 따라 전파가능성이 있으면 비록 특정한 소수라고 하더라도 ‘공연성’ 을 인정한다.

풀이

귀하의 교회 담임목사님에게 명예훼손죄가 성립될 가능성이 매우 높습니다. 우선 이단 교주의 살해 사실이 진실이 아닌 경우에는 더욱 그렇습니다. 공영방송을 통해서 전파되는 설교의 경우에는 그 내용의 진실성과 공익성이 중요한데요, 만일 그 내용이 사실이 아니라면 명예훼손죄가 성립될 수 있는 것입니다.

나. 처벌되지 않는 경우

사례

저희 교회 담임목사님은 저희가 살고 있는 00지역의 이단대책위원장이십니다. 그래서 이단종파에 소속한 것으로 알려져 있는 000목사가 000강연회를 대대적으로 전개하는 것에 대응하여 이 목사의 이단성을 경계하는 유인물을 만들어서 일간신문에 이를

 가이사의 법과 한국교회

'명예훼손'의 경우라도 진실한 사실로서 오로지 공공의 이익만을 위한 경우에는 처벌하지 아니한다(형법 제310조). 또한 '출판물에 의한 명예훼손'의 경우에는 '비방할 목적' 즉 '타인을 가해할 의도가 명백하지 않고, 공공의 이익을 위한 목적이라면 처벌하지 아니한다(형법 제309조). 그리고 '비방할 목적'이라 함은 가해의 의사 내지 목적을 요하는 것으로서 공공의 이익을 위한 것일 때에는 특별한 사정이 없는 한 비방의 목적은 부인되지만 당해 적시 사실의 내용과 성질 등 여러 정황에 의하여 결정된다.

대법원 2006, 10. 26. 선고 2004도5288

사람을 비방할 목적이란 가해의 의사 내지 목적을 요하는 것으로서 공공의 이익을 위한 것과는 행위자의 주관적 의도의 방향에 있어 서로 상반되는 관계에 있다고 할 것이므로, 적시한 사실이 공공의 이익에 관한 경우에는 특별한 사정이 없는 한 비방할 목적은 부인됨.

대법원 2006. 4. 14. 선고 2004도207

형법 제309조 제2항에서 출판물에 의한 명예훼손죄의 요건으로 정하고 있는 '사람을 비방할 목적'이란 가해의 의사 내지 목적을 요하는 것으로서 사람을 비방할 목적이 있는지 여부는 당해 적시 사실의 내용과 성질, 당해 사실의 공표가 이루어진 상대방의 범위, 그 표현의 방법 등 그 표현에 의하여 훼손되거나 훼손될 수 있는 명예의 침해 정도 등을 비교·형

그렇다면 '진실성' 및 '공익성'이 처벌의 여부를 결정하는데 가장 중요한 요소라고 할 수 있다. '진실성'이란 적시된 사실이 진실하여야 하며, 그 내용이 허위가 아닌 경우를 말하나, 적시된 사실이 세부에 있어서 진실과 불합치한다거나 다소의 과장이 있더라도 중요한 부분에서 진실과 합치하면 족하다(대법원 2001. 10. 9. 선고 2001도3594 등). 또한 적시된 사실이 진실한 것이라는 증명이 없더라도 행위자가 그 사실을 진실한 것으로 믿었고, 확실한 자료나 근거에 비추어 그렇게 믿을만한 상당한 이유가 있었다면, 즉 사실의 진실여부에 대하여 성실한 검토나 확인이 있었다면, 진실한 것으로 믿을만한 상당한 이유가 있는 것으로 보아서 처벌하지 않는다(대법원 1993. 6. 22. 선고 92도3160).

그리고 '공익성'이란 공공의 이익으로서 국가, 사회 기타 다수인 일반의 이익을 의미하는데, 특정한 사회집단이나 그 구성원의 관심과 이익에 관한 것도 포함한다(대법원 2001. 10. 9. 선고 2001도3594 등). 특히 주로 공공의 이익을 위한 경우라면 부수적으로 개인적 동기가 포함된 경우라도 위법성이 없다고 한다.

이와 같은 명예훼손죄는 반의사불벌죄로서 피해자의 의사에 반하여 처벌할 수가 없는 죄이고, 모욕죄는 친고죄로서 피해자의 고소가 없이는 처벌할 수가 없는 죄이다.

우선 유인물의 내용을 정확하게 봐야 결론을 내릴 것 같습니다. 그러나 확실한 증거를 가지고 그랬다면 일단 유죄의 가능성은 매우 희박해 보입니다. 우선 이단을 이단이라고 말할 수 있는 것은 종교의 자유에 속하는 것입니다. 이는 사실이 아니고 의견을 말한 것에 불과하기 때문입니다. 다음으로 이단의 피해가 크기 때문에 이단대책위원장의 입장에서 그 사회적 피해를 예방하기 위해서라면 문제가 되지 않습니다. 즉 그러한 이단 집회에 참석함으로써 영혼이 병들 뿐만 아니라 가정적으로나 사회적으로 많은 부작용이 예상될 수 있기 때문에 공익적 측면에서 가능한 조치라고 볼 수 있습니다.

다. 명예훼손(모욕)에 의한 손해배상청구(민사문제)

이단연구가 000 교수님은 현재 어떤 사람을 이단이라고 공격한다고 해서 명예훼손으로 인한 손해배상이 청구된 상태라고 합니다. 그 이단으로 알려져 있는 00파 교주인 000는 000 교수가 자신을 비난한 내용이 사실이 아닌데도 불구하고 사실처럼 왜곡하여 출판물을 통해서 명예를 훼손한 사실이 있다고 주장합니다. 과연 손해배상책임이 인정될 수 있습니까?

이단 또는 사이비라는 지적에 대하여 이단종파측에서는 명예훼손(모욕)에 의한 불법행위를 이유로 한 손해배상을 청구해 오는 것이 일반적이다. 즉 명예훼손(모욕)으로 인하여 정신적 고통을 입었으므로 이에 대하여 금전으로 배상을 하라는 것이다. 특히 출판물에 의한 명예훼손의 경우에는 손해배상소송에 앞서서 출판·판매금지가처분을 구하는 소송이 선행된다.

만약 OOO 교수님이 사실에 근거하여 이러한 내용에 대하여 또 다른 피해자가 나오지 않도록 하기 위한 순수한 목적으로 그 이단을 비판하는 내용의 책을 출간하였다면, 실제 명예를 훼손하는 내용이 그 책에 들어 있다고 할지라도 그로 인하여 손해배상책임이 있다고 하기 어려울 것입니다. 우선 이단에 대하여 이단이라고 말하는 것은 단순히 의견을 표명한 것으로서 이는 표현의 자유에 해당되기 때문이고, 또 그 내용이 비록 실제 사실과 다소의 차이가 있다고 해도 중요한 부분에서 사실이고 그 내용이 상당히 믿을만한 근거에서 얻어진 내용이라면 진실하다고 볼 수 있는 것입니다. 또한 공공의 이익을 위한 충정에서 이 책을 저술한 것이기 때문에 위법하다고 하기 어려울 것입니다.

라. 구체적 대응책

'이단에 관한 연구' 라는 책자가 그 내용에 있어서 사실과 다르므로 출판과 판매를 금지해 달라는 가처분신청이 들어왔습니다. 그런데 이 책은 실제 그 내용면에 있어 거의 사실이지만 일부가 사실이 아닌 부분도 있습니다. 그리고 만일 출판금지가 안 된다면, 그 사실이 아닌 부분을 삭제해 달라고 요구하고 있습니다. 어떻게 대응하여야 할까요?

사이비 혹은 이단종파에 대한 사회적 고발 내지 폭로가 개인(특히 교주)이나 그 집단의 명예를 훼손하는 경우가 있다. 그러기에 우선 폭로내용이 진실하여야 한다. 허위사실인 경우에는 처벌을 받기 때문이다. 사실인 경우에도 공공의 이익을 위하거나 비방의 목적이 없다는 것이 분명하게 드러나도록 하여야 할 것이다.

그리고 기왕에 고소 혹은 고발되었을 경우에는 그 내용이 진실한 사실로서 오로지 공공의 이익을 위한 것임을 주장하고 이를 입증하는 데 노력하여야 할 것이다. 특히 출판물에 의한 경우에는 비방의 목적이 있는 경우에 처벌되므로 이러한 비방의 목적이 없다는 것, 즉 공공의 이익을 위한 목적이라는 점에 대하여 주장하고 입증하도록 해야 한다.

또한 명예훼손으로 인한 민사상의 손해배상청구사건에서도 이렇게 진실성 및 공익성에 관한 입증에 주력하여야 할 것이다. 또한 가처분소송에 있어서는 이러한 진실성 및 공익성에 관한 주장 및 입증 이외에도 보전의 필요성이 없다는 내용에 관하여도 주장하고 입증할 수 있으면 유리하다.

풀이

출판 및 판매금지가처분은 명예훼손으로 인한 손해배상청구를 하기에 앞서서 신청하는 가처분사건이라고 할 것입니다. 일반적으로 손해배상청구를 하기에 앞서서 가처분신청을 하는 것이 일반적인 관례입니다. 대체로 그 주장하는 내용은 손해배상청구소송 내용과 동일하다고 할 것이나, 우선 자신의 명예를 훼손하는 내용의 책이 계속적으로 배포됨으로써 자신의 명예가 계속적으로 손상이 되기 때문에 먼저 가처분신청을 하는 것이기 때문에 가처분의 요건 중의 하나인 보전의 필요성이 필요합니다. 이 사안에서 보면 내용이 사실이 아닌 부분이 있다고 하는데, 전체적으로 판단할 때 중요한 부분이 사실이고 일부에 있어서 다소 그 내용이 진실이 아니라고 하더라도 본질적인 부분이 아니라면 이 사실을 잘 입증하는 것이 중요합니다. 또한 그 내용을 일부 삭제하고 출간하는 것이 가능하다면 이를 고려해 볼 수 있을 것이나 그로 인하여 책의 내용이 크게 훼손된다면 이에 동의하기는 어려울 것 같습니다.

마. 기타 사항

사례

나하고 가까운 사람의 처가 이단의 유혹에 넘어가서 집안을 등지고 남편과 자녀들을 뒷바라지 하는 일을 소홀히 하더니 최근에는 신앙상의 이유로 이혼을 요구하고 있습니다. 이 남편은 이혼을 바라지 않고 언젠가 다시 가정으로 돌아올 것으로 확신하고 있습니다. 이러한 경우에 그 여자의 이혼청구소송은 받아들여질 수 있습니까?

명예훼손 혹은 모욕의 경우 외에도 다른 사유를 들어서 하는 이단의 법적 공격 또한 만만치 않을 것이다. 각종의 고소 및 고발 그리고 각종 민사소송을 통하여 이루어지는 법적 공격에 효과적으로 대응하기 위해서는 먼저 이렇게 법적 공격을 당하지 않도록 사전에 신중하게 검토함으로써 고소 및 고발을 당하지 않도록 하는 것이 바람직하다. 그렇지만 만약 고소 및 고발을 당한 경우에는 먼저 충분한 증거(서류 및 증인)를 확보하고 전문가와 의논하여 신문(조사)에 충분히 준비하는 것이 좋다. 법적 대응은 항상 형사적 측면과 민사적 측면이 함께 있다는

가이사의 법과 한국교회

사실을 인식하고 필요하면 맞대응하여 그들의 범죄사실을 추가로 폭로하고 손해배상 등 권리구제도 함께 도모하는 것이 현명할 것이다.

한편 이단종파의 폐해 중 가장 심각한 것은 가정 붕괴로써 극단적인 경우에는 이혼심판이 제기되는 경우인데, 이혼사유는 원래 이혼을 원하는 사람의 상대방 배우자의 유책행위로 인한 경우에 이혼이 받아들여지기 때문에 이러한 정황을 잘 주장하고 입증함으로써 원치 않는 이혼이 이루어지도록 해서는 안 된다.

대법원 1996. 11. 15. 선고 96므851

신앙의 자유는 부부라고 하더라도 이를 침해할 수 없는 것이지만 부부사이에는 서로 협력하여 원만한 부부생활을 유지하여야 할 의무가 있으므로 그 신앙의 자유는 일정한 한계가 있다 할 것인 바, 처가 신앙생활에만 전념하면서 가사와 육아를 소홀히 한 탓에 혼인이 파탄에 이르게 되었다면 그 파탄의 주된 책임은 처에게 있음.

이럴 때 이혼소송을 청구하는 경우도 가끔 있는 일입니다. 그런데 우리니리 민법에서는 이와 같이 이혼소송을 걸어오는 측에게 책임이 있는 경우에는 이혼을 허용하지 않습니다. 다시 말해서 유책배우자의 이혼청구는 인정되지 않습니다. 그렇기 때문에 귀하의 친구가 이혼을 원하지 않는다면 아내가 이혼소송을 걸어와도 아내의 뜻대로 승소하기는 어렵다고 할 것입니다.

적극적 대응 방안

일반적으로 이단에 대한 대응은 비법률적 수단이 적극적으로 이용되기 때문에 특별하게 적극적으로 법적인 대응을 사용하는 것은 자제하는 편이다. 그러나 이단종파로 인한 여러 가지의 피해가 속출하기 때문에 이에 대한 적극적인 대응 방안도 함께 생각해 보기로 한다. 이에 대하여도 형사적 측면과 민사적 측면이 있다.

가. 형사적 대응 방안

오래 전부터 저희 작은 딸이 어느 이단에 빠져서 성경공부를 한다, 세미나를 한다 해서 집에 들어오지 않는 날이 잦습니다. 그래서 꼬치꼬치 물어보니까 성경공부나 세미나 등 모든 집회에 출석하지 않으면 체벌이 가해지고 세미나가 진행되는 동안에는 밖으로 나가는 문을 잠그고 못 나가게 하기 때문에 도저히 이 이단세력으로부터 빠져 나올 수가 없다고 합니다. 어떤 법적 대응책이 없습니까?

형사상 고발 혹은 고소를 들 수 있다. 고소는 피해자가 고소당사자인 경우이고 고발은 피해자가 고소당사자가 아닌 제3자의 경우이다. 이단종파에 의한 피해유형은 매우 다양하다고 할 수 있다. 이단에 빠져 들어가는 점진적 단계를 따라 예상되는 것은 우선 협박죄를 생각할 수 있다. '사람을 협박하는 경우'에는 '3년 이하의 징역 또는 500만 원 이하의 벌금'에 해당된다(형법 제283조). 재산을 갈취하는 경우에는 공갈죄가 성립될 수 있다. '사람을 폭행 또는 협박하여 본인 또는 제3

자에게 재산을 교부받게 하거나 재산상 이익을 취득하게 하는 경우'
에는 공갈죄가 성립되고 '10년 이하의 징역 또는 2000만 원 이하의 벌
금'에 해당된다(형법 제350조).

다음으로 폭행 또는 상해의 경우이다(형법 제257조 내지 제268조). '폭
행'은 사람의 신체에 유형력을 행사하는 경우이고, '상해'는 사람의
생리적 기능에 장해를 일으키는 경우인데, 실무에서는 주로 진단서여
부에 따라 진단서가 발급되면 상해로 본다. 그리고 폭행이나 상해에
의하여 사망에 이르거나 불구가 되는 경우에는 그 형이 가중될 뿐만
아니라, 이와 같은 폭행과 상해가 집단이나 야간 그리고 흉기에 의한
경우에는 특별히 그 형이 가중된다(폭력행위 등 처벌에 관한 법률).

그리고 가장 빈번한 경우로는 사기의 경우라고 할 수 있다. 사
기죄는 사람을 기망하여 본인 또는 제3자로 하여금 재물의 교부를 받
거나 재산상 이익을 취득하게 하는 경우에 성립되며, 미성년자나 지려
천박 또는 사람의 심신장애를 이용하여 이러한 사기를 한 경우에는 10
년 이하의 징역 또는 2000만 원 이하의 벌금에 해당된다(형법 제347조 및 제
348조).

그 외에도 강요죄(폭행 또는 협박의 수단으로 사람의 권리행사를 방해하거나 의
무 없는 일을 하게 하는 경우에는 5년 이하의 징역형; 형법 제324조), 감금죄(일정한 장소로부
터 벗어날 수 없게 하거나 현저히 곤란하게 함으로써 신체적 활동의 자유를 제한하는 경우에는
5년 이하의 징역 또는 700만 원 이하의 벌금 ; 형법 제276조, 단체 또는 다중의 위력을 보이거나 위
험한 물건을 휴대하여 감금하는 경우에는 그 죄에 정한 형의 2분의 1까지 가중 ; 형법 제278조).
특히 이와 같은 경우에는 특별법인 '폭력행위 등 처벌에 관한 법률'의
적용을 받게 되므로 그 형이 매우 무겁다.

특히 미성년자유인죄(형법 제287조)의 경우에 피해자의 승낙이 있

다고 하여 위법하지 않은 것은 아니다.

> **대법원 1982. 4. 27. 선고 82도186**
> 피해자 스스로 가출하였다고 하나 그것이 피고인의 독자적인 교리설교에 의하여 하자있는 의사로써 이루어진 것이고 동 피해자를 보호감독권자의 보호관계로부터 이탈시켜 피고인의 지배 하에 옮긴 이상 미성년자 유인죄가 성립됨.

그 밖에도 간통, 강간, 강제추행 등 성범죄로 인한 문제도 심각하다. 사후 이에 대한 대응보다도 사전예방이 더욱 중요하다고 하겠다.

풀이 많은 문제가 있는 이단세력이라는 생각이 듭니다. 우선 폭행을 당한 흔적이 있다면 빨리 상해진단서를 발급받는 것이 필요할 것 같습니다. 그리고 과감히 현재 상태에서 그곳에 가지 않는 것이 좋습니다. 지금 나타난 위법사실만으로도 감금죄를 비롯하여 강요죄, 그리고 상해죄 등에 해당된다고 할 수 있을 것입니다. 그 사실을 입증할 수 있는 증인이나 증거를 갖춘 후 고소를 하는 것이 좋을 것 같습니다.

나. 민사적 대응 방안

사례 오랫동안 이단종파에 빠져 있던 저의 처제가 비로소 그 지옥 같은 소굴을 빠져 나오게 되었습니다. 그런데 불면증과 불안증세로 병원신세를 지고 있습니다. 치료비와 정신적 고통에 따른 위자료를 청구할 수 있다고 하는데 가능한가요?

앞서와 같은 형사상 고소를 할 경우에 이와 병행하여 그로 인한 재산상 손해에 대한 배상청구 혹은 재산을 반환받는 소송을 할 필요가 있을 것이다. 정신적 고통에 따른 위자료의 청구도 함께 병행된다. 고의 또는 과실로 인한 위법행위로 인하여 타인에게 손해를 가한 자는 그 손해를 배상할 책임이 있다(민법 제750조). 즉 가해행위로 인하여 손해가 발생하고 그 가해행위가 고의 또는 과실이 있고 그 행위가 위법한 경우에는 그로 인한 재산적 손해나 정신적 손해를 금전으로 배상할 의무가 발생하는 것이다. 그리고 여러 사람이 공동하여 불법행위를 함으로써 손해를 가한 경우에는 공동불법행위가 성립되어 공동으로 연대하여 손해배상책임을 지게 된다(민법 제760조). 위자료는 불법행위로 피해자가 입은 고통, 충격, 절망 등의 정신적 손해를 금전으로 배상하는 손해배상금이다. 이단종파로 인한 이러한 피해는 적지 않을 것이다.

귀하의 처제는 현재 정신과 치료를 받는데 드는 병원비와 약값에 대하여 손해배상을 청구할 수 있는 권리가 있습니다. 장래 치료비도 함께 청구할 수도 있을 것입니다. 또한 정신적 고통에 따른 위자료를 함께 청구하는 것도 물론 가능합니다

결어

사이비 혹은 이단종파로 인한 구체적 피해사례는 밝혀진 경우

보다도 밝혀지지 않는 경우가 더욱 많을 것으로 본다. 그러기에 이에 대한 범교단적 대응책 마련과 시행이 시급한 실정이다. 특히 이와 같은 경우에 법률가의 조언을 받아 용의주도하게 대응하여야 할 것이다. 단순하고 소박한 대책만으로는 그 역공에 효과적으로 대응할 수 없기 때문에, 처음부터 매우 철저한 검토 및 대응이 필요하다.

제9장

일상 생활의 법률상식

일상생활의 법률상식

서언

어느 친구가 폭행을 당하여 그 가해자를 고소한 사실이 있고 그 사람은 징역형을 1년 선고받고 복역을 하고 나왔습니다. 그런데 그 친구는 폭행 후유증으로 고막을 잃어서 청력이 상당히 상실된 상태입니다. 그 가해자에게 지금이라도 손해배상을 청구할 수 있습니까?

교회는 '법인 아닌 사단' 즉 비법인사단으로서 사단법인에 준하여 법률상 주체로서의 활동이 가능하다. 아울러 교회의 구성원, 즉 교인은 자연인으로서 당연히 법률상 주체이자 활동의 단위라고 할 수 있다. 그런데 교회와 교인의 법률관계는 크게 대별하면 민사 법률관계 및 행정 법률관계와 형사 법률관계가 있다.

민사 법률관계는 서로 대등한 입장에서 권리를 취득하고 의무를 부담하는 행위를 말한다. 동산이나 부동산, 금전 등을 취득하고 변

경하고 소멸시키는 재산관계에 관한 내용이나 친족 및 상속관계와 같
은 가족관계에 관한 내용이 이에 해당된다. 행정 법률관계라 함은 교
회나 교인이 국가나 지방자치단체에 대하여 가지는 각종의 권리와 세
금납부나 행정법규위반으로 인한 과태료 및 이행강제금의 부과와 같
이 국가나 지방자치단체 대하여 부담하는 의무에 관한 부분이 이에 해
당된다. 형사 법률관계라 함은 교회나 교인이 생명, 신체, 명예, 재산
등의 개인적 법익 또는 사회적 법익, 국가적 법익을 침해할 경우에 이
에 대한 재제로서 국가로부터 형벌을 받게 되는 경우를 말한다.

그런데 일상생활에서 가장 빈번하게 발생할 수 있는 경우가 민
사 법률관계와 형사 법률관계라고 할 수 있을 것이므로 여기에서는 두
가지 부분에 관하여 필요한 내용을 간략하게 설명을 하고자 한다. 특
히 염두에 두어야 할 부분은 민사책임과 형사책임은 별개라는 사실이
다. 예컨대 타인의 명예를 훼손한 경우에 가해자는 명예훼손죄에 따
르는 형사처벌을 받음으로써 모든 문제가 해결되는 것이 아니고, 이와
더불어 민사책임으로서의 손해배상책임도 함께 지는 것이다.

어떠한 경우라 하더라도 불법행위에 대한 책임은 형사책임과 민
사책임이 있습니다. 그리고 이 책임은 모두 져야 할 것입니다. 이
사안에서 가해자처럼 형사처벌을 받음으로써 민사책임이 면제되
는 것이 아닙니다. 다시 말해서 이 가해자는 피해자인 친구의 고
막이 상실된 데에 따른 민사책임이 있다고 할 것입니다. 따라서
고막을 상실시킨 것에 대한 손해를 배상할 책임이 별도로 있다고
할 것입니다.

민사 법률관계

저희 교회가 전에 있던 장소가 비좁아서 교회를 주택가로 옮기기로 결정한 후에 단독주택 2채를 매입한 사실이 있습니다. 그래서 우리 교회 건축위원회에서는 필요한 서류를 관할 구청에 제출함으로써 교회건축허가를 받고 건축을 시작하려는데 뜻하지 않은 어려움에 봉착하게 되었습니다. 즉 인근 주민들이 교회가 들어오면 소음이 심하다고 민원을 구청에 제기하였을 뿐만 아니라 건축을 하려고 매입한 대지 내에 들어가려던 작업인부와 크레인을 막는 등 공사를 방해하고 있습니다. 저희들이 취할 수 있는 대응책은 무엇인가요?

의의

민사 법률관계란 개인 또는 법인이 서로 대등한 관계에서 권리의무의 주체로서 행사하고 부담해야 하는 법률관계를 말한다. 이와 같은 민사 법률관계는 사람이 일상생활을 하면서 맺는 각종의 계약체결을 비롯하여 각종 물건을 취득하는 경우에 발생하는 재산관계 뿐만 아니라, 결혼, 이혼, 상속 등과 같은 신분관계로 인하여 발생하는 가족관계가 여기에 속한다. 특히 교회와 관련된 부분으로서는 교회건물의 건축, 구입 또는 사용에 따른 제반절차를 비롯하여 각종 교회비품의 구입 그리고 각종 보험 및 교회차량사고 등으로 인하여 발생할 수 있는 계약책임, 손해배상책임 등이 이에 속한다. 민사 법률관계는 개인이 자신의 법률관계를 그의 자유로운 의사에 의하여 형성할 수 있는 사적 자치의 원칙, 개인은 자신의 사유재산권을 완전히 지배하고 공공복리를 해하지 않는 범위 내에서 최대로 행사할 수 있는 사유재산권존중의 원칙, 개인이 타인에게 준 손해에 대해서는 그 행위가 위법할 뿐만 아니라 동시에 고의 또는 과실에 기한 경우에만 책임을 진다는 과실책임의 원칙이 적용된다. 다만, 사회가 발전함에 따라 이와 같은 개인주의적 기본원리는 공공복리의 원칙에 의하여 크게 수정되어 적용되고 있는 실정이다. 특히 사회공동생활의 일원으로서 상대방의 신뢰를 헛되이 하지 않도록 성의를 가지고 행동해야 하는 신의성실의 원칙이나 외형상으로는 권리의 행사인 것처럼 보이나 구체적인 경우에 실질적으로 검토할 때에는 권리의 공공성, 사회성에 반하는 정당한 권리의 행사로서 시인할 수 없는 행위를 하지 못하도록 하는 권리남용금지의 원칙이 민사 법률관계에서는 매우 중요한 역할을 한다.

민사사건의 처리 과정

가. 화해에 의한 평화적 해결

일반적으로 민사문제가 발생할 경우에는 대체로 당사자 사이에 평화적 해결을 모색하는 것이 보통이다. 물론 각종의 불법행위에 의한 손해배상 등의 경우에 다 그런 것은 아니지만 대개는 합의에 의하여 해결을 하는 것이 바람직하다고 할 수 있다. 불법행위가 형사처벌 법규에도 저촉될 경우, 민사 및 형사 모두 합의가 이루어지면 형사처벌이 가벼워지거나 형사처벌을 받지 않게 될 수 있다.

주로 당사자 간에 구두로 합의가 직접 이루어지기도 하지만 제3자를 개입시켜서 하는 것이 효율적일 경우가 많다. 이와 같이 합의가 이루어지는 경우에는 합의내용을 구체적으로 명확하게 서면으로 작성하거나, 필요하면 합의서에 공증까지 받아두는 것이 추후의 분쟁을 예방하기 위하여 필요하다.

그리고 이와 같은 합의가 원만히 이루어지지 않는 경우에는 상대방에게 자신이 바라는 합의내용을 구체적으로 밝힐 필요가 있고, 그렇지 않을 경우에는 소제기나 고소 등 법적 절차를 통하여 해결할 수밖에 없다는 내용의 내용증명을 보낼 필요가 있다. 특히, 내용증명을 우편으로 명확하게 해야 할 부분으로서는 교회의 임대차기간이 만료되었어도 임대인이나 임차인 모두 특별한 언급 없이 지나가는 경우에는 전임대차계약과 동일한 조건으로 다시 임대차한 것으로 보게 되나, 이 때 주의할 것은 임대차기간은 종전의 임대차계약에 정한 기간으로 보게 되는 것이 아니고 임대차기간의 약정이 없는 것으로 되는 것이므로 임대차계약을 해지하려면 임대인으로서는 임대차 종료 6개월이 되기 전에, 임차인으로서는 3개월이 되기 전에 상대방에게 임대차계약 해지통지를 하여야 한다는 점이다.

나. 소송 이외의 분쟁 해결 수단

앞서와 같이 분쟁당사자 간에 평화적 해결수단으로서 화해가 이루어지지 않는 경우에 민사소송을 통하여 해결을 할 수 있지만 비용 및 시간절약을 위하여 마련된 제도로서 조정제도 및 지급명령제도가 있다. 조정제도는 법원에 설치된 조정위원회 등이 분쟁당사자를 설득하여 화해에 이르게 하는 제도로서 과거에는 가사분야 등 일부 한정된 분야에서만 이 제도를 활용하였으나, 현재는 민사조정법의 시행으로 모든 민사 분쟁이 그 대상이 된다.

또한 금전 기타 유가증권의 일정수량의 지급을 청구하는 경우
에는 채권자의 신청에 의하여 채무자를 신문하지 않고 간이한 방법으
로 지급명령을 발하는 제도를 독촉절차 또는 지급명령신청절차라고
한다. 다만 채무자가 법원의 지급명령결정에 대하여 14일 내에 이의
신청을 하는 경우에는 정식소송으로 이행된다.

다. 가압류 및 가처분신청

금전채권관계의 경우, 채권자가 법원에 민사소송을 제기하여
확정판결을 받은 후에 이를 근거로 채무자에게 청구를 하여 신사적으
로 변제를 받는 경우가 없지 않겠지만, 판결을 받은 후 대체로 채무자
의 재산을 경매 처분하는 강제집행의 절차를 밟게 된다. 채권자가 소
를 제기하여 승소판결을 받은 후 강제집행을 하기까지는 많은 시간이
걸린다. 그런데 채무자가 그 동안에 자신의 재산을 처분하는 경우가
있을 수 있고, 자신의 현재 지위나 상태를 남용하여 회복할 수 없는 결
과를 초래시킬 수 있다. 따라서 이와 같은 경우를 예방하기 위해서 마
련된 제도가 가압류 및 가처분제도라고 할 수 있다.

즉 재산상의 청구를 하는 경우에 채무자의 동산이나 부동산에
대하여 채무자가 재산을 매각하거나 처분하는 것을 방지하기 위하여
소송을 하기에 앞서 혹은 동시에 채무자의 재산에 가압류 또는 가처
분을 하여 두는 것이 바람직하다. 또 교회공사를 하려고 하는데 공사
를 방해하는 경우와 같이 현 상태를 정상적으로 유지하기 위하여 공
사방해금지가처분이나 반대로 인근의 공사 등으로 인하여 교회건물
의 붕괴우려가 있는 경우 등에는 공사금지가처분을 신청할 수 있다.
또 교회재산을 사실상 분열된 일부 교인들만이 사용하고 다른 교인들

은 사용하지 못하게 하는 경우 등에는, 타 교인들은 이에 대하여 예배방해금지가처분 등을 신청할 수 있다. 다만, 교회재산의 사용방법은 교인들 전체의 공동의회결의 등과 같은 교인들의 총의에 따라야 할 것이다.

라. 소송의 제기 및 절차

(가) 소송 전 준비사항

일반적으로 소송을 하기 위해서는 증거를 수집하는 것이 중요하다. 즉 계약서나 영수증과 같은 서면을 비롯하여 당시 상황을 충분히 입증해 줄 수 있는 증인 등에 대한 사전 점검이 중요하다. 그리고 사건과 관련된 관할법원과 소송물의 가격에 대하여 미리 알아보아야 한다.

(나) 소장 작성 및 접수

일반적으로 소장에는 당사자(원고 및 피고)의 이름과 주소를 기재하고, 소송을 통해서 달성하고자 하는 결론에 해당되는 청구취지 및 그 결론에 이르는 과정에 해당되는 청구원인, 그리고 입증서류 및 관할법원 등을 적어야 한다. 소장이 작성되면 인지대 및 송달료를 납부하고 그 영수증과 함께 관할법원에 접수시킨다.

(다) 법원으로부터 통지 및 준비서면 제출

원고의 소장이 법원에 접수되면 보통 법원은 그 소장을 피고에게 송달함과 아울러 답변서를 정해진 기일(30일) 내에 제출할 것을 요구한다. 피고에게 사건번호, 원고, 피고가 적힌 통지서가 송달되는데 소장이 첨부된다. 피고는 이에 대한 답변서를 제출하면서 원고의 청구취지 및 청구원인에 대한 반박을 하게 된다. 그리하여 제출된 답변서를 법원은 다시 원고에게 송달한다. 원고는 피고의 답변서를 검토하여 이에 대하여 반박을 하기 위하여 준비서면을 제출할 수 있다.

이와 같은 서면공방이 몇 차례 오고갈 수 있으며, 법원에서는 양 당사자에게 변론준비기일을 정하여 출석을 통지한다.

(라) 변론준비기일 및 변론기일

법원에서는 양 당사자 간에 소장 및 답변서가 제출된 후에는 변론준비기일을 정하여 일반 법정이 아닌 심문실에서 양 당사자 또는 변호사 등 대리인을 출석시킨 가운데 쟁점을 정리하고 제출된 증거에 대한 확인절차를 밟는다. 그리고 필요한 증인 및 감정신청을 하도록 한다. 대체로 구두로 신청을 하여 재판장의 허가를 받으면 나중에 구체적 증인신문사항 및 감정사항과 함께 증거 신청서를 작성하여 이를 서면으로 제출한다. 특히 증거에 대한 확인(인부)절차는 매우 중요한데 여기에는 성립인정, 부인 또는 부지로 인부를 한다. 자신의 문서로 작성된 것처럼 보이나 실제 작성한 사실이 없는 경우에는 부인하고, 자신이 작성하지 않은 문서로서 자신에게 불리한 내용은 부지로 한다. 아무튼 법원에서는 변론준비기일을 통해서 쟁점을 정리하고 증인신문을 제외한 모든 소송준비 행위를 마친다. 또한 필요한 경우에는 조정을 시도하기도 한다.

변론준비절차를 마친 다음에 법원은 변론기일을 정하여 일반 법정에서 그 동안에 이루어진 변론내용을 종합하여 구술로 변론하도록 하고, 증인이 있는 경우에는 증인신문을 실시한다. 검증 및 감정은 법정 외에서 이루어진다. 특별히 추가적인 증거의 제출이 필요하거나 사실조회가 회신되지 않는 경우 등을 제외하고는 대개는 1-2회 정도의 변론기일이 열린 다음에 법원은 변론을 종결한다. 그리고 이 자리에서 선고기일을 지정하여 통보한다.

(마) 선고 및 불복제도

선고기일에 재판장은 사건 및 당사자를 호명(실제 당사자가 앞으로 나오는 것은 아님)한 후에 판결을 선고한다. 판결문은 그 뒤에 당사자 주소(변호사 등 소송대리인이 있는 경우에는 그 사무실)로 송달된다. 송달된 후 14일 내에 상소여부를 결정하여 원판결선고를 한 법원에 항소장(상고장)을 제출한다. 그 후 항소장 및 원심기록을 원판결선고법원으로부터 접수한 항소(상고)법원에서는 항소인(상고인)에게 항소이유서(상고이유서)를 제출할 것을 명하는 통지를 항소인(상고인)에게 보낸다. 특히 상고이유서는 제출기간이 20일에 불과하므로, 그 제출기간을 어기지 않도록 유의하여야 한다.

마. 판결의 확정 및 강제집행 절차

판결결과에 불복하는 경우에는 위와 같이 상소(항소, 상고)를 제기하는데, 상소를 취하하거나 상소기간이 지난 경우에는 판결이 확정된다. 이렇게 판결이 확정되면 그 판결문을 가지고 판결내용에 따라 강제집행이 가능하다. 강제집행은 집행관에게 집행비용을 납부하고 이를 의뢰하는 것이 대부분이다. 그리고 강제집행에 들어가는 비용은 채무자의 재산이 경매될 경우, 그 경매대금에서 별도로 징수할 수 있다. 일반적으로 가압류 및 가처분과 같은 보전소송을 한 뒤라면 책임재산을 미리 확보해 놓았으므로 크게 염려할 것 없이 진행될 것이다. 그러나 채무자가 재산을 도피하거나 처분함으로써 강제 집행할 재산이 없는 경우에는 법원에 재산명시신청을 하고 거기서 밝혀진 재산에 대하여 강제집행을 할 수 있다. 재산이 밝혀지지 않은 경우에는 법원에 채무자의 각종 재산을 합법적으로 조회하여 줄 것을 신청할 수 있다. 그럼에도 불구하고 집행할 재산이 없는 경우에는 채무 불이행자명부 등재신청제도를 통해서 간접적으로 강제하는 수단이 있다.

그리고 자신의 재산이 정당한 사유 없이 강제집행을 당하는 경우가 있을 수 있는데, 이와 같은 경우에는 청구이의의 소 또는 제3자 이의의 소 등을 제기하여 이를 막을 수 있다.

참으로 답답한 일이 아닐 수 없군요. 주민들이 이렇게 교회 건축 공사를 방해한다는 것 자체가 참 어려운 상황이라고 할 수 있습니다. 그러므로 가급적 인근주민들과 대화를 통해서 소음이나 교통방해 등 불편을 끼치지 않겠다는 사실을 이해시키는 것이 좋습니다. 그러나 계속적으로 교회 건축공사를 방해함으로써 교회 건축을 근본적으로 시작하기 어려운 상황이라면, 법원에 공사방해금지가처분신청을 할 수 있고, 이로 인하여 발생하는 손해배상을 청구할 수도 있을 것입니다.

가이사의 법과 한국교회

형사 법률관계

저는 목사입니다. 저의 아들이 군에 들어가기 전에 어떤 아가씨의 핸드백을 빼앗아 가려고 했다는 이유로 강도미수혐의로 조사를 받은 사실이 있습니다. 그런데 입대 후에 이 사실이 민간 검찰에서 군 검찰로 이송되어서 집행유예판결을 받은 적이 있습니다. 하지만 아들에 의하면, 당시 자기는 너무 술에 취해 있었기 때문에 기억이 잘 나지 않는다는 것입니다. 그 때 아들은 그만 술에 덜 취한 친구들이 자기가 했다고 해서 그런 줄 알고 자백을 했다고 합니다. 그런데 이렇게 사태가 악화되니까 그 친구가 실토를 했습니다. 사실은 그 친구가 그 여자에게 말을 걸기 위해서 그렇게 했던 것인데 그만 일이 크게 되었다고 하면서 자신이 그 여자의 핸드백을 나꿔챘다는 것입니다. 그렇다면 이렇게 억울한 제 아들을 무죄로 할 수 있는 방법이 없을까요?

의의

공무원의 공무집행을 방해하거나 뇌물을 주는 경우와 같이 국가적 법익을 침해하거나 주택을 방화하거나 소요를 일으키는 것과 같이 사회적 법익을 침해하고 개인의 생명, 신체, 재산 및 명예 등을 침해하는 것과 같은 개인적 법익 침해의 경우에는 국가기관(경찰, 검찰)에서 이를 수사하고 법원에서 재판을 하며 법무부가 그 형을 집행한다. 이와 같이 어떠한 범죄행위에 대하여 형벌(사형, 징역, 금고, 자격상실, 자격정지, 벌금 등)을 과하는 절차를 형사절차라고 한다. 범법행위가 있을 때에 교인들의 경우는 당연히 형벌의 객체가 되고, 교회의 경우에도 형벌을 받는 경우가 있다. 특히 교회의 경우에는 건축법 등 특별법을 어긴 경우에는 행정벌로서 벌금이나 과태료가 부과되는 경우가 흔히 있다.

형사사건의 처리 과정

가. 수사

일반적으로 범죄의 피해자는 경찰서나 검찰청에 고소하거나 또는 제3자가 고발을 함으로써 이를 토대로 수사가 개시된다. 피해자 입장에서는 검찰청에 고소를 하면 더 엄중하게 진행될 것으로 기대하지만 실제로는 검찰청에서 직접 수사를 하는 경우는 많지 않고 경찰에 이관시켜서 그곳에서 수사를 하도록 하는 경우가 많다. 피해자가 수사를 의뢰하는 경우를 고소라고 하고, 제3자가 수사를 의뢰하는 경우를 고발이라고 한다.

모욕죄, 강간죄 등의 경우와 같은 친고죄의 경우에는 피해자의 고소가 없이는 처벌할 수 없기 때문에 반드시 고소가 필요하다. 명예훼손죄와 같은 반의사불벌죄는 피해자의 의사에 반하여 처벌을 할 수 없는 것이기에 피해자가 처벌을 원하지 않을 경우에는 처벌할 수 없다. 이것은 피해자와 가해자 사이에 합의가 이루어졌을 때 매우 중요하다. 피해자와 가해자 간에 합의를 한 경우에는 보통 "형사 및 민사 책임을 묻지 않겠다."는 서면을 작성하고 그 서면을 수사기관 또는 법원에 제출하는데, 합의서가 제출될 경우 친고죄나 반의사불벌죄의 경우에는 처벌을 하지 않으나, 기타의 경우에는 범죄의 성립에는 영향이 없으나 즉 유죄로 되나 정상참작의 자료로서 양형에만 좋은 영향을 주게 된다.

특히 조심할 부분은 최근 고소 또는 고발의 남용으로 인한 폐해를 막기 위하여 무고죄의 처벌을 크게 강화하였다는 것이다. 형사고소를 함에 있어서는 고소사실이 허위이거나 고소사실에 대한 확신없이 막연한 추측만으로 고소한 경우에는 오히려 고소인이 무고죄로 처벌을 받는 경우가 가끔 있다. 따라서 고소 및 고발을 민사피해를 해결하는 방법으로만 활용하는 것은 재고를 요한다.

수사는 불구속수사가 원칙이나 죄가 중하고, 증거인멸 및 도주우려가 있는 경우에는 구속수사를 하게 된다. 구속을 하는 경우에는 검사의 청구에 의하여 법원에 의한 구속영장실질심사를 거쳐서 판사가 발부한 구속영장에 의하여 구속을 집행한다. 합의 등 구속 이후의 사정변경이 있을 때 구속된 피의자 및 그 가족은 법원에 구속적부심을 청구할 수 있다.

나. 검찰의 결정

경찰에서 수사를 하는 경우에는 경찰서는 자신의 의견(기소, 불기소)을 첨부하여 검찰에 사건을 송치한다. 검찰에서는 경찰에서 송치한 수사서류를 확인하고 필요한 경우에 보강수사를 거쳐서 최종적으로 검찰결정을 하게 된다. 검찰에서 내리는 결정에는 기소와 불기소, 기소중지 등이 있다. 기소는 법원에 재판을 청구하는 검찰의 처분으로서 법원에서 공판절차와 판결을 통해서 유무죄가 판단된다. 약식기소는 벌금형에 해당되는 경미한 범죄의 경우에 검찰이 법원에 서면으로 공판절차와 재판을 청구하는 간이한 제도이다. 불기소는 법원에 재판을 청구하지 않는 검찰의 처분으로서 그 종류에는 범죄가 인정될 수 있는 증거가 있어 범죄의 혐의는 있으나 죄질이 경미한 경우에 내리는 기소유예처분이 있고, 죄가 안 됨, 혐의 없음 및 친고죄의 경우에 고소가 취하되어 처벌할 수 없는 공소권 없음 등의 불기소처분이 있다. 기소중지는 피의자의 소재불명을 이유로, 참고인중지는 중요한 참고인의 소재불명을 이유로 내려지는 잠정처분이다. 구속 기소된 이후에는 피고인에 대한 보석신청제도가 있다(기소 전 보석신청도 있으나 실제 활용도가 낮음).

피해자의 입장에서 고소 또는 고발을 했는데도 무혐의처분이 내려지는 경우에는 30일 이내에 검찰항고 또는 재항고를 할 수 있고 그럼에도 불구하고 동일한 결론이 나오는 경우에는 최종적으로 헌법소원이 가능하다.

다. 재판의 절차

검사에 의하여 피의자가 기소되면 피고인의 신분이 되고, 공개된 법정에서 재판을 받게 된다. 피고인은 수사과정에서는 물론이지만 재판과정에서도 묵비권을 행사할 수 있는 권리가 있다. 따라서 재판장은 자신에게 불리한 진술을 거부할 수 있음을 피고인에게 고지한다. 재판의 절차는 피고인의 동일성을 확인하는 인정신문에서 시작하여 검사의 기소요지의 진술, 피고인에 대한 검사 측 신문, 변호인 측 반대신문, 재판부의 보충신문이 있은 다음 검사제출 증거에 대한 증거조사가 이루어진다. 이 때 피고인 또는 변호인은 유리한 증거를 제출할 수 있다. 증거조사가 끝나면 검사의 의견진술(구형)과 변호인의 변론이 있은 다음에 피고인의 최후진술이 있게 된다. 이로써 공판절차가 종결된다.

라. 판결 및 불복제도

공판절차가 종결된 다음에는 지정된 선고기일에 판결의 선고가 있게 된다. 형의 종류에는 사형, 징역, 금고, 자격상실, 자격정지, 벌금, 구류 및 몰수가 있다. 유죄로 인정되지만 정상을 참작하여 집행유예 또는 선고유예의 판결을 하는 경우도 있다. 그리고 집행유예의 판결과 함께 사회봉사명령과 수강명령이 부과되기도 한다. 그리고 이와 같은 판결에 불복하는 경우에는 판결 선고일로부터 7일 이내에 상소(항소 및 상고)를 할 수 있다. 약식명령의 경우에는 7일 이내에 정식재판청구서를 법원에 제출하여야 한다. 그리고 상소기간이 지나거나 대법원에서 상고가 기각되는 경우에는 판결이 확정되어 형의 집행을 하게 된다. 그리고 징역형을 집행하는 과정 중에도 가석방제도가 있어서 행형성적에 따라서는 집행을 일부면제를 받을 수 있게 된다. 특히 원판결의 증거 된 증언, 서류 등이 확정판결에 의하여 허위, 위조, 변조인 것이 증명된 때 등의 경우에는 재심청구를 할 수 있다.

풀이

어느 재판에 대해서 대법원까지 상소를 했으나 기각되거나, 또 상소기간이 지나서 확정되었다면 이제 더 이상 그 재판의 효력을 다툴 수 없다고 할 것입니다. 다만 범죄사실을 인정한 증거가 위조되었거나 증인이 위증하였다는 등의 재심요건이 되는 경우라면 재심청구를 할 수 있습니다. 이 사안에서와 같이 그 친구가 진범이라면 그 사실을 입증함으로써 재심재판청구가 가능하다고 할 수 있습니다.

기타

법률구조제도

저는 최근 저의 선산이 있는 밭과 논이 저의 선친과 동일한 이름을 가진 그곳 동네 사람의 명의로 불법 이전된 사실을 알게 되었습니다. 그런데 사실 제가 기초수급생활자로서 소송을 할 만한 경제적 여력이 없습니다. 무슨 방법이 없겠습니까?

교인들 가운데 자신의 힘으로 법률문제를 해결할 수 없음에도 불구하고 생계가 곤란하여 소송인지대 등을 낼 수 없거나 변호사의 도움을 받지 못함으로써 법적 보호에서 소외되는 사람들을 위해서 마련된 제도가 법률구조제도이다. 법률구조대상은 농어민을 비롯하여 생계가 곤란한 사람과 6급 이하의 공무원 및 위관급 군인, 국가보훈대상자, 생활보호대상자 등이다.

법률구조신청은 대한법률구조공단 본부나 전국 각지의 지부 또는 출장소에서 할 수 있다. 구조신청은 이상의 사유에 해당된다는 신청서와 더불어 증빙서류를 구비하여 제출하여야 한다. 소송비용 때문에 소송을 하지 못하는 경우가 없도록 하기 위해서 국가에서 많은 배려를 하고 있다.

귀하가 만일 기초수급생활자라면 법률구조대상자가 될 수 있습니다. 먼저 가까운 대한법률구조공단 지부에 찾아 가셔서 그곳에서 상담을 받으실 수 있습니다. 거기에 가면 필요한 제출서류를 안내받을 수 있으며 국가가 소송비용을 부담하여 처리할 수 있습니다.

소액심판제도

제가 살던 곳은 국가소유의 땅인데요, 처음에 온실 안에 몇 가지 가재도구를 갖추고 살다가 불편하여 어느 건축업자를 소개받아 가건물을 짓게 되었습니다. 그런데 가건물이 엉터리여서 비가 오니까 집이 새고, 바람이 부니까 집이 흔들려서 도저히 혼자 살 수가 없었습니다. 그래서 그 건축업자에게 보수를 요구했지만 묵살당하여 다른 건축업자에게 부탁하여 건물을 상당히 뜯어내고 새로 건물을 짓다시피 하였습니다. 그래서 새로 들어간 비용이 1,000만 원 가량이라고 하는데, 이 돈을 쉽게 받을 수 있는 방법이 있습니까?

민사소송은 많은 비용과 시간이 소요되므로 사람들이 꺼리는 편이다. 그러나 비교적 단순한 소액사건의 경우에는 통상적 소송보다 간편하게 재판할 수 있도록 한 제도가 소액심판제도이다. 소액심판제도는 소송목적의 값이 2000만원을 초과하지 않는 금전 등의 지급을 목적으로 하는 제1심의 민사사건에 적용된다. 법원에서 미리 인쇄하여 비치해 놓은 소장양식에 필요한 사항을 기재해 넣은 후, 이와 아울러 증거서류를 첨부하여 관할법원에 제출하면 된다. 재판이 거의 1회로 종결되기 때문에 매우 신속하고 간단하다.

이 경우는 소액심판절차를 활용하면 변호사 없이도 충분히 법적 도움을 받을 수 있습니다. 필요한 증빙자료와 증인이 있다면 얼마든지 추가로 들어간 비용을 최초의 건축업자로부터 받아 낼 수 있을 것 같습니다.

공증제도

저의 아버지가 공증을 통해서 유언을 받으려고 하는데요, 가능합니까?

공증제도는 일상생활 가운에 여러 사항을 공적으로 증명하는 제도를 말한다. 공증제도는 그 효과가 탁월하기 때문에 많은 사람들이 이를 활용하고 있다. 공증은 법무법인이나 합동법률사무소에서 행한다. 공증으로 활용하는 분야는 매우 다양하다. 어음수표의 거래나 현금을 거래할 때 또는 매매계약서, 기타의 계약서, 유언에 대한 공정증서의 작성, 당사자가 작성한 서류상의 서명날인이 틀림없다는 것을 확인하는 사서증서의 인증, 법인설립 당초의 정관의 진정한 성립을 확인하는 정관인증, 임대차계약서 등에 확정일자인의 부여 등이 있다.

공증한 서류는 위조의 염려가 없고 만약 위조되었다고 하더라도 위조
되었다는 것을 증명하는 것이 용이하므로 민사재판이나 형사재판에 있
어서 증거력이 매우 높다고 할 수 있다. 어음수표나 금전을 대차하면서
공정증서를 작성해두면 재판절차를 거치지 않고도 판결에 기한 것과
같은 강제집행이 가능하기 때문에 매우 효능이 높다고 할 것이다.

유언을 공증하는 제도가 있습니다. 이것은 민법에서 인정한 제도
입니다. 공정증서에 의한 유언에는 증인 2명의 참여가 있어야 합
니다. 유언자가 공증인 또는 공증담당변호사 앞에서 유언의 취지
를 말합니다. 그러면 공증인이 유언자의 유언내용을 필기하고 이
를 유언자와 증인 앞에서 낭독합니다. 유언자와 증인이 필기가
정확함을 승인한 후 각자가 서명 또는 기명날인 하여야 합니다.
공증인은 그 사무소에서 직무를 행하는 것이 원칙이지만, 사정에
따라서는 직접 유언자가 원하는 장소에 가서 공증을 할 수도 있
습니다.

부록

판결문

1. 대법원 1995.3.24. 선고 94다47193 판결
【직무집행금지등가처분】

【판시사항】

가. 교회 분열의 인정기준

나. 교회가 서로 예배를 달리 보는 2집단으로 나뉘어 있지만 '가' 항의 기준에 비추어 볼 때, 두 개의 교회로 분열되었다고까지 볼 수 없다고 한 사례

다. 교회의 권징재판으로 말미암은 목사, 장로의 자격에 관한 시비가 사법심사의 대상이 되는지 여부

【판결요지】

가. 기독교의 개교회는 대표기관과 구성원의 공동의사결정기구를 갖추고 재산을 관리하는 등 교회의 일상업무를 처리하는 측면에서 보면 법인 아닌 사단의 형태를 갖추고 있지만 이는 본질적으로 같은 신앙을 기초로 한 교인들의 모임인 신앙공동체이므로, 한 교회가 2개의 교회로 분열되었다고 하려면 한 교회에 속한 교인들이 교리와 예배형식 등 신앙노선을 달리하는 2개의 집단으로 나뉘어 그 신앙공동체로서의 기초가 상실되는 정도에 이르렀거나, 다른 사유에 기한 분쟁이라 하더라도 최소한 일부 교인들이 집단을 이루어 소속 교단을 변경하기로 하는 결의를 하고 다른 교단에 가입한 데 반하여 다른 교인들은 종전 교단에 그대로 남아 있기로 하는 정도에 이른 경우라야 한다.

나. 교회가 서로 예배를 달리 보는 2집단으로 나뉘어 있지만 의연한 교단에 속해 있으면서 신앙노선이 아닌 교회의 재산관리, 상회인 노회의 행정에 관한 승복 여부에 관한 다툼을 계속하여 온 정도에 불과한 경우, 두 개의 교회

로 분열되었다고까지 볼 수 없다는 원심판단을 정당하다고 한 사례.

다. 교회의 권징재판은 종교단체가 교리를 확립하고 단체 및 신앙상의 질서를 유지하기 위하여 목사 등 교역자나 교인에게 종교상의 방법에 따라 징계제재하는 종교단체의 내부적인 제재에 지나지 아니하므로 원칙적으로 사법심사의 대상이 되지 아니하고 그 효력과 집행은 교회 내부의 자율에 맡겨져 있는 것이므로 그 권징재판으로 말미암은 목사, 장로의 자격에 관한 시비는 직접적으로 법원의 심판의 대상이 된다고 할 수 없다.

【참조조문】
가.나. 민법 제275조 , 제276조 / 다. 민사소송법 제226조

【참조판례】
가.다. 대법원 1985.9.10. 선고 84다카1262 판결(공1985,1323) / 가. 대법원 1988.3.22. 선고 86다카1197 판결(공1988,669), 1989.2.14. 선고 87다카3037 판결(공1989,412), 1993.1.19. 선고 91다1226 전원합의체판결(공1993상,712)

【전 문】
【신청인, 피상고인】 대한예수교장로회 ○○교회
【피신청인】 상고인 ○○○
【원심판결】 서울고등법원 1994.8.16. 선고 93나49088 판결
【주 문】
상고를 기각한다.
상고비용은 피신청인의 부담으로 한다.

【이 유】
상고이유를 판단한다.

1. 제1점에 대하여

기독교의 개교회는 대표기관과 구성원의 공동의사결정기구를 갖추고 재산을 관리하는 등 교회의 일상업무를 처리하는 측면에서 보면 법인 아닌 사단의 형태를 갖추고 있지만 이는 본질적으로 같은 신앙을 기초로 한 교인들의 모임인 신앙공동체이다. 따라서 한 교회가 2개의 교회로 분열되었다고 하려면 한 교회에 속한 교인들이 교리와 예배형식 등 신앙노선을 달리하는 2개의 집단으로 나뉘어 그 신앙공동체로서의 기초가 상실되는 정도에 이르렀거나, 다른 사유에 기한 분쟁이라 하더라도 최소한 일부 교인들이 집단을 이루어 소속교단을 변경하기로 하는 결의를 하고 다른 교단에 가입한 데 반하여 다른 교인들은 종전 교단에 그대로 남아있기로 하는 정도에 이르른 경우라야 할 것이다(대법원 1985.9.10. 선고 84다카1262 판결; 1993.1.19. 선고 91다1226 전원합의체 판결 등 참조).

그런데 원심이 그 판결에서 들고 있는 증거들을 종합하여 그 판시와 같은 사실을 인정한 후, 원고의 교회가 서로 예배를 달리 보는 2집단으로 나뉘어 있지만 의연 한 교단에 속해 있으면서 신앙노선이 아닌 교회의 재산관리, 상회인 노회의 행정에 관한 승복 여부에 관한 다툼을 계속하여 온 정도에 불과하므로 두 개의 교회로 분열되었다고까지 볼 수 없다고 판단한 것은 정당하고, 이러한 판단이 피신청인이 지적한 판례의 취지에 위반된다고 볼 수 없다. 이 점을 지적하는 상고이유는 받아들일 수 없다.

2. 제2점에 대하여

교회의 권징재판은 종교단체가 교리를 확립하고 단체 및 신앙상의 질서를 유지하기 위하여 목사 등 교역자나 교인에게 종교상의 방법에 따라 징계 제재하는 종교단체의 내부적인 제재에 지나지 아니하므로 원칙적으로 사법심사의 대상이 되지 아니하고 그 효력과 집행은 교회 내부의 자율에 맡겨져 있는 것이므로(대법원 1985.9.10. 선고 84다카1262 판결 참조), 그 권징재판으로 말미암은 목사, 장로의 자격에 관한 시비는 직접적으로 법원의 심판의 대상이 된다고 할 수 없다. 이 점을 다투는 상고이유도 받아들일 수 없다.

3. 제3점에 대하여

원심판결 이유를 기록에 비추어 살펴보면, 원심이 그 판결에서 들고 있는 증거들을 종합하여 원고 교회의 당회장인 OOO가 원고 교회의 적법한 대표자라고 인정한 것은 정당하다고 판단되고, 거기에 채증법칙을 위배한 잘못이 없다. 이 점에 관한 상고이유도 받아들일 수 없다.

4. 그러므로 상고를 기각하고, 상고비용은 상고인인 피신청인의 부담으로 하기로 관여 법관의 의견이 일치되어 주문과 같이 판결한다.

2. 대법원 2000. 6. 9. 선고 99다30466 판결
【교회출입금지가처분】

【판시사항】

침례교회가 신도들의 헌금으로 매입하고 신축한 교회 부지 및 건물을 재단
법인 기독교한국침례회유지재단 명의로 등기한 것이 명의신탁으로 볼 여
지가 있다고 한 사례

【판결요지】

침례교회가 신도들의 헌금으로 매입하고 신축한 교회 부지 및 건물을 재단
법인 기독교한국침례회유지재단 명의로 등기한 것이 명의신탁으로 볼 여
지가 있다고 한 사례

【참조조문】

민법 제103조[명의신탁]

【참조판례】

대법원 1991. 5. 28. 선고 90다8558 판결(공1991, 1736)

【전 문】

【신청인,피상고인】 재단법인기독교한국침례회유지재단

【피신청인,상고인】 피신청인 ○○○

【원심판결】 서울고법 1999. 5. 13. 선고 98나58698 판결

【주문】

원심판결을 파기하고, 사건을 서울고등법원에 환송한다.

【이유】

상고이유를 판단한다.

1. 기초사실

원심판결 이유 및 원심판결이 일부 인용한 제1심판결 이유에 의하면 원심은 다음과 같은 기초사실을 인정하였다.

(1) 피신청인은 기독교한국침례회 소속 교회 제직회의 청빙을 받아 1992년 12월경부터 위 교회의 담임목사로 재직하여 왔는데, 피신청인이 OOO운동을 함에 기독교한국침례회(이하 '침례회'라고 줄여 쓴다)에서는 이를 이단으로 규정하고 피신청인에게 이를 중지하도록 요청하였으나 피신청인이 위 요청을 거부하자 침례회 제87차 정기총회 결의에 터잡아 1998. 4. 14. 기독교한국침례회 산하 지방회에서 피신청인을 제명하였고, 이에 대하여 피신청인과 위 교회 신도 중 일부는 1998. 7. 12. 침례회 및 그 산하 지방회로부터 탈퇴한다는 내용의 통지를 하였다.

(2) 이 사건 부동산(위 교회의 부지 및 건물)에 관하여 1996. 10. 8. 신청인 앞으로 같은 달 5일자 증여를 원인으로 한 소유권이전등기가 마쳐졌다.

2. 원심의 판단

(1) 이 사건 부동산은 신청인의 소유로 추정되고, 피신청인이 기독교한국침례회에서 탈퇴하였으나 여전히 위 교회 목사라고 주장하면서 종교의식을 주관할 목적으로 위 건물에 출입하고 있는 이상, 신청인으로서는 피신청인을 상대로 위 건물의 소유권 보전을 위하여 피신청인의 출입을 금지하고, 신청인이 위 건물에서 주관하는 예배 등 종교행사 방해의 금지를 구할 필요성이 있다.

(2) 피신청인은, 이 사건 부동산은 위 교회 교인들의 헌금으로 마련한 위 교회의 소유로서 신도 대표인 소외 1 명의로 등기하였다가 편의상 1996. 10. 8. 신청인에게 그 소유 명의를 신탁하여 소유권이전등기를 마쳐 둔 것이고, 위 교회 교인들이 여전히 피신청인을 따르면서 담임목사로서 이 사건 건물에서 예배를 인도하여 줄 것을 원하고 있으므로 명의수탁자에 불과

한 신청인으로서는 명의신탁자인 위 교회가 허용하고 있는 피신청인의 이 사건 건물에의 출입을 막을 수 없다는 취지로 주장하지만, 이 사건 부동산이 실제로는 위 교회의 소유인데 단지 신청인에게 명의신탁된 것에 불과한 사실을 인정할 만한 아무런 증거가 없으므로 피신청인의 위 주장은 나머지의 점에 관하여 나아가 살펴볼 필요 없이 이유 없다.

3. 이 법원의 판단

그러나 원심의 위와 같은 사실인정과 판단은 다음과 같은 이유로 수긍하기 어렵다. 기록에 의하면, 신청인을 관장하는 교단인 침례회는 교리를 같이 하는 가입교회를 구성원으로 하는 종교단체이기는 하지만, 자주성을 지닌 가입교회들이 자발적으로 구성한 연합체에 불과하며 모든 가입교회는 행정적으로 독립적인 사실, 침례회의 규약상 침례회 가입교회 재산의 2/3 이상이 신청인 앞으로 등기되지 아니하면 그 교회 시무자는 침례회에서의 피선거권이 없다고 규정하고 있을 뿐 그 교회의 재산의 소유권 자체의 양도까지 규정하고 있지는 아니한 사실, 위 교회의 신도들은 그들의 헌금으로 같은 교회의 부지를 매입하고 교회건물을 신축하여 신도 대표인 위 소외 1 명의로 등기하여 두었다가 신청인 앞으로 증여를 원인으로 한 소유권이전 등기를 마쳐 주기는 하였지만, 신청인이 이를 직접 사용·수익하지는 아니하여 위 교회가 그 재산에 대하여 종전과 같이 사용·수익함에 아무런 제한이 없었던 사실, 침례회의 가입교회는 침례회로부터 탈퇴할 자유도 가지고 있는 사실을 알아 볼 수 있다.

위와 같은 사실에다 예배행위를 그 존립목적으로 하는 교회로서는 교회건물(예배당)은 필수불가결한 존재이어서 교회건물이 없으면 교회의 존립 자체가 위태롭게 된다는 사실을 보태어 볼 때, 위 교회가 그 교회건물과 그 부지인 이 사건 부동산을 신청인 명의로 등기한 것은 그 소유권을 신청인으로 하여금 종국적으로 취득하게 하겠다는 데에 있었다고 보기보다는 가입교회의 침례회에 대한 소속감을 강화하고 침례회의 결집성을 확보하기 위한 상징적 의미로서, 또는 침례회의 가입회원으로서의 권리와 의무를 성실히 이행하고 침례회의 설립목적에 어긋나는 행위를 하지 아니하겠다고 다짐하는 취지의 신표로서 한 것으로서 일종의 명의신탁에 해당한다고 보아야 할 여지가 충분히 있다 할 것이다.

만일 그렇지 아니하면 위 교회는 침례회로부터 탈퇴는 하면서도 그 존립의 기초가 되는 예배장소는 반환받지 못하는 결과가 되어 부당하다(대법원 1991. 5. 28. 선고 90다8558 판결 참조).

그럼에도 불구하고, 원심판결이 이 사건 부동산이 신청인에게 명의신탁된 사실을 인정할 아무런 증거가 없다고 보아 신탁자인 교회와 피신청인과의 관계를 더 살펴보지도 아니한 채 신청인의 신청을 받아들인 제1심판결을 유지한 것에는 이 사건 부동산의 실질적인 소유관계 및 사용·수익관계에 대하여 심리를 다하지 아니하고 채증법칙에 위배하여 사실을 오인함으로써 판결 결과에 영향을 미친 위법이 있다 할 것이다.

이를 지적하는 상고이유의 주장은 이유가 있다. 그러므로 원심판결을 파기하고, 사건을 다시 심리·판단하게 하기 위하여 원심법원에 환송하기로 관여 법관들의 의견이 일치되어 주문과 같이 판결한다.

3. 대법원 2006.2.10. 선고 2003다63104 판결
【공동의회결의무효확인】

【판시사항】

[1] 종교단체 내에서 개인이 누리는 지위에 영향을 미치는 단체법상 행위가 사법심사의 대상이 되는지 여부(한정 적극)

[2] 종교단체 내에서 개인이 누리는 지위에 영향을 미칠 각종 결의나 처분이 당연 무효라고 판단하기 위한 요건

[3] 교회의 목사와 장로에 대한 신임투표를 위한 공동의회의 소집절차에 당회의 사전 결의를 거치지 아니한 하자가 있으나 그 하자가 정의관념에 비추어 도저히 수긍할 수 없을 정도의 중대한 하자가 아니라는 이유로, 공동의회에서의 시무장로에 대한 불신임결의가 당연 무효라고 볼 수 없다고 한 사례

[4] 후임 목사의 청빙을 위하여 당회 및 공동의회를 소집하고 주재하는 일이 민법 제691조에 따라 당회장의 직무를 계속 수행하고 있는 은퇴목사의 직무범위에 속한다고 한 사례

【판결요지】

[1] 교인으로서 비위가 있는 자에게 종교적인 방법으로 징계·제재하는 종교단체 내부의 규제(권징재판)가 아닌 한 종교단체 내에서 개인이 누리는 지위에 영향을 미치는 단체법상의 행위라 하여 반드시 사법심사의 대상에서 제외하거나 소의 이익을 부정할 것은 아니다.

[2] 우리 헌법이 종교의 자유를 보장하고 종교와 국가기능을 엄격히 분리하고 있는 점에 비추어 종교단체의 조직과 운영은 그 자율성이 최대한 보장되어야 할 것이므로, 교회 안에서 개인이 누리는 지위에 영향을 미칠 각종

가이사의 법과 한국교회

결의나 처분이 당연 무효라고 판단하려면, 그저 일반적인 종교단체 아닌 일반단체의 결의나 처분을 무효로 돌릴 정도의 절차상 하자가 있는 것으로는 부족하고, 그러한 하자가 매우 중대하여 이를 그대로 둘 경우 현저히 정의관념에 반하는 경우라야 한다.

[3] 교회의 목사와 장로에 대한 신임투표를 위한 공동의회의 소집절차에 당회의 사전 결의를 거치지 아니한 하자가 있으나 그 하자가 정의관념에 비추어 도저히 수긍할 수 없을 정도의 중대한 하자가 아니라는 이유로, 공동의회에서의 시무장로에 대한 불신임결의가 당연 무효라고 볼 수 없다고 한 사례.

[4] 후임 목사의 청빙을 위하여 당회 및 공동의회를 소집하고 주재하는 일이 민법 제691조에 따라 당회장의 직무를 계속 수행하고 있는 은퇴목사의 직무범위에 속한다고 한 사례.

【참조조문】

[1] 민사소송법 제248조 / [2] 민사소송법 제250조 / [3] 민법소송법 제250조 / [4] 민법 제691조

【전 문】

【원고, 피상고인】 원고 1외 8인

【피고, 상고인】 피고 교회

【원심판결】 광주고법 2003. 10. 24. 선고 2003나4692 판결

【주 문】

원심판결을 파기하고 사건을 광주고등법원에 환송한다.

【이 유】

1. 원심이 인정한 사실관계

원심은 그 채용 증거들을 종합하여 다음과 같은 사실들을 인정하였다.

가. 피고 교회는 대한예수교장로회 총회에 소속되어 있는 교회인데, 2000

년 9월경부터 위 총회가 노량진총회, 성내동총회, 홍은동총회로 분열되는 양상을 보이자, 피고 교회는 같은 해 10월경 당회를 열어 당분간 분열된 총회 중 어느 곳에도 가입하지 않고 관망하기로 결의하였다.

나. 원고들은 피고 교회의 시무장로를 맡아온 사람들인데, 피고 교회가 소속된 위 교단의 헌법에 의하면, 시무장로는 피고 교회의 항존직원이자 전체 교인의 대표자로서, 목사와 함께 치리회의 일원으로서 치리를 하고, 목사를 당회장으로 하는 당회의 일원이 되도록 정해져 있다. 당회는 교인의 입회와 퇴회를 결정하고 장로와 집사를 임직하며 교회의 각 기관을 감독하고 교인을 권계, 제명, 출교시키고 해벌하는 등 권징을 하여 교인의 신앙과 행위를 총괄하는 기관으로서, 피고 교회의 경우 총 17명의 장로와 당회장 목사 1명으로 구성되어 있는바, 위 교단 헌법에 의하면, 당회원 또는 제직회원 3분의 2의 청원이나 세례교인 3분의 1 이상의 청원이 있을 때에는 공동의회에서 목사와 시무장로에 대한 신임투표를 할 수 있다고 규정되어 있다.

다. 한편, 피고 교회에서는 당회장으로서 2001. 12. 15. 정년을 맞이할 예정이던 목사 소외 1과 시무장로인 원고들 사이에 소외 1의 은퇴 문제 및 교회 운영을 둘러싼 알력과 반목이 계속되고 있었는데, 그러던 중 2001. 1. 8. 교회의 위와 같은 사태를 해결하려면 공동의회에서 목사와 장로들의 신임을 물어보는 수밖에 없다고 판단한 14명의 안수집사와 서리집사들이 주축이 되어 생각하여 세례교인 약 1,500명 중 951명의 서명을 받아, 2001. 2. 7. 목사는 6년마다, 장로들은 5년마다 신임투표제도를 마련할 것과 현재의 장로들은 2001년 11월말에 신임을 묻자고 제안하는 내용의 청원서를 당회에 제출하였고, 2001. 7. 2. 피고 교회의 제직회도 세례교인들이 당회에 제출한 목사, 장로의 신임투표제안과 연말까지 장로신임투표를 실시하자는 결의를 받아들여야 한다고 절대 다수의 찬성으로 의결하였다.

라. 이에 따라 피고 교회는 2001. 8. 5. 당회를 개최하여, "7인위원회에서 제언한 바를 받아 연내에 신임을 묻기로 한다. 목사와 장로에 대한 신임투

표건은 당회 차원에서 심도있는 토의를 통해 당회의 결의로 시행토록 하는 것이 좋을 것으로 생각한다."라는 만장일치의 결의(이하, '2001. 8. 5.자 당회 결의'라 한다)를 한 후, 같은 해 8. 19.자 및 같은 해 9. 16.자 피고 교회의 주보에 위 결의내용을 발표하였다.

마. 이후 피고 교회의 당회원들은 2001. 11. 4. 모여 신임투표의 실시시기를 결정하기 위한 당회(이하, '2001. 11. 4.자 당회'라 한다)를 열었는데, 투표 결과 원고들 9명은 2001. 12. 30.에 실시하자고 주장하였고, 소외 1과 나머지 8명의 장로들은 2001. 11. 25.에 실시하자고 주장하여 결국 두 제안 모두 부결되기에 이르렀다. 이에 당회장 소외 1은 가부동수일 때 자신에게 결정권이 있다면서 신임투표를 2001. 11. 25. 실시한다고 공포하였으나, 원고들이 당회장 목사가 당회의 투표권을 행사하여 가부동수가 된 경우에는 부결처리하여야 한다면서 담임목사, 당회장 직무집행정지 및 대행자선임가처분 신청을 제기하자, 2001. 11. 25. 공동의회를 열어 실시하기로 한 신임투표를 일단 포기하였다.

바. 원고들의 반대로 목사 및 장로들에 대한 신임투표를 실시하지 못하게 되자, 피고 교회의 제직회는 2001. 12. 9. "피고 교회의 목사, 장로 신임투표를 위한 공동의회개최소집건을 당시 당회장 소외 1에게 위임한다."는 결정을 하였고, 소외 1은 당회의 결의 없이 임의로 2001. 12. 23.자 주보에 같은 달 30일 공동의회를 열어 목사 및 시무장로들에 대한 신임투표를 실시한다는 광고를 하였으며, 위 광고에 따라 2001. 12. 30. 피고 교회 본당에서 목사, 장로의 신임투표의 실시를 위한 공동의회(이하, '2001. 12. 30.자 공동의회'라 한다)가 개최되어 958명의 교인이 투표에 참가하였는데, 원고들은 모두 과반수의 득표를 하지 못함으로써 불신임 당하여 당회의 회원이 될 수 없는, 무임장로가 되었다.

사. 소외 1은 더 이상 피고 교회에서 시무를 할 수 없게 되자, 교회헌법에 따라 위임목사 청빙을 위한 당회를 개최하기로 하고, 2002. 3. 13. 당초 17명이었던 장로들 가운데 2001. 12. 30.자 공동의회 결의에 따라 불신임 당

한 원고들 및 같은 무렵 정년이 되어 퇴임한 소외 2를 제외한 나머지 장로들 7인에게 당회 소집 통지를 하였는데, 위 당회에서 대한예수교장로회 개혁측총회 산하 남부산노회에 소속된 목사 소외 3을 피고 교회의 위임목사로 청빙하기로 하고, 이를 위한 공동의회를 2002. 3. 31. 소집하기로 결의하였다.

아. 소외 1은 2002. 3. 24.자 피고 교회의 주보에 "소외 3 목사를 피고 교회의 위임목사로 청빙하기 위한 공동의회를 2002. 3. 31. 소집하기로 하였다."는 공고를 하고, 위 공고에 따라 2002. 3. 31. 피고 교회 본당에서 목사 청빙을 위한 공동의회(이하, '2002. 3. 31.자 공동의회'라 한다)를 개최하였는데, 위 공동의회에서는 993명의 출석 세례교인 중 3분의 2 이상인 695명이 찬성하여 피고 교회의 새 위임목사로 소외 3을 청빙할 것을 결의하였다.

자. 소외 3은 피고 교회의 위임목사로 시무를 시작한 후인 2003. 2. 9. 원고들을 제외하고 개최된 당회에서는 신임장로 선출을 위한 공동의회를 같은 달 23일 소집하기로 결의하고, 같은 달 16일자 주보에 이를 공고한 다음, 공동의회(이하 '2003. 2. 23.자 공동의회'라 한다)를 개최하였는데, 위 공동의회에서는 소외 4 등 15인을 피고 교회의 장로로 선임하기로 결의하였다.

2. 이 사건 소의 적법 여부에 관한 판단

기록에 의하면, 원고들 및 이들을 따르는 일부 교인들이 때때로 피고 교회에서의 신앙생활과는 별도로 예배 및 헌금을 하고 있기는 하나 이는 교회 내부의 일시적인 갈등상태가 표출된 데 불과하고 그러한 사정만으로 피고 교회가 두 개의 교회로 분열된 상태에 이르렀다고 보기는 어렵다.

따라서 피고의 본안전 항변, 즉 원고들이 피고 교회와 소속 교단을 이탈하여 별개의 집단을 구성하였음을 전제로 이 사건 소가 확인의 이익이 없다는 상고이유의 주장은 받아들일 수 없다.

3. 본안에 관한 판단

가. 원심의 판단

(1) 원심은, 이 사건 소가 피고 교회 내부의 분쟁과 관련된 것이기는 하나 그 분쟁의 내용이 피고 교회 내부의 교리를 확립하고 신앙의 질서를 유지하기 위한 것이라기보다는 결의를 둘러싼 일반 시민단체에 있어서의 분쟁과 다를 바 없으므로 이는 사법심사의 대상이 된다고 할 것이고, 앞서 본 바와 같이 시무장로는 피고 교회의 항존직원으로서 전체 교인의 대표자이고, 목사와 함께 치리회의 일원으로서 치리를 하며, 또한 교인의 입회와 퇴회를 결정하고 장로와 집사를 임직하며 교회의 각 기관을 감독하고 교인을 권징할 수 있는 당회의 일원이 되는바, 위 불신임결의는 원고들의 교회 내에서의 법적 지위에 상당한 영향을 미치는 것이어서 그 결의의 무효의 확인을 구할 법률상 이익이 있다고 보고, 그에 반하는 피고의 본안전 항변, 즉 원고들이 무효확인을 구하고 있는 2001. 12. 30.자 공동의회 결의의 실질은 피고 교회 내부의 교리를 확립하고 신앙상의 질서를 유지하기 위한 교회 내부의 권징재판으로서의 성질을 갖고 있으므로 그 절차에 중대한 하자가 없는 한, 원칙적으로 사법심사의 대상이 되지 아니하고, 또한 그것이 원고들의 사법상 특정한 권리의무에 관계되는 법률 관계를 규율하는 것이라고 볼 수 없어 그 확인을 구할 이익도 없으므로, 위 공동의회 결의의 무효 확인을 구하는 원고들의 이 사건 소는 각하되어야 한다는 주장을 배척하였다.

(2) 그런 다음 원심은, ① 대한예수교장로회총회 헌법에 의하면 피고 교회의 공동의회는 당회의 결의에 의하여 당회장이 소집하도록 규정되어 있는 점, 2001. 8. 5.자 당회 결의 당시 신임투표의 정확한 실시시기를 정하지 아니한 것은 신임투표가 경우에 따라서는 피고 교회의 조직 및 운영 등에 큰 영향을 줄 수 있으므로 피고 교회의 관리 및 운영 등에 미치는 부작용을 최소화할 수 있는 시기를 당회가 별도로 결정할 수 있도록 하기 위한 것으로 보이는 점 등을 고려하여 보면, 비록 신임투표의 실시시기가 명확하게 결정되지 아니한 상태에서 원고들이 소외 1 목사 및 나머지 장로들과 공동의회 소집일시에 관한 의견을 달리하는 바람에 연내에 신임투표를 실시하기

로 한 2001. 8. 5.자 당회 결의가 제대로 이행될 수 없게 될 우려가 있었다
거나, 당시로서는 2001. 12. 30.이 연내에 공동의회 개최가 가능한 마지막
날짜이었다 하더라도 이 사건 공동의회의 결의는 당회의 결의 없이 소집된
하자있는 결의라 할 것이고, ② 더구나 소외 1은 1931. 12. 15.생으로서 위
공동의회 소집 전인 2001. 12. 15. 이미 피고 교회 목사의 시무연한인 70세
에 도달한 점, 피고 교회에 목사를 정년에 도달한 해의 말일까지 시무하도
록 하는 관습이 존재한다고 보기도 어려운 점, 소외 1이 후임 당회장이 선
임될 때까지 임시로 당회장의 직무를 수행할 수 있다 하여도 그러한 경우
직무범위는 통상 업무로 제한된다 할 것인데 이 사건과 같이 시무장로들에
대한 신임을 묻는 공동의회를 개최하는 것은 당회장의 일상적인 업무행위
에 포함된다고 볼 수 없는 점 등에 비추어 보면, 위 2001. 12. 30.자 공동의
회는 소집권한 없는 자에 의해 소집된 것이며, ③ 2001. 11. 4.자 당회 당시
원고들은 같은 해 12. 30.에 신임투표를 위한 공동의회를 개최하자고 주장
하였다 한들, 이는 신임투표 실시시기를 협의하기 위한 과정에서 개진된
의견에 불과한 점, 원고들의 제안과 같은 해 11. 15. 신임투표를 실시하자
는 소외 1 및 다른 장로들의 제안은 쌍방 동수로서 모두 부결처리된 점,
2001. 8. 5.자 당회 결의시 목사와 장로에 대한 신임투표건은 당회 차원에
서 심도있는 토의를 통해 당회의 결의로 시행토록 하는 것이 좋을 것으로
생각한다고 결의하였던 점 등을 종합하여 보면, 원고들이 위 2001. 11. 4.
자 당회에서 자신들의 주장한 일자에 열린 공동의회 결의의 효력을 다투었
다 하여 이를 신의칙 또는 금반언의 원칙에 위배된다고 볼 수도 없으므로,
위 2001. 12. 30.자 공동의회의 결의는, 정당한 소집 권한이 없는 사람이 당
회의 결의 없이 소집한 공동의회에서 이루어진 것으로서 그 소집절차에 중
대하고도 명백한 흠이 있어 무효라고 판단하였다.

나. 대법원의 판단

(1) 이 사건은 기본적으로 원고들이 피고 교회에서 누리는 지위, 즉 시무장
로직을 둘러싼 분쟁인데, 시무장로가 교회의 항존직원이자 지교회의 치리

　　　　　　　　　　　가이사의 법과 한국교회

회인 당회의 구성원인 이상, 그러한 지위를 그 교회의 신앙적 정체성과 무관한 것으로 보기 어려우므로, 그에 관한 분쟁 또한 종교의 교리나 신앙과 무관한 것이라고 볼 수는 없으나, 다른 한편, ① 교회 내부의 지위를 둘러싼 분쟁이 사법권의 한계 밖에 있다고 보거나 소의 이익을 결여하고 있다고 본다면 교회법상 지위의 존부나 그에 관하여 교회 내부에서 이루어진 각종 의결 및 처분의 효력 유무가 구체적 권리의무에 관한 청구의 전제문제로 다투어지는 사안에서조차도 소를 각하할 수밖에 없게 되는데, 이 경우 구체적 권리의무에 관한 분쟁이 해결되지 않은 채로 남게 되고, 그 결과 국민의 재판청구권이 침해될 위험이 큰 점, ② 현실적으로 종교단체 내에서의 지위를 둘러싼 분쟁의 경우 그와 관련하여 효력이 다투어지는 각종 처분이나 회의체의 소집 및 결의 절차 등에는 정의관념에 비추어 도저히 묵과하기 어려울 만큼 매우 중대한 하자가 있는 수가 적지 아니할 터인데, 그저 종교단체 내부의 지위를 둘러싼 분쟁이라는 이유만으로 본안에 관한 심리조차 거부하는 것이 반드시 타당하다고는 보기 어려운 점, ③ 앞서 본 바와 같이 종교단체 내에서의 지위가 그 종교단체의 정체성과 깊은 관련을 맺고 있는 것은 사실이나 그 지위에 영향을 미치는 처분이나 결의의 이유 자체가 언제나 신앙이나 교리와 직접 연관되어 있는 것은 아닌 점(이 점이 바로 2001. 12. 30.자 공동의회 결의를 통상의 권징재판과 구별하는 대목이니, 양자는 그 대상이 된 사람의 교회 내에서의 지위에 영향을 준다는 점에서는 차이가 없으나, 통상의 권징재판이 그러한 처분의 '원인' 내지 '이유'를 신앙·교리에서 찾고 있다면 공동의회에서 이루어진, 시무장로에 대한 신임투표는 반대로 그 '효과' 면에서 피고 교회의 신앙적 정체성에 영향을 미치는 것이다), ④ 특히 교회 내부의 분쟁에 관한 사법적 관여의 자제는 종교단체의 자율적 운영의 보장이라는 헌법적 고려를 바탕에 깔고 있는데, 이 사건의 경우처럼 교회 내부의 반목이 극심한데다가 교단 분열로 인하여 소속 교단부터가 불분명한 경우, 처분이나 결의의 교회법적 정당성을 재단할 적법한 권한을 가진 노회 기타 상급 치리회를 확정할 수 없어 교회 내에서의 자율적 문제 해결이 사실상 불가능한 점 등에 비추어 보면, 교인으로서 비위가 있는 자에게 종교적인 방법으로 징계·제재하는 종교단체 내부의 규제(권징재판)가 아닌 한 종교단체 내에서 개인이 누리는 지위에 영향을 미치는 단체법상의 행위라 하여 반드시 사법심사의 대상에서 제외하거나 소의 이익을 부정할 것은 아니다. 따라서 이와 같은 취지에서 피고의 본안전 항변을 물리친 원심의 조치는 옳다.

(2) 그러나 다른 한편, 우리 헌법이 종교의 자유를 보장하고 종교와 국가기능을 엄격히 분리하고 있는 점에 비추어 종교단체의 조직과 운영은 그 자율성이 최대한 보장되어야 할 것이므로, 교회 안에서 개인이 누리는 지위에 영향을 미칠 각종 결의나 처분이 당연 무효라고 판단하려면, 그저 일반적인 종교단체 아닌 일반단체의 결의나 처분을 무효로 돌릴 정도의 절차상 하자가 있는 것으로는 부족하고, 그러한 하자가 매우 중대하여 이를 그대로 둘 경우 현저히 정의관념에 반하는 경우라야 할 것이다.

(가) 원심은 2001. 12. 30.자 공동의회를 소집한 소외 1이 그 이전인 같은 달 15일에 만 70세에 달하였고, 피고 교회에 목사를 정년에 도달한 해의 말일까지 시무하도록 하는 관습이 존재한다고 보기도 어려운 이상 소외 1은 이미 정년에 도달하여 당회장으로서의 권한을 상실하였다고 보았으나, 기록에 의하면, 피고 교회의 당회 구성원 중 역대 시무장로들은 정년을 맞이하는 해 말까지 시무하여 온 사실(심지어 원고 측 제1심 증인인 소외 5도 자신이 70세 생일을 맞이한 후에는 '스스로 시무를 안 했다.'고만 증언하고 있을 뿐, 생일이 지난 후에는 시무권이 없다는 주장은 하지 않고 있다.), 피고 교회 설립 이후 정년을 맞이하여 퇴임하게 된 당회장은 소외 1이 처음이었던 사실, 원고들과 소외 1 및 피고 교회 간의 당회장직무집행정지가처분 사건(전주지방법원 2001카합625)에서의 원고들 스스로 소외 1의 임기만료일을 2001. 12. 30.로 주장한 사실, 대한예수교장로회 증경총회장과 노회장을 자처하는 전주 지역 목사 8명이 사실상 원고들을 지지하는 내용으로 작성한 탄원서에도 소외 1의 법적 정년이 2001. 12. 31.이라고 기재되어 있는 사실 등을 알 수 있고, 거기에 다 같이 당회의 구성원인 목사와 시무장로의 정년을 달리 볼 이유가 없는 점이

가이사의 법과 한국교회

나 실제로 위임목사나 시무장로들이 일정한 연령을 맞이하는 해의 말까지 시무하도록 하는 교회를 흔히 볼 수 있는 점 등까지 보태어 보면, 원심의 판단과는 달리 피고 교회에 당회의 구성원들을 각 그 정년으로 정하여진 연령에 도달한 해가 끝날 때까지 시무토록 하는 관습이 있다고 볼 수 있다.

(나) 2001. 12. 30.자 공동의회가 공동의회 소집에 필요한 당회의 결의 없이 개최된 것은 사실이나, 2001. 8. 5.자 당회에서 그 해 안으로 위임목사와 시무장로 전원에 대한 신임투표를 실시하자는 결의가 전원 일치로 이루어진 점, 2001. 8. 5.자 당회 결의에 따라 신임투표의 실시시기를 정하기 위하여 같은 해 11. 4. 열린 당회에서 원고들은 같은 해 12. 30.에 신임투표를 실시할 것을 주장하고 피고측 9명은 같은 해 11. 25.에 실시할 것을 주장함으로써 그 실시시기를 확정하지 못하게 되었던 것인데, 기록에 의하면 같은 해 12. 16.에 같은 안건을 놓고 다시 열린 당회에서는 원고들이 다시 입장을 바꾸어 같은 달 30일에 신임투표를 위한 공동의회를 개최하는 데 반대함으로써 연내에 실시하기로 만장일치의 결의가 이루어진 신임투표를 무산시키려는 의도를 역력히 내비친 사실을 알 수 있는 점, 신임투표를 실시할 수 있는, 사실상 마지막 날이라 할 수 있는 2001. 12. 30.자 공동의회가 소집된 것은 결국, 당초의 2001. 8. 5.자 당회 결의의 주된 취지에 부합되는 점, 목사와 시무장로들에 대한 위의 신임투표는, 원래 소외 1과 원고들의 반목을 보다 못한 집사들이 세례교인 약 1,500명 중 951명의 서명을 받아서 그 실시를 당회에 청원한 것으로서 2001. 7. 2. 열린 제직회에서도 위 제안을 받아들여아 한다고 절대 다수의 찬성으로 의결하였고, 그 결과 개최된 2001. 12. 30.자 공동의회에서는 전체 세례교인의 약 3분의 2에 해당하는 958명의 교인이 투표에 참가하였는데, 개표 결과 원고들 중 가장 많은 표를 얻은 원고 2조차도 297표만을 얻는 데 지나지 않는 등 압도적인 표차로 불신임된 점 등에 비추어 보면, 2001. 12. 30.자 공동의회의 소집절차에 당회의 사전 결의를 거치지 아니한 하자가 있다 한들 그것이 정의관념상 도저히 묵과할 수 없을 정도의 중대한 하자로서 세례교인 대다수의

참여 하에 매우 큰 표 차로 이루어진 위 공동의회 결의의 효력을 좌우할 정
도에 이르렀다고 보기는 어렵다.

(다) 이상 본 바에 의하면, 피고 교회의 2001. 12. 30.자 공동의회는 적법한
소집권자인 당회장 소외 1이 소집한 것으로서, 비록 그 소집 전에 거쳐야
할 당회의 결의를 거치지 아니한 하자는 있으나, 그러한 하자가 정의관념
에 비추어 도저히 수긍할 수 없을 정도로 중대하다고 보기 어려우므로, 위
공동의회에서 이루어진 원고들에 대한 불신임결의를 당연 무효로 볼 수 없
고, 따라서 2002. 3. 13.자 당회에서의 결의나 그에 따라 이루어진 2002. 3.
31.자 공동의회 결의 또한 원고들에게 위 당회 소집 통지를 하지 아니한 채
개최되었다는 이유만으로 당연히 무효가 되는 것은 아니다.

(라) 2002. 3. 13.자 당회나 2002. 3. 31.자 공동의회를 소집할 당시 소외 1
이 이미 당회장으로서 임기가 지난 상태였음은 물론이나, 위임목사는 당회
장이자 교회의 대표자인 점, 피고 교회의 경우 소속 교단의 분열로 임시 당
회장을 파송할 노회를 특정조차 할 수 없었음은 물론 당회원들 간의 분열
과 반목으로 대리 당회장을 선정하는 것도 사실상 불가능한 형편이었던 점
등에 비추어 보면, 소외 1은 2002. 1. 1. 이후에도 민법 제691조에 따라 후
임 당회장이 정해질 때까지 당회장으로서의 사무를 계속 처리할 수 있다
할 것인데, 은퇴목사가 자신의 후임자를 청빙하기 위한 당회 및 공동의회
를 소집하고 주재하는 일은 특히 은퇴목사로 하여금 수행케 함이 부적당한
임무라고 볼 수 없고, 오히려 대한예수교 장로회 헌법에 노회가 파송한 임
시당회장은 그 교회에 시무할 목사를 청빙하는 일에 최선을 다해야 한다고
규정되어 있는 점에 비추어, 민법 제691조에 따라 당회장의 직무를 계속
수행하는 은퇴목사의 경우에도 후임 목사의 청빙은 그 직무의 범위에 속한
다 하겠다.

(3) 그럼에도, 원심은 2001. 12. 30.자 공동의회 결의 및 2002. 3. 31.자 공
동의회 결의가 모두 당연 무효라는 그릇된 전제하에 2003. 2. 23.자 공동의
회 결의 또한 당연 무효라고 보았으니, 이러한 원심의 조치에는 채증법칙

      가이사의 법과 한국교회

위배로 피고 교회 당회장의 정년 등에 관한 사실을 오인하고, 소집절차상의 하자와 공동의회 결의의 효력에 관한 법리를 오해하는 등으로 판결 결과에 영향을 미친 위법이 있다 할 것이다. 피고가 이 점을 지적하여 상고이유로 내세운 주장은 이유 있다.

4. 결 론

따라서 원심판결을 파기하고, 사건을 원심법원에 환송하기로 하여 주문과 같이 판결한다.

4. 대법원 2006.4.20. 선고 2004다37775
전원합의체 판결【소유권말소등기】

【판시사항】

[1] 교인들이 집단적으로 교회를 탈퇴한 경우, 법인 아닌 사단인 교회가 2개로 분열되고 분열되기 전 교회의 재산이 분열된 각 교회의 구성원들에게 각각 총유적으로 귀속되는 형태의 '교회의 분열'을 인정할 것인지 여부(소극) 및 교인들이 교회를 탈퇴하여 그 교회 교인으로서의 지위를 상실한 경우, 종전 교회 재산의 귀속관계(=잔존 교인들의 총유)

[2] 교회의 소속 교단 탈퇴 내지 소속 교단 변경을 위한 결의요건(=의결권을 가진 교인 2/3 이상의 찬성) 및 위 결의요건을 갖추어 교회가 소속 교단을 탈퇴하거나 다른 교단으로 변경한 경우, 종전 교회 재산의 귀속관계(=탈퇴한 교회 소속 교인들의 총유)

【판결요지】

[1] [다수의견] 우리 민법이 사단법인에 있어서 구성원의 탈퇴나 해산은 인정하지만 사단법인의 구성원들이 2개의 법인으로 나뉘어 각각 독립한 법인으로 존속하면서 종전 사단법인에게 귀속되었던 재산을 소유하는 방식의 사단법인의 분열은 인정하지 아니한다. 그 법리는 법인 아닌 사단에 대하여도 동일하게 적용되며, 법인 아닌 사단의 구성원들의 집단적 탈퇴로써 사단이 2개로 분열되고 분열되기 전 사단의 재산이 분열된 각 사단들의 구성원들에게 각각 총유적으로 귀속되는 결과를 초래하는 형태의 법인 아닌 사단의 분열은 허용되지 않는다. 교회가 법인 아닌 사단으로서 존재하는 이상, 그 법률관계를 둘러싼 분쟁을 소송적인 방법으로 해결함에 있어서는 법인 아닌 사단에 관한 민법의 일반 이론에 따라 교회의 실체를 파악하고

교회의 재산 귀속에 대하여 판단하여야 하고, 이에 따라 법인 아닌 사단의 재산관계와 그 재산에 대한 구성원의 권리 및 구성원 탈퇴, 특히 집단적인 탈퇴의 효과 등에 관한 법리는 교회에 대하여도 동일하게 적용되어야 한다. 따라서 교인들은 교회 재산을 총유의 형태로 소유하면서 사용·수익할 것인데, 일부 교인들이 교회를 탈퇴하여 그 교회 교인으로서의 지위를 상실하게 되면 탈퇴가 개별적인 것이든 집단적인 것이든 이와 더불어 종전 교회의 총유 재산의 관리처분에 관한 의결에 참가할 수 있는 지위나 그 재산에 대한 사용·수익권을 상실하고, 종전 교회는 잔존 교인들을 구성원으로 하여 실체의 동일성을 유지하면서 존속하며 종전 교회의 재산은 그 교회에 소속된 잔존 교인들의 총유로 귀속됨이 원칙이다. 그리고 교단에 소속되어 있던 지교회의 교인들의 일부가 소속 교단을 탈퇴하기로 결의한 다음 종전 교회를 나가 별도의 교회를 설립하여 별도의 대표자를 선정하고 나아가 다른 교단에 가입한 경우, 그 교회는 종전 교회에서 집단적으로 이탈한 교인들에 의하여 새로이 법인 아닌 사단의 요건을 갖추어 설립된 신설 교회라 할 것이어서, 그 교회 소속 교인들은 더 이상 종전 교회의 재산에 대한 권리를 보유할 수 없게 된다.

[대법관 박시환의 별개의견] 우리 민법이 사단법인의 분열을 특별히 금지하지도 아니하였고 또 사단법인의 분열을 금지하여야 할 특별한 이유도 보이지 않으므로 사단법인의 분열은 우리 민법하에서도 허용되는 것이라고 보아야 한다. 그리고 구성원들의 자발적 의사에 기인하지는 않았으나 다른 어떠한 사정으로 인하여 사단법인이 사실상 분열된 상태가 초래되어 하나의 사단으로 회복될 가능성이 없어진 경우, 그 상태를 그대로 기정사실로 인정하여 사단법인이 분열된 것으로 보아 법률관계를 정리하는 것 또한 굳이 허용되지 않는 것이라고 할 것은 아니다. 교회의 분열을 인정하는 전제하에서 교회 분쟁을 설명하는 법리를 구성하는 것이 타당할 것이고, 이와 같이 교회의 분열을 허용하는 경우, 종전 교회에 속한 권리의무가 분열된 각 교회에 공유적 형태로 분리하여 포괄승계되는 것으로 볼 수밖에 없을

것이고(채무는 분열된 각 교회가 부진정연대의 관계로 부담하는 것으로 보아야 할 것이다), 각 교회의 공유지분 비율은 분열 당시 분열된 각 교회의 등록된 세례교인의 수에 의하여 결정되는 것이 합리적이라고 할 것이다.

[대법관 강신욱의 반대의견] 종전 판례가 각종의 법인 아닌 사단 중 오직 교회에 대하여만 분열 개념을 허용하고 분열 전 교인들의 총유권을 인정해 온 것은, 교회가 본질적으로 같은 기독교 신앙을 기초로 하는 교인들의 모임인 신앙단체로서 교인들이 신앙노선의 차이에서 별도로 예배주관자를 두고 그의 인도하에 종교활동을 하거나 소속 교단을 달리하는 집단으로 나누어진 경우에는 더 이상 신앙단체로서의 본질적 기초를 같이 할 수 없으므로 분열되었다고 평가할 수밖에 없다는 점을 직시하고 나아가 교회 재산은 대체로 소속 교인들의 헌금을 기초로 형성되므로 설령 일부 교인들이 종전 교회를 탈퇴한다고 할지라도 탈퇴한 교인들이 종전 교회 재산 형성에 기여한 이상 그 재산에 대한 총유권자로서의 지위, 즉 사용·수익권을 보장해 주어야 한다는 점에서 비롯된 것이므로, 종전 판례가 민법상 사단법인에 관한 규정 또는 법인 아닌 사단에 관한 법리와 모순된다고 볼 수 없으며 오히려 교회 운영의 실제를 반영하고 있는 이상 종전의 확고한 판례를 변경하여야 할 아무런 필요성이 없다. 나아가 다수의견에 따를 경우 소수자의 종교의 자유를 침해하는 문제점이 발생한다. 따라서 일단 종전 판례를 유지하고 분열 후 종전 교회의 재산에 관한 권리관계 내지 법률관계를 합리적으로 규율할 수 있는 법리를 찾아내고 발전시켜 나가는 것이 바람직하다.

[다수의견에 대한 대법관 김영란의 보충의견]

(가) 종전 판례에 의한 결론이 사실상 교회 내부의 분쟁에 대하여 간섭하지 아니하고 당사자 사이에서 자율적인 해결을 촉구한다는 것이 지나쳐서 실제의 분쟁을 해결함에 있어 분쟁을 해결하는 기능을 방기하여 버렸고, 교회에 한하여 단체법의 기본원리와 다른 여러 이론을 적용할 당위에 대해서도 설득력을 잃게 된 이상 법인 아닌 사단의 일반 이론에 따라 교회의 재

가이사의 법과 한국교회

산 귀속에 대하여 판단하고 이로써 법률적으로 분쟁을 해결하도록 하여야 한다.

(나) 별개의견 중 공유설(대법관 박시환의 별개의견)은 이론적 근거가 박약할 뿐더러 현실적으로도 분쟁해결기능을 발휘하지 못한다. 사단이 분열된 사회적 현실을 받아들이더라도 분열된 각 사단에게 부여되는 법률효과로서 재산관계에 대하여는 종전 사단의 정관 등으로 정하지 않은 이상 민법 제275조 내지 제277조가 적용되어 종전 사단의 재산에 대한 권리는 그 구성원으로서의 지위에 수반하여 득실을 결정하지 않을 수 없으며, 이는 우리 민법이 법인 아닌 사단의 재산형태로서 총유를 규정한 이상 부득이한 결과이다.

(다) 반대의견이 종전 판례가 유지되어야 할 이유로서 소수자의 종교의 자유를 드는 점에 대하여도 찬성하기 어렵다. 소수파로 되는 교인들이라 하더라도 자신들이 신봉하는 교리를 좇아 스스로 교회를 선택하거나 선택하였던 교회에서 탈퇴하여 원하는 교회를 찾아감으로써 종교의 자유를 향유할 수 있는 이상 이를 넘어서서 개개 교인들의 종교의 자유를 내세워 이를 기준으로 교회 재산의 귀속을 결정하여야 한다는 것은 구성원의 개성이 매몰되는 단체법원리를 부인하는 것이다.

[2] [다수의견] 특정 교단에 가입한 지교회가 교단이 정한 헌법을 지교회 자신의 자치규범으로 받아들였다고 인정되는 경우에는 소속 교단의 변경은 실질적으로 지교회 자신의 규약에 해당하는 자치규범을 변경하는 결과를 초래하고, 만약 지교회 자신의 규약을 갖춘 경우에는 교단변경으로 인하여 지교회의 명칭이나 목적 등 지교회의 규약에 포함된 사항의 변경까지 수반하기 때문에, 소속 교단에서의 탈퇴 내지 소속 교단의 변경은 사단법인 정관변경에 준하여 의결권을 가진 교인 2/3 이상의 찬성에 의한 결의를 필요로 하고, 그 결의요건을 갖추어 소속 교단을 탈퇴하거나 다른 교단으로 변경한 경우에 종전 교회의 실체는 이와 같이 교단을 탈퇴한 교회로서 존속하고 종전 교회 재산은 위 탈퇴한 교회 소속 교인들의 총유로 귀속된다.

[대법관 손지열, 박재윤, 김용담, 김지형의 별개의견] 교회가 그 소속 교단을 변경하는 것은, 신앙공동체라는 관점에서 볼 때 단순히 교회가 사단으로서의 활동목적이나 명칭을 변경하는 수준에 그치는 것이 아니라, 교회 존립의 핵심요소인 교리의 내용이나 신앙의 표현인 예배의 양식에 변경을 초래함은 물론 선교와 교회행정에 관한 공동노선과 활동체제에 근본적 변화를 일으키는 것으로서, 이는 신앙공동체인 교회의 정체성과 동일성에 중대한 영향을 미치는 것으로 평가하여야 하고, 법적인 관점에서 보더라도 교회가 소속 교단을 변경한다는 것은 교회가 종전 교단에 소속해 있으면서 단지 사단법인의 정관에 준하는 성질을 가지는 자치규범이나 그 활동목적을 변경하는 정도에 그치는 것이 아니라, 종전 교단에 소속하였던 교회의 교인들이 그 교회를 해체하고 새로운 교단에 소속된 교회를 새롭게 조직하는 데 이르는 것으로 평가하여야 할 것이므로, 교단변경의 성격을 이와 같이 평가한다면, 교회의 소속 교단의 변경에 관하여는 사단법인의 정관변경에 관한 민법 제42조 제1항을 유추적용할 것이 아니라 사단법인의 해산결의에 관한 민법 제78조를 유추적용함이 옳고, 따라서 교회는 교회의 규약 등에 정하여진 적법한 소집절차를 거친 총회에서 의결권을 가진 교인 3/4 이상의 동의를 얻은 경우에 한하여 적법하게 소속 교단을 탈퇴하거나 변경할 수 있다고 보는 것이 옳다.
[다수의견에 대한 대법관 김영란의 보충의견] 교단변경은 종전의 교회가 동일성을 유지하면서 존속하되 소속 교단만을 달리한다는 점을 당연한 전제로 하며, 따라서 교단변경에 있어서 법인 소멸을 위한 절차규정은 유추적용될 여지가 없다는 논리적 귀결로서 교단변경결의의 요건으로 사단법인 해산결의요건에 관한 민법 규정만을 유추적용할 수는 없다.

【참조조문】
[1] 민법 제31조, 제275조, 제276조, 제277조 / [2] 민법 제40조, 제42조, 제78조, 제275조

【참조판례】

[1] 대법원 1957. 12. 13. 선고 4289민상182 판결(변경), 대법원 1962. 1. 11. 선고 4293민상395 판결(변경), 대법원 1970. 2. 10. 선고 67다2892, 2893 판결(집18-1, 민58)(변경), 대법원 1970. 2. 24. 선고 68다615 판결(집18-1, 민101)(변경), 대법원 1971. 2. 9. 선고 70다2478 판결(변경), 대법원 1973. 1. 16. 선고 72다2070 판결(변경), 대법원 1976. 2. 24. 선고 75다466 판결(변경), 대법원 1985. 2. 8. 선고 84다카730 판결(공1985, 416)(변경), 대법원 1985. 9. 10. 선고 84다카1262 판결(공1985, 1323)(변경), 대법원 1987. 6. 30.자 86마478 결정(공1987, 1512)(변경), 대법원 1988. 3. 22. 선고 86다카1197 판결(공1988, 669)(변경), 대법원 1989. 2. 14. 선고 87다카3037 판결(공1989, 412)(변경), 대법원 1990. 12. 7. 선고 90다카23561 판결(공1991, 436)(변경), 대법원 1990. 12. 21. 선고 90다카22056 판결(공1991, 586)(변경), 대법원 1992. 10. 9. 선고 92다23087 판결(공1992, 3113), 대법원 1993. 1. 19. 선고 91다1226 전원합의체 판결(공1993상, 712)(변경), 대법원 1995. 3. 24. 선고 94다47193 판결(공1995상, 1729)(변경), 대법원 1995. 2. 24. 선고 94다21733 판결(공1995상, 1430)(변경), 대법원 1995. 4. 21. 선고 94다42686 판결(변경), 대법원 1995. 5. 12. 선고 94다54696 판결(변경), 대법원 1995. 6. 16. 선고 95다5905, 5912 판결(공1995하, 2506)(변경), 대법원 1995. 7. 11. 선고 95다4100, 4117 판결(변경), 대법원 1995. 9. 5. 선고 95다21303 판결(공1995하, 3356)(변경), 대법원 1998. 2. 24. 선고 97다45327 판결(공1998상, 847)(변경), 대법원 1998. 7. 10. 선고 98도126 판결(공1998하, 2174)(변경), 대법원 2000. 11. 14. 선고 99다20667 판결(변경), 대법원 2001. 6. 12. 선고 2000다32420 판결(변경), 대법원 2001. 6. 26. 선고 2000도2222 판결(변경), 대법원 2002. 12. 6. 선고 2002도5216 판결(변경), 대법원 2005. 10. 28. 선고 2005도3772 판결(공2005하, 1902)(변경) / [2] 대법원 1978. 10. 10. 선고 78다716 판결(공1979, 11549)(변경), 대법원 1980. 2. 12. 선고 79다1664 판결(공1980, 12648)(변경)

【전 문】

【원고, 상고인】기독교대한성결교회 ○○교회

【피고, 피상고인】○○교회

【원심판결】서울고법 2004. 6. 22. 선고 2003나48701 판결

【주 문】

원심판결을 파기하고, 사건을 서울고등법원에 환송한다.

【이 유】

상고이유를 판단한다.

1. 교회의 법률적 성질

교회가 주무관청의 허가를 받아 설립등기를 마치면 민법상 비영리법인으로서 성립한다. 또한, 교회가 법인격을 취득하지 않은 경우에도 기독교 교리를 신봉하는 다수인이 공동의 종교활동을 목적으로 집합체를 형성하고 규약 기타 규범을 제정하여 의사결정기관과 대표자 등 집행기관을 구성하고 예배를 드리는 등 신앙단체로서 활동함과 함께 교회 재산의 관리 등 독립된 단체로서 사회경제적 기능을 수행함에 따라 법인 아닌 사단의 일반적인 요건을 갖추었다고 인정되는 경우에는, 그 교회는 법인 아닌 사단으로서 성립·존속하게 된다. 기독교 교리를 널리 전파하려는 의도에서 교회가 교인의 자격을 엄격히 심사하지 아니하고 예배에 참여를 허용하는 결과 교회의 가입·탈퇴가 자유롭고 특정 시점에서 교회 구성원이 정확히 파악되지 아니한다고 할지라도 법인 아닌 사단으로서의 실체를 인정함에는 아무런 지장이 없다.

한편, 법인 아닌 사단으로서의 실체를 갖춘 개신교 교회(아래에서는 '교회' 라 한다)가 특정 교단 소속 지교회로 편입되어 교단의 헌법에 따라 의사결정기구를 구성하고 교단이 파송하는 목사를 지교회의 대표자로 받아들이는 경우 교단의 정체에 따라 차이는 존재하지만 원칙적으로 지교회는 소속 교단과 독립된 법인 아닌 사단이고 교단은 종교적 내부관계에 있어서 지교회의

상급단체에 지나지 않는다. 다만, 지교회가 자체적으로 규약을 갖추지 아니한 경우나 규약을 갖춘 경우에도 교단이 정한 헌법을 교회 자신의 규약에 준하는 자치규범으로 받아들일 수 있지만, 지교회의 독립성이나 종교적 자유의 본질을 침해하지 않는 범위 내에서 교단 헌법에 구속된다. 종래 대법원판례는 특정 교단에 소속된 지교회가 독립된 법인 아닌 사단이라고 판시하여 왔는바(대법원 1960. 2. 25. 선고 4291민상467 판결, 1967. 12. 18. 선고 67다2202 판결 등 참조), 이는 위 법리에 기초한 것으로서 앞으로도 교회를 둘러싼 법률관계를 해석하는 기본 원리로서 유지되어야 할 것이다.

2. 법인 아닌 사단의 법률관계

가. 우리 민법은 법인 아닌 사단의 법률관계에 관하여 재산의 소유 형태 및 관리 등을 규정하는 제275조 내지 제277조를 두고 있을 뿐이므로, 사단의 실체·성립, 사원자격의 득실, 대표의 방법, 총회의 운영, 해산사유와 같은 그 밖의 법률관계에 관하여는 민법의 법인에 관한 규정 중 법인격을 전제로 하는 조항을 제외한 나머지 조항이 원칙적으로 유추 적용된다(대법원 1992. 10. 9. 선고 92다23087 판결 등 참조).

따라서 법인 아닌 사단은 사단으로서의 실체를 갖추었으나 설립등기를 하지 않은 것 뿐이므로 조직·구조에 있어서 구성원의 개인적인 활동으로부터 독립하여 독자적으로 존속하여 활동하고, 사단 구성원 지위의 취득과 상실은 그 사단의 규약에 정하여진 바에 따라 이루어지나(민법 제40조 제6호), 법인 아닌 사단은 구성원의 탈퇴나 가입에 의하여 동일성을 잃지 않고 그 실체를 유지하면서 존속한다. 그리고 위의 법리는 법인 아닌 사단의 구성원들이 집단적으로 탈퇴하는 경우에도 동일하게 적용되므로, 위 탈퇴한 자들은 집단적으로 구성원의 지위를 상실하는 반면, 나머지 구성원들로 구성된 단체는 여전히 법인 아닌 사단으로서의 실체를 유지하며 존속한다.

법인 아닌 사단의 재산은 그 구성원의 총유이며(민법 제275조 제1항), 법인 아닌 사단의 구성원은 사단 내부의 규약 등에 정하여진 바에 따라 사용·수익권을 가진다(민법 제276조 제2항). 이와 같이 법인 아닌 사단의 구성원으로서 사단의 총유인 재산의 관리처분에 관한 의결에 참가할 수 있는 지위나 사단의 재산에 대한 사용·수익권은 사단 구성원의 지위를 전제로 한 것이어서, 구성원은 법인 아닌 사단을 탈퇴하는 동시에 그 권리를 상실한다(민법 제277조).

한편, 법인 아닌 사단의 단체성으로 인하여 구성원은 사용·수익권을 가질 뿐 이를 넘어서서 사단 재산에 대한 지분권은 인정되지 아니하므로, 총유재산의 처분·관리는 물론 보존행위까지도 법인 아닌 사단의 명의로 하여야 하고(대법원 2005. 9. 15. 선고 2004다44971 전원합의체 판결 참조) 그 절차에 관하여 사단 규약에 특별한 정함이 없으면 의사결정기구인 총회 결의를 거쳐야 한다(민법 제276조 제1항). 총회 결의는 다른 규정이 없는 이상 구성원 과반수의 출석과 출석 구성원의 결의권의 과반수로써 하지만(민법 제75조 제1항), 사단에 따라서 재산 내역이 규약에 특정되어 있거나 그렇지 않더라도 재산의 존재가 규약에 정하여진 사단의 목적수행 및 사단의 명칭·소재지와 직접 관련되어 있는 경우에는 그 재산의 처분은 규약의 변경을 수반하기 때문에 사단법인 정관변경에 관한 민법 제42조 제1항을 유추적용하여 총 구성원의 2/3 이상의 동의를 필요로 한다고 해석하여야 한다.

나. 우리 민법이 사단법인에 있어서 구성원의 탈퇴나 해산은 인정하지만 사단법인의 구성원들이 2개의 법인으로 나뉘어 각각 독립한 법인으로 존속하면서 종전 사단법인에게 귀속되었던 재산을 소유하는 방식의 사단법인의 분열은 인정하지 아니한다. 따라서 그 법리는 법인 아닌 사단에 대하여도 동일하게 적용되며, 법인 아닌 사단의 구성원들의 집단적 탈퇴로써 사단이 2개로 분열되고 분열되기 전 사단의 재산이 분열된 각 사단들의 구성원들에게 각각 총유적으로 귀속되는 결과를 초래하는 형태의 법인 아닌 사단의 분열은 허용되지 않는다.

한편, 법인 아닌 사단의 구성원들이 집단적으로 사단을 탈퇴한 다음 사단으로서의 성립요건을 갖추어 새로운 단체를 형성하는 행위는 사적자치의 원칙상 당연히 허용되나, 이 경우 신설 사단은 종전 사단과 별개의 주체로

서, 그 구성원들은 앞서 본 바와 같이 종전 사단을 탈퇴한 때에 그 사단 구
성원으로서의 지위와 함께 사단 재산에 대한 권리를 상실한다. 따라서 신
설 사단의 구성원들이 종전 사단의 구성원들과 종전 사단 재산에 관하여
합의하는 등의 별도의 법률행위가 존재하지 않는 이상, 종전 사단을 집단
적으로 탈퇴한 구성원들은 종전 사단 재산에 대한 일체의 권리를 잃게 되
고, 이와 마찬가지로 탈퇴자들로 구성된 신설 사단이 종전 사단 재산을 종
전 사단과 공유한다거나 신설 사단 구성원들이 그 공유지분권을 준총유한
다는 관념 또한 인정될 수 없다.

3. 교회의 법률관계에 관한 종전 대법원판례의 내용과 문제점

가. 그동안 대법원판례는 각종의 법인 아닌 사단 중 오직 교회에 대하여서
만 법인 아닌 사단에 원칙적으로 적용되는 법리와는 달리 교회의 분열을
허용하고 분열시의 재산관계는 분열 당시 교인들의 총유(또는 합유)라고 판
시하여 왔다.

해방 후 교회, 특히 장로교회는 1950년대부터 1960년대까지 여러 차례 교
단의 분열을 겪었으며 이에 따라 교단 소속 지교회의 교인들 내부에서도
신앙노선의 차이 등으로 지지교단을 달리하게 되어 자연적으로 지교회의
분열을 초래하게 되었는바, 대법원 1957. 12. 13. 선고 4289민상182 판결,
대법원 1958. 8. 14. 선고 4289민상569 판결 등에서 교단 분열에 따른 지교
회의 분열을 인정하면서 그 재산관계는 분열 당시 교인들의 합유라고 판시
하고, 대법원 1971. 2. 9. 선고 70다2478 판결에서 그 교회 재산은 분열 당
시 교인들의 총유라고 판시한 이후 그 법리가 대법원의 확립된 판례로 굳
어지기에 이르렀다.

그 당시에는 교인들이 소속 교회나 교단의 분열이라는 현상을 경험하기는
커녕 예측조차 하지 못한 상태에서 연보 · 헌금을 통하여 교회 재산 형성에
기여하였는데 교단 분열로 신앙노선이 달라져서 도저히 하나의 신앙공동
체를 유지할 수 없는 상황이 되었으니 교회의 분열을 허용하면서도 이들이
모두 종전 교회의 터전하에서 신앙생활을 할 수 있도록 배려하여야 할 필

요성이 절실하였으며, 이에 더하여 당시의 인구나 사회·경제적 수준에 비추어 지교회들은 대부분 소규모로서 교회 재산의 시가 역시 높지 않았을 것이므로 분열된 양측 교회 구성원들에게 권리를 인정한다는 다소 추상적인 판결만으로도 당사자들 사이에서 자율적으로 분쟁이 해결될 여지를 기대할 수 있었다.

나. 종전 판례는 교회가 분열된 경우 종전 교회의 재산은 분열 당시의 교인들에게 총유적으로 귀속된다고 판시하였고, 한편 교회의 구성원이 계속 변경되어 가는 속성에 비추어 분열된 각 교회는 새로운 교인들을 받아들일 수 있으므로 분열 당시의 교인들뿐 아니라 분열 후 새로 가입한 교인들도 종전 교회 재산에 대한 사용·수익권을 행사할 수 있다고 인정하였다_{(대법}

_{원 1993. 1. 19. 선고 91다1226 전원합의체 판결 등 참조)}.

법인 아닌 사단의 총유인 재산의 관리처분에 관한 의결에 참가할 수 있는 지위나 사단의 재산에 대한 사용·수익권은 법인 아닌 사단의 존재와 그 구성원 자격에 기초하여서만 인정된다. 그런데 종전 판례는, 종전 교회가 분열되어 종전 교회의 구성원 중 일부씩으로 구성된 잔존 교회와 신설 교회가 병존한다고 인정하면서도, 종전 교회의 재산에 관하여는 분열되기 전의 교회가 존속하는 것으로 보아 분열 전 교회 구성원의 총유를 인정하고 있으므로 그 자체로서 논리적으로 모순적인 구조를 가지고 있고, 종전 교회에서 탈퇴하여 신설 교회를 설립함으로써 종전 교회 구성원으로서의 지위를 상실한 교인들뿐 아니라, 분열 후 종전 교회에서 탈퇴한 채 잔존 교회나 신설 교회 어느 쪽에도 속하지 아니한 교인들에 대하여도 종전 교회 재산에 관한 권리를 인정하는 결과가 되어 법인 아닌 사단의 재산에 관한 기본적인 법리에 반한다. 뿐만 아니라, 종전 판례는 종전 교회의 구성원들인 교인들 외에 분열 후 새로 가입하여 분열 당시 교회의 구성원이 아니었던 교인들까지도 종전 교회 재산에 대한 사용·수익권을 행사할 수 있다고 인정함에 따라 총유재산에 대한 사용·수익권은 법인 아닌 사단 구성원의 지위에서만 인정된다는 민법의 대원칙도 부정하는 결과를 초래하였다.

 가이사의 법과 한국교회

또한, 종전 판례는, 위 법리의 논리적 귀결로서 종전 교회 재산의 관리 · 처분행위에 관한 소송은 분열 당시 교인들로 구성된 교인총회의 결의를 거쳐 종전 교회 자체가 당사자가 되어 제기하여야 한다고 판시함으로써(대법원 1995. 9. 5. 선고 95다21303 판결 등 참조), 과거의 분열시를 기준으로 한 종전 교회와 그 구성원들이 소 제기시에도 여전히 존재하는 것처럼 의제하여 교인총회의 소집과 결의를 요구하였다. 그러나 현실사회에서 과거의 분열시를 기준으로 결의권 있는 교인을 확정하고 그들 전원의 생존 여부와 주소지를 파악한 다음 종전 교회의 대표권자로 하여금 그들에게 소집통지를 하여 총회를 개최하고 결의를 하는 일련의 절차를 거치게 할 것을 기대하기는 어렵고, 극단적으로는 오랜 시간이 지나 분열 당시 결의권을 가졌던 교인들이 행방불명되거나, 사망함으로써 총회 구성원이 존재하지 않게 되어 결의가 불가능할 수도 있다. 결국, 교회의 분열로 분쟁이 발생한 경우에 이를 해결하기 위하여 원고가 되어 소송을 제기하는 교회는 어느 쪽도 종전 교회에 의한 결의 요건이나 대표권을 갖출 수 없어 패소하게 되어 법률적인 분쟁 해결이 불가능하게 되었다. 더욱이 분열되어 나간 교회가 종전 교회 명의의 교회재산에 관하여 관련 서류를 위조하여 허위의 이전등기를 마치더라도 분열 후의 잔존 교회는 말소등기절차의 이행을 구할 수 없어 실체관계에 부합하지 않는 등기의 존재를 용인할 수밖에 없고, 분열된 교회들이 하나의 교회 건물을 서로 독점적으로 점유하기 위하여 물리력을 행사하더라도 이를 방치할 수밖에 없어 종국에는 다수파에 의한 점거가 사실상 정당한 것처럼 유지되는 결과에 이르렀다. 또한, 분열된 각 교회가 상대방의 사용 · 수익을 방해하지 않는 범위 내에서 종전 교회의 건물을 사용 · 수익한다고 하더라도, 교회 건물 외에 목사의 사택, 채권 · 채무 등 구체적인 재산의 사용 · 수익이나 처분 · 변제를 어떠한 방법으로 할 것인가에 대한 해결책은 찾을 수 없는 상태로 남아 있다.

뿐만 아니라, 기독교 교단 및 지교회의 변화와 이를 둘러싼 사회 · 경제적 변화는 종전 판례의 문제점을 극대화시키는 양상을 빚었다. 기독교 교단은

1960년대 이후 현재까지 분열을 거듭하여 현재 수많은 교단이 존재하고 교리상 본질적·근본적인 차이 없이 방법론적인 차이에 불과한 경우도 많게 되었으므로, 특정 교단에 소속된 지교회의 교인들에게 있어서 교단의 탈퇴 내지 변경은 충분히 예견할 수 있게 되었고, 지교회의 분열과 교단변경으로 인한 분쟁으로 소송에 이른 사건들은 대부분 지교회의 목사가 교회운영이나 재산문제, 심지어 개인적 비리로 소속 교단과 마찰을 빚게 되면 신앙과 교리를 핑계 삼아 지지자를 이끌고 교단을 탈퇴한 다음 자신의 이해관계에 맞는 교단에 가입하고는 종전 교회 재산에 대한 권리를 주장하는 것이어서, 결국 교회재산을 둘러싼 분쟁에 불과하게 되었다. 게다가 인구증가와 도시화에 따라 상당수 교회들이 대규모화되고 부동산가격의 상승으로 교회재산이 상당한 재산적 가치를 지니게 되었을 뿐 아니라, 교인들의 권리의식이 향상되고 교인수가 늘어나 다수인의 이해관계가 첨예하게 대립됨에 따라, 일단 교회 재산을 둘러싸고 소송이 제기된 이후에는 법원의 판단과 이에 기한 집행만이 분쟁을 종식시키는 유일한 수단이 되는 경우가 적지 않게 되었다.

위와 같이 수많은 교단의 분립과 지교회의 비대화, 교회 재산가치의 상승 및 다수인의 첨예한 이해관계 대립에도 불구하고, 대법원이 종전과 같이 분열되어 나온 양측의 교인들에게 모두 권리를 인정한다는 취지의 종래 판시를 고수한다면, 분쟁해결기능을 상실하게 될 뿐 아니라, 오히려 종전 교회를 박차고 나온 사람들에게 재산적 권리를 인정함으로써 교단 상호간 및 교인 상호간의 분쟁을 더욱 조장하는 결과를 초래할 수 있다.

4. 새로운 법리의 방향

가. 교회가 법인 아닌 사단으로서 존재하는 이상 그 법률관계를 둘러싼 분쟁을 소송적인 방법으로 해결함에 있어서는 법인 아닌 사단에 관한 민법의 일반 이론에 따라 교회의 실체를 파악하고 교회의 재산 귀속에 대하여 판단하여야 한다. 이에 따라 위에서 본 법인 아닌 사단의 재산관계와 그 재산에 대한 구성원의 권리 및 구성원 탈퇴, 특히 집단적인 탈퇴의 효과 등에

관한 법리는 교회에 대하여도 동일하게 적용되어야 한다.

따라서 교인들은 교회 재산을 총유의 형태로 소유하면서 사용·수익할 것인데, 일부 교인들이 교회를 탈퇴하여 그 교회 교인으로서의 지위를 상실하게 되면 탈퇴가 개별적인 것이든 집단적인 것이든 이와 더불어 종전 교회의 총유 재산의 관리처분에 관한 의결에 참가할 수 있는 지위나 그 재산에 대한 사용·수익권을 상실하고, 종전 교회는 잔존 교인들을 구성원으로 하여 실체의 동일성을 유지하면서 존속하며 종전 교회의 재산은 그 교회에 소속된 잔존 교인들의 총유로 귀속됨이 원칙이다. 그리고 교단에 소속되어 있던 지교회의 교인들의 일부가 소속 교단을 탈퇴하기로 결의한 다음 종전 교회를 나가 별도의 교회를 설립하여 별도의 대표자를 선정하고 나아가 다른 교단에 가입한 경우, 그 교회는 종전 교회에서 집단적으로 이탈한 교인들에 의하여 새로이 법인 아닌 사단의 요건을 갖추어 설립된 신설 교회라 할 것이어서, 그 교회 소속 교인들은 더 이상 종전 교회의 재산에 대한 권리를 보유할 수 없게 된다.

나. 앞서 본 바와 같이 특정 교단에 가입한 지교회가 교단이 정한 헌법을 지교회 자신의 자치규범으로 받아들였다고 인정되는 경우에는 소속 교단의 변경은 실질적으로 지교회 자신의 규약에 해당하는 자치규범을 변경하는 결과를 초래하고, 만약 지교회 자신의 규약을 갖춘 경우에는 교단변경으로 인하여 지교회의 명칭이나 목적 등 지교회의 규약에 포함된 사항의 변경까지 수반하기 때문에, 소속 교단에서의 탈퇴 내지 소속 교단의 변경은 사단법인 정관변경에 준하여 의결권을 가진 교인 2/3 이상의 찬성에 의한 결의를 필요로 한다.

(1) 만약, 교단 탈퇴 및 변경에 관한 결의(아래에서는 '교단변경 결의'라 한다)를 하였으나 이에 찬성한 교인이 의결권을 가진 교인의 2/3에 이르지 못한다면 종전 교회의 동일성은 여전히 종전 교단에 소속되어 있는 상태로서 유지된다. 따라서 교단변경 결의에 찬성하고 나아가 종전 교회를 집단적으로 탈퇴하거나 다른 교단에 가입한 교인들은 교인으로서의 지위와 더불어 종

전 교회 재산에 대한 권리를 상실하였다고 볼 수밖에 없다.

(2) 위의 교단변경 결의요건을 갖추어 소속 교단에서 탈퇴하거나 다른 교단으로 변경한 경우에 종전 교회의 실체는 이와 같이 교단을 탈퇴한 교회로서 존속하고 종전 교회 재산은 위 탈퇴한 교회 소속 교인들의 총유로 귀속된다.

법인 아닌 사단의 재산에 관한 관리처분권은 사단에 속하고 그 관리처분권에 관한 의사결정은 총회 결의에 의하여 이루어지는 것인바, 위와 같이 교단변경 결의에 찬성하지 아니한 사람이 결과적으로 불리한 지위에 놓이게 된다고 하더라도 이는 다수의 구성원으로 이루어진 사단의 민주적인 의사결정에 의한 결과이므로 민법의 법인 아닌 사단에 관한 기본법리에 따라 승복하여야 한다.

교단변경 결의가 이루어졌다고 하더라도 종전 교회의 동일성이 유지되고 있으므로, 교단변경 결의에 반대한 교인들이라 하여도 특별한 사정이 없는 한 교인으로서의 지위는 여전히 유지되며, 그 교회 구성원인 교인으로서의 지위 상실은 그의 자유의사에 의하여 결정된다. 교단변경 결의에 의하여 교단에서 탈퇴한 교회라고 하더라도 다시 교단변경 결의를 거쳐 교단을 변경할 수 있다. 따라서 교단변경 결의에 반대한 교인들로서는 그 교회 소속의 다른 교인들과 협의를 하는 등의 방법을 통하여 자신들의 의견에 동의하는 다수의 교인들을 확보하여 2/3 이상의 교단변경 결의 요건을 갖춘 경우에는 종전 교단으로 복귀할 수도 있다.

이와 같이, 교단변경 결의에 관한 새로운 법리가 적용되는 영역은 교회의 운영 내지 재산에 관한 법률관계에 한정된다. 교인들은 자신이 신봉하는 교리를 좇아 자유로이 교회를 선택하거나 또는 선택하였던 교회를 탈퇴함으로써 종교적 자유를 향유할 수 있다. 뿐만 아니라, 만약 적법하게 교단변경 결의가 이루어진 경우에 이에 반대하는 교인들로서도 자신이 원하는 교단 소속 교회를 찾아감으로써 자신의 종교적 신념을 유지할 수 있다.

(3) 다만, 교단변경 결의에는 지교회의 종교적 자유와 함께 지교회의 존립

목적 유지라는 양 측면에서의 내재적 한계가 존재한다. 따라서 소속 교단의 헌법에서 교단 탈퇴의 허부 및 요건에 관하여 위와 달리 정한 경우에도 (민법 제42조 제1항 단서 참조) 그 규정이 지교회의 독립성과 종교적 자유의 본질을 해하는 경우에는 지교회에 대한 구속력을 인정할 수 없다. 다른 한편, 실질적으로 지교회의 해산 등 교회의 유지와 모순되는 결과를 수반하는 교단변경 결의, 나아가 기독교가 아닌 전혀 다른 종교를 신봉하는 단체로 변경하는 등 교회의 존립목적에 본질적으로 위배되는 교단변경 결의는 정관이나 규약 변경의 한계를 넘어서는 것이므로 허용될 수 없다.

다. 그러므로 교회의 분열을 인정하고 종전 교회의 재산은 분열 당시 교인들의 총유(또는 합유)에 속한다고 판시한 대법원 1993. 1. 19. 선고 91다1226 전원합의체 판결과 같은 취지의 판결들, 그리고 교회의 소속 교단 변경은 교인 전원의 의사에 의하여만 가능하다는 취지로 판시한 대법원 1978. 10. 10. 선고 78다716 판결과 같은 취지의 판결들은 이 판결의 견해에 배치되는 범위 내에서 변경하기로 한다.

위와 같이 대법원이 종전의 견해를 변경함에 따라, 교회의 신앙단체로서의 성격과 사단으로서의 성격을 모두 인정하면서도, 신앙단체로서의 특질에 대하여는 종교의 고유한 영역에 맡기고 사단으로서의 특질에 대하여는 재산분쟁으로서의 실질을 직시하여 민법의 일반원리에 의하여 규율함으로써 사법질서의 통일성을 기할 수 있게 될 것이다. 나아가 앞으로 교회 내부에서 교단 탈퇴 및 변경을 둘러싸고 분쟁이 발생하는 경우 교단 탈퇴를 의도하는 교인들로서는 최소한 결의권자의 2/3에 이르는 교인들로부터 지지를 얻고 적법한 소집절차에 따른 결의를 거칠 것이 요구되고, 반대로 교단 탈퇴에 반대하는 교인들로서도 만약 위의 요건을 갖추어 결의가 이루어진 경우에는 여기에 승복할 것이 요구됨으로써, 민주주의 원칙과 민법의 법인 아닌 사단에 관한 일반 법리에 따른 교회 운영이 가능해지고 교회 분쟁에 대한 예방적 기능을 수행할 수 있게 된다.

5. 이 사건의 판단

원심이 인용한 제1심판결의 인정 사실을 종합하면, 기독교대한성결교회 갑 교회는 기독교대한성결교회 소속의 지교회이고 소외인은 그 담임목사로 재직해 오던 중 당회 구성원인 장로들과 갈등을 빚자 임의로 기획위원회를 조직하여 교회를 운영하였고 이로 인하여 소속 교단의 징계재판을 받을 지경에 이르자 2001. 8. 26. 지지 교인들을 모아 소속 교단을 탈퇴하여 독립교회를 설립하되 명칭을 피고 교회로 하기로 결의하였으며(기독교대한성결교회 강서지방회는 2001. 10. 11. 소외인에 대하여 면직판결을 하고 후임 목사를 파송하였다.) 피고 교회는 2001. 11. 21. 기독교대한성결교회 갑 교회 명의로 등기되어 있던 판시 교회 건물 및 대지 등에 관하여, 실제로는 피고 교회가 이를 매수한 적이 없음에도 위 교회 당회의 결의서 등 관련 서류를 임의로 작성하여 자신의 명의로 소유권이전등기를 마쳤음을 인정할 수 있다.

그렇다면 종전 교회는 기독교대한성결교회 교단에 소속된 지교회인데, 소외인이 지지 교인들 일부를 이끌고 소속 교단을 탈퇴하여 독립 교회를 설립하였다고 할지라도, 특별한 사정이 없는 한 이는 일부 교인들이 집단적으로 종전 교회를 이탈한 것에 불과하고, 위 교단 소속으로 잔류하기를 원하는 교인들로 구성되고 교단이 파송한 목사가 재직하고 있는 원고 교회가 종전 교회로서의 동일성을 유지하면서 존속하는 교회라고 할 것이다. 그리고 기록을 살펴보아도 교단 탈퇴를 결의한 2001. 8. 26.자 교인총회가 총회소집통지 등 소집절차에 있어서 소속 교단 헌법 등에 정하여진 요건을 준수하였다거나 결의권자의 2/3 이상이 동의하였다고 인정할 자료가 부족하다.

따라서 원심으로서는 위 2001. 8. 26.자 총회가 소정의 절차를 갖추어 소집되었는지 여부 및 교단탈퇴를 결의한 교인이 적법한 결의권자의 2/3에 이르는지 여부를 더 심리한 다음 위의 요건이 인정되지 아니하는 이상, 소속 기독교대한성결교회 헌법에 정하여진 바에 따라 2001. 12. 2. 담임목사와 3명의 장로가 참석한 당회에서 소제기를 결의한 이 사건에서 원고를 종전 교회로 인정하고 소제기에 관한 적법한 총회결의를 거친 것으로 보아야 함에도 불구하고, 변경 전 판례에 기초하여 종전 교회가 소외인을 당회장으로 하는 피고 교회와 잔류 교인들로 구성된 원고 교회로 분열되었다고 판단하고 총유권자인 분열 당시 교인들의 총회 결의가 존재하지 않으므로 분열 후의 원고 교회가 종전 교회의 총회 재산에 대한 말소를 청구할 수 없다는 이유를 들어 위 등기의 효력에 관하여는 아무런 판단을 하지 아니한 채 이 사건 청구를 배척하였으니, 원심의 판단에는 교회 분열 개념의 허용 여부 및 교단변경의 요건, 등기의 효력에 관한 법리오해, 심리미진 등의 위법이 있다. 원고의 상고 이유 주장은 이유 있다.

그러므로 원심판결을 파기하여 사건을 다시 심리·판단하도록 하기 위하여 원심법원에 환송하기로 하여 주문과 같이 판결하는바, 이 판결에 대하여는 대법관 손지열, 대법관 박재윤, 대법관 김용담, 대법관 박시환, 대법관 김지형의 별개의견과 대법관 강신욱의 반대의견이 있는 외에는 관여 대법관들의 의견이 일치되었으며, 대법관 김영란의 다수의견에 대한 보충의견이 있다.

6. 대법관 손지열, 대법관 박재윤, 대법관 김용담, 대법관 김지형의 별개의견은 다음과 같다.

가. 법인이 아닌 사단의 법률관계에는 민법의 법인에 관한 규정 중 법인격을 전제로 하는 조항을 제외한 나머지 조항이 원칙적으로 유추적용된다는 점, 민법이 사단법인의 경우 구성원의 탈퇴나 해산은 인정하지만 분열은 인정하지 아니하므로 법인이 아닌 사단인 교회의 경우에도 이러한 법리가 그대로 유추적용되어 교회의 분열은 인정되지 않는다는 점, 따라서 일부 교인들이 교회를 탈퇴하여 그 교회 교인으로서의 지위를 상실하게 되면 설령 그 탈퇴가 집단적인 것이라고 하더라도 탈퇴와 더불어 종전 교회의 재산에 대한 사용·수익권을 상실하고 종전 교회는 잔존 교인들로 그 실체의 동일성을 유지하면서 존속하며 종전 교회의 재산은 그 교회에 소속된 교인들의 총유로 귀속된다는 점, 교인들이 그 뜻을 모아서 소속 교단을 변

경하는 것은 원칙적으로 가능하다는 점에 관하여는 다수의견과 견해를 같이한다.

그러나 교단에 소속된 교회의 교단 변경을 사단법인의 목적 변경과 유사하다고 보고 사단법인의 정관변경에 관한 민법 제42조 제1항을 유추적용하여 의결권을 가진 교인 2/3 이상의 동의가 있으면 된다고 한 견해에는 찬성할 수 없다.

나. 교회는 본질적으로 같은 기독교 신앙을 기초로 하는 교인들의 모임인 신앙공동체이고, 신앙공동체인 교회의 본질적이고도 핵심적인 요소는 공동의 신앙원칙 내지 신앙고백의 내용인 '교리'와 공동의 신앙적 행위양식인 '예배'라고 할 것이며, 교회의 사단성이란 이러한 신앙공동체 가운데 존재하는 사회단체적 측면의 성격을 법적으로 평가한 데 불과한 것이다. 한편 교단은, 신앙원칙 내지 신앙고백의 내용인 '교리'와 신앙적 행위양식인 '예배'라는, 본질적이고도 핵심적인 요소를 공통으로 하고 있는 여러 교회들이, 대외적 선교와 대내적 교회행정을 공동으로 행할 목적으로 연합하여 조직한 상급 종교단체라고 할 것이다.

그러므로 교회가 그 소속 교단을 변경하는 것은, 신앙공동체라는 관점에서 볼 때, 단순히 교회가 사단으로서의 활동목적이나 명칭을 변경하는 수준에 그치는 것이 아니라, 교회 존립의 핵심요소인 교리의 내용이나 신앙의 표현인 예배의 양식에 변경을 초래함은 물론 선교와 교회행정에 관한 공동노선과 활동체제에 근본적 변화를 일으키는 것으로서, 이는 신앙공동체인 교회의 정체성과 동일성에 중대한 영향을 미치는 것으로 평가하여야 한다. 그리고 법적인 관점에서 보더라도, 교회가 소속 교단을 변경한다는 것은 교회가 종전 교단에 소속해 있으면서 단지 사단법인의 정관에 준하는 성질을 가지는 자치규범이나 그 활동목적을 변경하는 정도에 그치는 것이 아니라, 종전 교단에 소속하였던 교회의 교인들이 그 교회를 해체하고 새로운 교단에 소속된 교회를 새롭게 조직하는 데 이르는 것으로 평가하여야 할 것이다.

　　　　　　　　　　　　　　　가이사의 법과 한국교회

교단변경의 성격을 이와 같이 평가한다면, 교회의 소속 교단의 변경에 관하여는 사단법인의 정관변경에 관한 민법 제42조 제1항을 유추적용할 것이 아니라 사단법인의 해산결의에 관한 민법 제78조를 유추적용함이 옳고, 따라서 교회는 교회의 규약 등에 정하여진 적법한 소집절차를 거친 총회에서 의결권을 가진 교인 3/4 이상의 동의를 얻은 경우에 한하여 적법하게 소속 교단을 탈퇴하거나 변경할 수 있다고 보는 것이 옳다. 근래 일부 교단이 분열을 거듭한 나머지 교리와 예배에 있어서 그다지 차이가 없는 교단들이 다수 생겨나게 된 것은 부인할 수 없으나, 그렇다고 하여 교회가 교단을 옮겨가는 행위를 일반 사단법인의 목적이나 정관을 변경하는 정도로 다소 가볍게 평가하는 것은 옳지 않다.

다. 다수의견에 따라, 적법한 소집절차를 거친 총회에서 의결권을 가진 교인 2/3 이상의 동의로 소속 교단을 변경하는 것이 가능하다고 보면, 대법관 강신욱의 반대의견과 대법관 박시환의 별개의견이 지적하는 바와 같이, 1/3가량에 달하는 소수 교인의 신앙의 자유를 침해하거나 재산권을 박탈하게 되는 불합리한 결과가 초래될 우려가 있고, 교리와 예배에 관련되는 신앙공동체의 의사결정에 관하여 일반 사단법인에 적용되는 다수결의 원리를 그대로 적용하는 것이 적절하지 않다고 볼 측면이 있는 점은 부정할 수 없는데, 우리의 의견과 같이 교회의 소속 교단 변경에 민법 제78조를 유추적용하여 의결권을 가진 교인 3/4 이상의 동의를 얻은 경우에만 적법하게 그 소속 교단을 변경할 수 있다고 보게 되면, 이러한 문제점이 다소 완화될 수 있을 것이다.

라. 이 사건으로 돌아와 보건대, 원심이 인정한 사실에 의하면, 종전 교회인 기독교대한성결교회 갑 교회는 기독교대한성결교회라는 교단에 소속된 교회인데 그 담임목사로 재직하여 오던 소외인이 2001. 8. 26. 지지 교인들 일부를 이끌고 소속 교단을 탈퇴하여 독립 교회인 피고 교회를 설립하였는바, 교단 탈퇴를 결의한 위 2001. 8. 26.자 교인총회가 소속 교단 헌법 등에 정하여진 소집절차를 거쳤고 그 총회에서 의결권을 가진 교인 3/4

이상의 동의를 얻은 사실이 인정되지 아니하는 한, 이는 집단적으로 종전 교회를 이탈한 것에 불과하고, 위 교단 소속으로 잔류하기를 원하는 교인들로 구성되고 교단이 파송한 목사가 관장하고 있는 원고 교회가 종전 교회로서 실체의 동일성을 유지하면서 존속하는 교회라고 할 것이다.

그러므로 원심으로서는 위 교인총회가 소정의 절차를 갖추어 소집되었는지 여부 및 교단탈퇴를 결의한 교인이 적법한 결의권자의 3/4에 이르는지 여부를 더 심리하여 위와 같은 요건을 갖춘 사실이 인정되지 않는 경우에는 원고 교회를 종전 교회로 인정하고 소제기에 관한 적법한 총회결의를 거친 것으로 보았어야 할 것이다. 그럼에도 불구하고, 원심이 이에 이르지 아니한 채 변경 전 판례에 따라 종전 교회가 분열되었다고 판단하고 총유권자인 분열 당시 교인들의 총회결의가 없었다는 이유를 들어 이 사건 청구를 배척하고 말았으니, 원심의 판단에는 교회 분열 개념의 허용 여부 및 교단변경의 요건 등에 관한 법리를 오해한 위법이 있다.

마. 따라서 원심판결은 이러한 위법 때문에 파기되어야 하는바, 같은 취지인 다수의견의 결론에는 찬성하나, 그 파기의 이유에 있어서는, 교단에 소속된 교회의 소속 교단의 변경은 사단법인의 해산과 유사한 성격을 지니므로 사단법인의 해산에 관한 민법 제78조를 유추적용하여야 한다는 점에서 다수의견과 견해를 달리하는 것이다.

7. 대법관 박시환의 별개의견은 다음과 같다.

가. 그동안 대법원은 일관되게 교회의 분열을 인정하면서 이 경우 종전 교회의 재산은 분열 당시 교인들의 총유에 속한다는 견해(총유설)를 유지하여 왔고, 이에 대하여는 교회의 분열은 인정하되 종전 총유단체인 교회에 속한 재산은 분열 후 총유단체인 각 교회의 공유로 되고 분열된 각 교회 내부적으로는 각 교회에 소속된 교인들에게 총유의 형태로 귀속된다고 보는 견해(공유설) 및 민법상 사단법인의 분열이 인정되지 않는다고 보아 교회 역시 법적 의미에서의 분열은 허용되지 않고 종전 교회의 교인들의 총유에 속하였던 모든 재산은 종전 교회와 동일성을 유지하면서 존속하는 교회의 교인

가이사의 법과 한국교회

들의 총유로 계속 남는다는 견해(분열 부정설) 등 이견 이 대립되어 왔다.

나. 이 사건에서 교회의 분열을 부정하는 다수의견은, 일부 교인들이 별도의 교회를 설립하거나 교단을 변경하여 따로 예배를 보는 등 사태가 발생한 경우 이를 그 교인들이 종전의 교회를 탈퇴하여 종전 교회 교인으로서의 지위를 상실하는 것으로 보고, 그들은 탈퇴와 더불어 종전 교회 재산에 대한 일체의 권리를 상실하고 종전 교회는 종전 교단에 소속되어 있는 상태로서 동일성이 유지되고 종전 교회의 재산은 그 교회에 소속된 교인들의 총유로 귀속되나, 다만 사단법인 정관변경에 관한 민법 제42조 제1항을 유추적용하여 교회의 규약 등에 정하여진 적법한 소집절차를 거친 총회에서 의결권을 가진 교인 2/3 이상의 결의로 소속 교단을 탈퇴, 변경할 수 있고, 이 경우 종전 교회의 실체는 교단을 탈퇴한 교회로서 존속하고 종전 교회 재산은 그 탈퇴한 교회 소속 교인들의 총유로 귀속된다는 입장이다.

즉 교단변경 결의에 찬성한 교인이 의결권을 가진 교인의 2/3에 이르지 못하는 경우 교단변경 결의에 찬성하고 나아가 종전 교회를 집단적으로 탈퇴하거나 다른 교단에 가입한 교인들은 교인으로서의 지위와 더불어 종전 교회 재산에 대한 권리를 상실하는 것이고, 반대로 교단변경 결의가 이루어진 경우 그 결의에 반대한 교인들이라 하여도 교인으로서의 지위 상실은 그의 자유의사에 의하여 결정되므로, 그 교회 소속의 다른 교인들과 협의를 하는 등의 방법을 통하여 자신들의 의견에 동의하는 다수의 교인들을 확보하여 2/3 이상의 교단변경 결의 요건을 갖춘 경우에는 종전 교단으로 복귀할 수도 있다는 견해를 취하고 있다.

다. 그러나 다음과 같은 이유로 다수의견과는 견해를 달리한다.

우선, 우리 민법이 사단법인의 분열을 허용하고 있지 않다는 다수의견의 견해에 찬성할 수 없다. 우리 민법이 사단법인의 분열에 관하여 아무런 규정을 두지 않고 있기는 하나, 사단법인의 분열에 관한 규정이 없다고 하여 우리 민법이 사단법인의 분열을 금지하고 있는 취지라고 단정할 것은 아니다. 우리 민법 중 사단법인에 관한 규정은 사단법인을 규율하기 위하여 필요한 최소한의 내용만을 규정해 둔 것이고, 그 나머지 부분은 사적자치에 맡겨 사단법인의 본질에 반하거나 제3자의 이해관계를 해치지 않는 한 사단법인의 구성원들과 당사자 사이에서 임의적으로 결정할 수 있도록 허용하고 있는 것이라고 해석하여야 할 것이다.

따라서 우리 민법이 사단법인의 분열을 특별히 금지하지도 아니하였고 또 사단법인의 분열을 금지하여야 할 특별한 이유도 보이지 않으므로 사단법인의 분열은 우리 민법하에서도 허용되는 것이라고 보아야 한다. 실제로도 사단법인의 구성원들이 결의나 합의에 의하여 자발적으로 사단법인을 분할하고(이 경우 법인 설립 또는 정관변경의 경우에 준하여 주무관청의 허가를 받아야 할 것이다) 각자의 의사에 따라 분열된 사단법인 중 한 쪽의 구성원으로 남기로 하는 경우 굳이 이를 불법이라고 금지하여야 할 이유는 없다. 그리고 이와 같이 사단법인 구성원들의 자발적 결의에 의한 사단법인의 분열이 가능하다면, 구성원들의 자발적 의사에 기인하지는 않았으나 다른 어떠한 사정으로 인하여 사단법인이 사실상 분열된 상태가 초래되어 하나의 사단으로 회복될 가능성이 없어진 경우 그 상태를 그대로 기정사실로 인정하여 사단법인이 분열된 것으로 보아 법률관계를 정리하는 것 또한 굳이 허용되지 않는 것이라고 할 것은 아니다.

교회 분열은 한 개의 교회가 교리나 예배 방식에 대한 견해 대립, 교회 재산 또는 교회 운영의 주도권 쟁탈 등을 원인으로 분쟁이 계속되다가 급기야는 목사와 교인들이 두 집단으로 나누어져 서로 완전히 별개의 교회가 양립하는 것과 같은 상태로 되는 것으로서, 이는 하나의 단체가 둘로 분열된 것으로 보는 것이 실질에 맞는 것이고, 그 중 한 쪽의 교인들이 개별적 또는 집단적으로 탈퇴하는 것과는 그 의미와 법적 평가에 있어서 전혀 다른 사회적 현상임에도 다수의견은 이를 교인들의 개별적 또는 집단적 탈퇴로 구성함으로써 본질에 어긋나는 평가를 하고 있다.

그러므로 민법상 사단법인의 분열이 허용되지 않으므로 그 법리가 법인 아닌 사단에 있어서도 동일하게 적용되어야 하고, 그 결과 교회에 있어서도 분열이 허용될 수 없다는 다수의견의 논리에는 찬성할 수 없다.

라. 다수의견과 같이 교회의 분열을 허용하지 아니하고 종전 교회의 재산은 그 동일성을 유지하며 존속하는 교회에 전부 귀속하며, 이와 반대 입장에 서는 나머지 교인들은 잔류 또는 탈퇴 중 하나만을 선택할 수 있다고 보는 경우 아래와 같은 여러 가지 점에서 불합리한 결과가 나타난다.

(1) 우리나라 교단의 숫자가 수십 또는 수백 개에 달하는 것으로 보아 교회 분열 또는 교단변경의 원인이 되는 교리의 차이는 그리 핵심적인 부분은 아닐 것으로 짐작되고, 대다수 교회 분열의 주된 원인은 교회 재산 또는 교회 주도권을 둘러싼 분쟁에 있는 것으로 보이는바, 다수의견은 교단변경 결의가 이루어진 경우 그 결의에 반대하였던 교인들 또는 2/3 이상 찬성을 얻지 못하여 교단변경 결의에 실패한 경우 그 결의에 찬성하였던 교인들은 자신의 선택에 의하여 잔류 또는 탈퇴를 할 수 있다고 보는데, 여기에서 잔류의 의미는 신앙이나 교리, 교회 지도자나 운영 주도권에 관한 주장을 포기하고 자신의 신념에 반하는 다른 신앙생활을 따를 것을 강요받는 것에 다름 아니므로 그 교인으로서는 자신의 신앙을 올바르게 수행하기 위해서는 진의와 무관하게 종전 교회로부터의 탈퇴를 선택할 수밖에 없다고 할 것이고 결국 종전 교회 소유 재산에 대한 총유재산권을 박탈당하게 되는 결과가 초래된다. 이는 결국 다수자에 의한 소수자의 재산권 박탈로서 다수결로 결정할 수 있는 한계를 넘어가는 것이다. 더구나 종전 교회와 대립되는 교인 집단의 숫자가 전체의 반수를 넘어가지만 2/3에까지는 이르지 못하는 경우에는 소수의 교인들로 존속하게 되는 종전 교회가 반수를 넘는 다수 교인들의 재산권을 박탈하고 교회로부터 축출하는 결과가 되어 그 불합리성이 너무 심하게 된다.

(2) 신앙적 측면에서 볼 때에도, 교인 중 상당수가 교단의 변경을 원하는 경우 교단변경을 원하는 교인의 숫자가 2/3를 넘지 못할 때에는 종전 교회의 실체는 종전 교단에 소속되어 있는 상태로서 유지되고 교단변경을 원하는 교인들이 탈퇴할 수밖에 없는데, 이와 같은 경우에는 교단의 소속 지교

회에 대한 지배력이 필요 이상으로 강화되게 되는 부작용이 생길 뿐 아니라, 교인들의 신앙공동체 및 신앙생활 근거지로서의 교회의 의미가 축소되어 비교적 사소한 교리상의 이견으로 인하여 다수 교인들, 경우에 따라서는 반수가 넘는 교인들이 신앙공동체와 신앙생활 근거지에서 축출되는 불합리한 결과가 생긴다.

(3) 다수의견은 교단에 소속된 지교회의 교단변경이 정관의 변경에 해당한다는 측면에서 교인 2/3 이상의 결의로 소속 교단을 탈퇴, 변경할 수 있다는 입장이나, 교단을 변경하지 않는 교회 분쟁이나 아무 교단에도 소속되지 않은 독립교회의 분쟁에 있어서는 어떤 기준에 의하여 종전 교회의 동일성을 유지하는 교회를 확정할 것인지에 대한 설명이 없어 그 경우 분쟁해결에 아무런 도움이 되지 못하고, 만일 교단에 소속된 지교회의 경우와 동일하게 2/3 이상 결의를 요구하는 것이라면 정관변경에 관한 2/3 이상 의결정족수를 기준으로 삼는 근거를 설명할 수 없다.

(4) 교단변경 결의가 이루어진 경우 잔류 교인들의 입장에서는 종전 교회로부터 이탈하고자 한 의사와 행동이 전혀 없었음에도 종전 교회가 교단을 탈퇴한 교회로서 동일성을 유지하며 존속하게 됨으로써 자신의 의사와 전혀 관계없이 종전 교회로부터 탈퇴할 수밖에 없게 된다는 점에서, 이는 실질적으로 탈퇴를 강요하거나 제명을 하는 것에 해당한다고 볼 것이다.

또한, 교회 분쟁의 해결 방법으로 새로운 대표자(목사)의 선임이나 기존 대표자(목사)의 해임, 구성원(교인)의 제명 등의 방법을 실제로 취할 수가 있을 것인바, 그 경우 교회 규약 등에 대표자 선임·해임, 구성원 제명에 관한 의결정족수가 따로 정하여져 있으면 그에 의하여야 할 것이고, 따로 정족수의 정함이 없다면 구성원 과반수의 출석과 출석 구성원 과반수 찬성에 의하여 이를 의결할 수 있게 될 것인데, 이와 같은 경우 다수의견이 교회 분열의 해결방법으로 제시하는 2/3 정족수의 기준과 대표자의 선임·해임, 구성원의 제명 등에 관한 의결정족수가 다를 때에 어느 정족수가 기준이 되는지에 관하여 혼란과 충돌이 초래될 수 있다.

 가이사의 법과 한국교회

(5) 다수의견이 제시하는 기준은 교회 분열을 해결하는 실질적 방법으로 되기 어렵다.

다수의견은 교회 분열 자체를 허용하지 아니한 채, 이탈되어 나가는 교인의 숫자가 2/3 이상을 확보하느냐 여부에 따라, 이를 확보한 경우에는 그 확보한 교인 집단에게 교회 재산과 운영에 관한 권리 전부를 주게 되므로 그 반대 집단(종전 교회 잔류 집단)에게는 종전 교회에서 갖고 있던 일체의 권리를 포기하게 하거나 신념에 반하는 신앙생활을 할 것을 강요하게 되며, 반대로 이탈한 교인 집단이 2/3 이상을 확보하지 못한 경우에는 그 숫자가 아무리 많고 심지어 반수를 넘는다 하더라도 역시 같은 결과가 된다. 교회 분쟁의 상당수가 실제로는 교회 재산을 둘러싼 분쟁인 점을 고려하여 볼 때에 위와 같은 결론을 받아들이고 순순히 물러날 교인 집단이 얼마나 될지 의문이다.

또한, 교인의 탈퇴 여부는 교인의 탈퇴 의사표시가 있는 경우 또는 교인이 다른 교단의 예배를 수행하는 등 그 행태에 의하여 탈퇴의 의사를 추단할 수 있는 경우를 기준으로 판단할 수밖에 없을 것인데, 교회가 사실상 분열되어 교단변경 결의가 이루어진 경우의 소수 반대 교인들 및 결의가 이루어지지 못한 경우의 찬성 교인들이 종전의 신앙공동체로부터 완전히 분리된 별도의 신앙공동체를 구성하거나 명시적으로 탈퇴의 의사표시를 하지 않는 이상 위 교인들의 탈퇴 여부를 판단하는 것은 매우 어렵다고 할 것이다. 실제로 이들이 종전 교회의 구성원으로 남아 교회 재산과 교회 운영에 권한을 행사하겠다고 주장하는 경우 이를 강제로 배제시키는 것이 현실적으로 가능할 것인지 의문이고, 결국 교인들 간의 분쟁은 여전히 해결되지 않은 채 내재적으로 계속된다고 볼 수밖에 없을 것이다.

(6) 다수의견은 2/3 이상 결의를 하는 방법으로 교회의 적법한 소집절차를 거친 총회에서의 결의를 요구하고 있다. 그러나 교회가 사실상 분열될 정도로 분쟁이 격심한 상황에서 교회 분열(교단의 변경)을 의결하기 위한 총회의 소집을 허용해 줄 소집권자는 아무도 없을 것이다. 물론 법원에 총회 소

집허가를 받아 총회를 소집하는 방법이 있다고는 하나, 그러한 방법으로 개최된 총회가 전체 교인들의 총의를 제대로 반영하는 효과적인 분쟁해결 방법으로 작동할 것을 기대하기는 어려울 것이다.

다수의견의 위와 같은 엄격한 요구는 사실상 분열되어 별개의 단체로 존재하고 있는 사회적 현상에 대하여 빠르고 적절한 분쟁해결 방법의 사용을 어렵게 하는 대신 분쟁 자체를 억지로 눌러 막아두거나 과도한 양보를 강요하는 바람직하지 못한 상황으로 연결될 가능성을 배제할 수 없다.

마. 이상 살펴본 바와 같이 다수의견에는 여러 가지 문제점이 있어 이를 따를 수 없고, 분열되어 실재하는 사회현상을 그대로 존중하여 교회의 분열을 인정하는 전제하에서 교회 분쟁을 설명하는 법리를 구성하는 것이 타당할 것이다.

나아가 교회의 분열을 허용하는 경우에도, 교회의 분열은 하나의 교회가 별개의 각 교회로 분열함으로써 종전 교회는 소멸하여 존재하지 않게 되는 것이라는 점에서, 종전 판례의 입장과 같이 종전 교회에 속한 권리의무가 분열 당시 교인들의 총유에 속하게 되는 것으로 볼 것이 아니라, 분열된 각 교회에 공유적 형태로 분리하여 포괄승계되는 것으로 볼 수밖에 없을 것이고(채무는 분열된 각 교회가 부진정연대의 관계로 부담하는 것으로 보아야 할 것이다), 각 교회의 공유지분 비율은 분열 당시 분열된 각 교회의 등록된 세례교인의 수에 의하여 결정되는 것이 합리적이라고 할 것이다.

이에 대하여는 공유관계의 성립이나 포괄적 승계를 인정할 수 있는 법적 근거가 없다거나 세례교인의 수를 파악하는 것이 현실적으로 매우 어렵다는 비판이 있으나, 교회 분열을 허용하는 이상에는 권리의무의 포괄적 승계를 허용하는 것이 가장 자연스러울 것이며, 공동소유의 형태 중 공유관계로 법리를 구성하는 것이 분열되는 각 교회 교인들 사이의 형평에 가장 부합하는 것으로 보이는 점, 공유물분할 등 공유관계에 의한 법리에 의하여 교회 재산의 귀속에 관한 분쟁을 최소화하고 신속한 해결을 도모할 수 있는 한편 소수 교인들의 지위도 보호할 수 있는 점, 그리고 사찰의 경우와 달리 교회에 등록된 세례교인의 수를 파악한다는 것이 불가능한 것은 아닌 점 등을 참작하면 위와 같은 비판은 수긍할 수 없다.

바. 결국 종전 판례의 입장 중 교회 분열시의 재산귀속에 관한 부분은 변경되어야 할 것인바, 이 사건에서 원심이 종전 교회인 기독교대한성결교회 갑 교회가 원고 교회와 피고 교회로 분열된 것으로 인정한 이상, 원심으로서는 분열 당시의 전체 세례교인 수와 원·피고 쌍방 교회에 속한 세례교인 수를 조사하여 각 교회의 공유지분을 확정한 다음, 이 사건 부동산에 관하여 피고 앞으로 마쳐진 소유권이전등기 중 원고 교회의 지분에 해당하는 만큼은 소유권이전등기 말소청구를 인용하였어야 할 것이다.

따라서 원심판결은 이러한 위법 때문에 파기되어야 할 것이고, 다수의견 역시 이와 결론을 같이 하여 그 결론에는 찬성하나 파기의 이유에 관하여는 견해를 달리하므로 별개의견을 밝히기로 한다.

8. 대법관 강신욱의 반대의견은 다음과 같다.

우리 사회에 존재하는 법인 아닌 사단은 존립목적과 형태, 구성원 상호간의 관계 및 결속도, 사단 재산의 형성 경위 등에 따라 다종다양하여 단일한 법리로 규율되기 어렵고 민법에서도 이에 관하여 별도의 규정을 두고 있지 않다. 다수의견이 원용하는 대법원 1992. 10. 9. 선고 92다23087 판결 등 종전 판례도 단체의 특성에 반하지 아니하는 범위 내에서 사단법인에 관한 민법의 관련 규정을 유추적용한다는 것일 뿐 단체의 특성에 따라 별도의 법리가 적용되는 것을 부정하는 취지로 해석되지 아니한다.

대법원은 반세기가 넘는 기간 동안 일관하여 교회의 분열을 허용하고 이 경우 교회 재산은 분열 당시 교인들의 총유에 속한다는 법리를 판시하여 왔는바, 종전 판례가 각종의 법인 아닌 사단 중 오직 교회에 대하여만 분열 개념을 허용하고 분열 전 교인들의 총유권을 인정해 온 것은, 교회가 본질적으로 같은 기독교 신앙을 기초로 하는 교인들의 모임인 신앙단체로서 교인들이 신앙노선의 차이에서 별도로 예배주관자를 두고 그의 인도하에 종교활동을 하거나 소속 교단을 달리하는 집단으로 나누어진 경우에는 더 이상 신앙단체로서의 본질적 기초를 같이 할 수 없으므로 분열되었다고 평가할 수밖에 없다는 점을 직시하고 나아가 교회 재산은 대체로 소속 교인들의 헌금을 기초로 형성되므로 설령 일부 교인들이 종전 교회를 탈퇴한다고 할지라도 탈퇴한 교인들이 종전 교회 재산 형성에 기여한 이상 그 재산에 대한 총유권자로서의 지위, 즉 사용·수익권을 보장해 주어야 한다는 점에서 비롯된 것이다.

그렇다면 종전 판례가 민법상 사단법인에 관한 규정 또는 법인 아닌 사단에 관한 법리와 모순된다고 볼 수 없으며 오히려 교회 운영의 실제를 반영하고 있는 이상 종전의 확고한 판례를 변경하여야 할 아무런 필요성이 없다고 할 것이다. 나아가 다수의견에 따를 경우 소수자의 종교의 자유를 침해하는 문제점이 발생한다는 점을 지적하고자 한다.

모든 국민은 종교의 자유를 가지는바(헌법 제20조 제1항) 여기에는 자신이 신봉하는 교리에 따라 종교활동을 할 자유가 포함되므로 특정 교단에 소속된 지교회의 교인들은 자신의 의사에 반하여 다른 교리를 신봉하는 교단으로 옮길 것을 강요당하지 않을 권리를 가진다고 할 것이다.

그런데 다수의견에 따르면 교인들은 어떠한 명목으로든, 예컨대 목사의 전횡이나 비리를 용납할 수 없어 집단적으로 교회를 이탈하는 경우에도 2/3 이상이 되지 않는 한 교회 재산에 대한 사용·수익권이 박탈됨으로써 그 교인들은 교회 건물에 출입할 수조차 없다는 것이고, 다른 한편 교인의 2/3 이상의 동의를 얻기만 한다면 얼마든지 종전 교단을 박차고 나가 다른 교단에 가입할 수 있고 이러한 분파 행동에 참여하기를 거절하고 종전 교단 소속으로 잔류하기를 희망하는 나머지 1/3 이하의 교인들은 자신들이 종전 교회의 정통성을 지키고 있다고 믿고 있음에도 불구하고 종교의 신념을 꺾지 아니하는 이상 역시 교회 재산에 대한 사용·수익권을 박탈당한다는 결과에 이르게 되는바, 이러한 결과는 명백히 소수자의 종교의 자유를 침해하는 것으로 용인하기 힘든 것이라 아니할 수 없다.

또한, 다수의견에 따를 경우 교회는 교인 2/3 이상의 지지를 받는 권력자에 의하여 그 운명이 좌지우지되고 그 권력자는 자신을 반대하는 소수 교인들을 교회에서 내쫓을 수 있을 뿐 아니라 나아가 위 요건을 갖추어 타 교단에 가입하였다가 마음에 차지 않으면 그 중 2/3 결의로 또 탈퇴할 수 있어 교회의 분열을 조장하고 법률관계를 혼란에 빠뜨릴 우려가 있다.

다수의견은 다수결의 원리를 기본으로 하는 민법상 사단법인의 법리를 신앙단체인 교회에도 그 특성을 무시한 채 수용함으로써 교리 및 예배에 관한 소수 교인들의 종교의 자유를 침해하게 될 뿐만 아니라 오히려 다수자에 의한 교회의 분열을 조장하는 결과가 되므로 교회가 분열되었더라도 분열 당시 교인들은 여전히 교회 재산의 총유권자로서 사용ㆍ수익권을 보유하고 나아가 그 분열 당시 교인들로 구성된 총회의 결의를 거치지 아니하는 이상 교회 재산을 처분할 수 없게 함으로써 개별 교인들의 권리를 보장하여야 할 것이다.

다수의견은 종전의 판례가 교회재산을 둘러싼 분쟁에 있어 실질적인 해결 기능을 발휘하지 못하는 폐단이 있다는 입장에 기초하고 있고 거기에 경청할 부분이 있다는 점은 부정하지 아니하나, 이는 향후 구체적인 사건에서 교회 분열의 허용요건을 보다 엄격하게 해석하고 교인들의 총의에 의하여 분열 후의 교회재산에 대한 합리적 처리를 보다 쉽게 할 수 있도록 총회에서 의결권을 가지는 교인의 범위, 총회의 소집권자와 소집방법, 회의방식 등을 구체적으로 제시하는 방향으로 판례이론을 발전시켜 나감으로써도 충분히 해결할 수 있을 것이라고 본다. 따라서 다수의견처럼 교회의 분열이라는 현상을 부정하는 방향으로 종전 판례를 변경할 것이 아니라, 일단 종전 판례를 유지하고 분열 후 종전 교회의 재산에 관한 권리관계 내지 법률관계를 합리적으로 규율할 수 있는 법리를 찾아내고 발전시켜 나가는 것이 바람직하다고 믿는다.

이상의 이유로 교회의 분열과 재산 귀속에 관한 종전의 판례는 유지되어야 하고, 이를 변경하여야 한다는 다수 의견에는 찬성할 수 없다. 그렇다면 종전 판례에 따른 원심판결은 유지되어야 할 것이다.

9. 대법관 김영란의 다수의견에 대한 보충의견은 다음과 같다.

가. 종전 판례가 교회를 법인 아닌 사단이라고 보면서도 분열을 허용하고 그 경우의 재산관계에 대해서는 법인 아닌 사단의 일반법리를 그대로 적용하지 않고 변형시켜 적용해 온 데에 대해서는 명확한 이론적 근거가 밝혀져 있지 않다. 연혁적으로 보면 합유나 총유의 규정이 별도로 존재하지 않았던 구 민법 당시에 선고된 대법원 1957. 12. 13. 선고 4289민상182 판결 및 대법원 1958. 8. 14. 선고 4289민상569 판결은 교인들의 연보·헌금 등으로 형성된 교회 재산은 교회가 분열되더라도 원칙적으로 분열 당시 교인의 합유라고 판시함으로써 재산형성에 기여한 개별 교인의 권리를 중시하는 듯한 취지가 엿보였고 합유나 총유규정이 명시된 제정민법이 시행된 이후에도 교회가 분열된 경우에는 여전히 합유라고 판시해 오면서(대법원 1973. 1. 16. 선고 72다2070 판결 등 참조) 분열과 무관한 사건에서는 교회재산은 교인들의 총유라는 판시도 보이다가 대법원 1971. 2. 9. 선고 70다2478 판결에서 처음으로 교회의 분열의 경우 그 재산은 그 교회 교인의 총유에 속한다고 판시하였고 같은 취지의 대법원 1976. 2. 24. 선고 75다466 판결 이후에는 교회가 분열되었다면 그 부동산은 특별한 사정이 없는 한 분열될 당시 교회신도들의 총유라는 판시가 확립된 채 현재에 이르게 되었음을 알 수 있고, 이로 미루어 볼 때 판례가 총유설로 전환하면서도 다수의견에서 들고 있는 바와 같은 사회경제적 필요성 등 여러 요청을 중시하여 합유설을 채택할 당시의 이론을 여전히 좇은 결과 '분열 당시 합유지분권자인 교인'에게 귀속되었다고 한 교회재산이 '분열 당시 총유권자인 교인'에게 귀속된다고 바뀌게 된 것이 아닌가 짐작될 뿐이다.

이와 같은 판례의 태도에 대하여는 구성원의 개성이 매몰되는 단체법의 이론을 간과하였다거나 분열과 탈퇴 내지 이탈의 구별이 모호하다든가 하는 지적 및 판례이론을 적용한 결과 실제 구성원과 총유권자가 분리되는 결과를 낳고, 종전 교회가 동일성을 달리하는 2개의 교회로 분열되면서도 여전히 재산의 귀속주체로서는 존재한다는 법률상태를 허용하게 되었다는 이

가이사의 법과 한국교회

론적인 문제뿐 아니라, 사실상 분열 당시 교인들의 총회에서 어떤 결의를 하는 것도 불가능하고 교회재산의 사용·수익도 분열된 각 교회가 상대방의 사용·수익을 방해하지 않는 범위 내에서 종전 교회의 재산을 사용·수익할 수 있다고 하지만 실제로 교회건물 외에도 목사의 사택, 채권채무 등 구체적인 재산의 사용·수익을 어떤 방법으로 할 것인지에 대한 해결책은 찾을 수 없는 상태로 방치되게 되었다는 등의 현실적인 문제점이 드러났다. 이에 관하여는 이미 다수의견에서 자세하게 지적되었으므로 더 이상의 언급을 피하되, 종전 판례에 의한 결론이 사실상 교회 내부의 분쟁에 대하여 간섭하지 아니하고 당사자 사이에서 자율적인 해결을 촉구한다는 것이 지나쳐서 실제의 분쟁을 해결함에 있어 분쟁을 해결하는 기능을 방기하여 버렸고, 교회에 한하여 단체법의 기본원리와 다른 여러 이론을 적용할 당위에 대해서도 설득력을 잃게 된 이상 법인 아닌 사단의 일반 이론에 따라 교회의 재산 귀속에 대하여 판단하고 이로써 법률적으로 분쟁을 해결하도록 하여야 한다는 점만을 다시 지적하기로 한다.

나. 별개의견 중 교단변경에 교인 3/4 이상의 결의를 필요로 한다는 견해는, 교단변경의 요건을 보다 엄격히 함으로써 교회의 내분을 예방하는 효과를 거둘 수 있다는 목적론적 해석이라는 점에서 일면 수긍할 측면이 없지 않으나, 그 법리적 근거에 대하여는 수긍하기 어렵다.

위 별개의견은 교단변경이 신앙공동체인 지교회의 정체성과 동일성에 중대한 영향을 미치므로 종전 교회를 해체하고 새로운 교단에 소속된 교회를 새롭게 조직하는 것으로 평가하여야 한다는 전제하에 교단변경 결의에 관하여 사단법인 해산에 관한 민법 제78조를 유추적용하여야 한다는 것이다. 만약, 교단변경이 종전 교회로서 동일성 유지에 중대한 영향을 미친다면 교단변경 결의는 해산결의와 동일한 법률적 의미를 갖는다는 해석에 다름 아니므로 법률적 효과에 관하여도 사단법인 해산에 관한 민법 제80조 이하를 유추적용하여 청산 절차에 들어가 교회 재산을 처분하고 종국적으로 종전 교회의 실체를 소멸시켜야 할 것이다(교회의 청산절차에 대하여 민법 제82조 제1

항을 유추적용한 대법원 2003. 11. 14. 선고 2001다32687 판결 참조). 그러나 교단변경은 종전의 교회가 동일성을 유지하면서 존속하되 소속 교단만을 달리 한다는 점을 당연한 전제로 하며(위 별개의견 역시 이를 부정하는 취지로 보이지 않는다) 따라서 교단변경에 있어서 법인 소멸을 위한 절차규정은 유추적용될 여지가 없다는 논리적 귀결로서 교단변경결의의 요건으로 사단법인 해산결의요건에 관한 민법 규정만을 유추적용할 수는 없게 되는 것이다.

그렇다면 위 별개의견은 교단 탈퇴에 엄격한 요건을 요구한다는 목적을 먼저 설정하고 이를 위하여 무리하게 무관계한 조문을 끌어들인다는 비판을 면하기 어렵다.

다. 별개의견 중 공유설에 대하여는 이론적 근거가 박약할 뿐더러 현실적으로도 분쟁해결기능을 발휘하지 못한다는 점을 지적하지 않을 수 없다.

(1) 위 별개의견이 지적하는 것처럼 법인 아닌 사단의 구성원들이 별도의 결의 또는 합의를 통하여 종전 사단을 분할하는 행위 및 종전 사단의 구성원들이 집단적으로 탈퇴하여 새로운 교회를 설립하는 행위가 사적자치의 원칙상 허용됨은 당연한 법리이며 다수의견도 이를 전제로 하고 있다. 또한 교회가 분열하여 복수의 교회가 발생하는 사회적 현상을 직시하고 바람직한 해결 방법을 추구한다는 기본적인 입장은 다수의견이든 위 별개의견이든 차이가 있을 수 없다.

(2) 소유권의 귀속과 변동은 재산법 질서의 중핵으로서 법원은 법률의 규정이나 당사자의 법률행위에 근거하지 아니한 소유권의 변동을 인정할 수 없다.

그런데 우리 민법은 법인 아닌 사단의 법률관계 중 재산의 소유형태 및 관리 등에 관하여 민법 제275조 내지 제277조에 특칙을 두어 법인 아닌 사단의 재산관계를 총유로 규정하는 독특한 입법을 채택하였고 총유에 있어서는 소유권이 관리·처분의 권능과 사용·수익의 권능으로 나누어져서 구성원들에게는 사용·수익의 권능이 배분되고 관리·처분의 권능은 통일적 의사를 요구하기 때문에 사단 총회의 결의에 따라서만 행사할 수 있도

 가이사의 법과 한국교회

록 규정하였다. 따라서 사단이 분열된 사회적 현실을 받아들이더라도 분열
된 각 사단에게 부여되는 법률효과로서 재산관계에 관하여는 종전 사단의
정관 등으로 정하지 않은 이상 민법 제275조 내지 제277조가 적용되어, 종
전 사단의 재산에 대한 권리는 그 구성원으로서의 지위에 수반하여 득실을
결정하지 않을 수 없다. 이는 우리 민법이 법인 아닌 사단의 재산형태로서
총유를 규정한 이상 부득이한 결과로서 이러한 법률효과를 배제하자는 논
의는 입법론이 아닌 현행법의 해석론으로는 받아들일 수 없다.

위 별개의견의 논리구조는 "교회 분열이라는 사회적 현실을 받아들여야
한다.", "교회 분열을 허용하는 이상에는 권리의무의 포괄적 승계를 허용
하는 것이 가장 자연스럽다.", "따라서 분열된 교회들이 종전 교회 재산을
포괄승계하여 이를 공유한다."라는 삼단논법으로 구성되어 있는바, 교회
분열이라는 사회적 현실을 인정하여야 한다는 필요성과 재산의 포괄승계
가 자연스럽다는 이유만으로 법률적 근거를 사상한 채 종전 교회 교인들로
하여금 그 재산을 다른 주체에게 승계시키는 법률효과를 강제할 수 있는지
의문이다.

결국, 종전 교회의 분열 결과 설립된 교회가 별개의 법인 아닌 사단으로서
의 요건을 갖춘 경우에는 종전 교회와는 다른 권리의무의 주체가 되어 새
로이 법률관계가 형성되는 것이지 종전의 교회에게 귀속되었던 권리·의
무가 자동적으로 분열되어 나온 교회에게 포괄승계된다고 볼 근거는 전혀
없다. 우리 단체법이론에 의하면 단체의 합병에 의한 포괄승계는 인정되나
명문으로 인정된 상법상 회사분할의 예를 제외하면 단체의 분리에 의한 포
괄승계를 상정하고 있지 않으므로 이를 인정하려면 당사자들의 법률행위
나 법률의 규정이 필요한 것이다.

(3) 위 별개의견은, 종전 교회는 소멸하고 2개의 새 교회가 생긴다고 전제
하고 있으나, 우리 단체법상의 이론으로는 어떤 단체가 소멸하더라도 청산
사무의 범위 내에서는 청산중의 단체로서 존속한다는 것이므로 종전의 단
체가 소멸되었다고 볼 수도 없다(교회의 청산절차에 대한 앞서 든 대법원 2003. 11.

(4) 위 별개의견은, 다수의견에 따를 때 결의권자의 2/3 이상을 확보하지 못한 교인들은 재산권을 박탈당하고 교회로부터 축출되는 결과가 되는데 이는 다수자에 의한 소수자의 재산권 박탈로서 다수결로 결정할 수 있는 한계를 넘어가는 것이어서 불합리하다고 지적한다.

우선, 위 별개의견도 부정하지 아니하는 사단법인 의사결정의 기본원칙은 다수결로서 이는 구성원의 개성이 사단 속에 매몰되는 단체법의 기본원리 이고, 이에 따른 소수파의 불이익은 다수결의 원리가 적용되는 모든 단체 법관계에서 일어날 수 있는 문제인 이상 교회의 경우에만 명문의 규정도 없이 국가가 판결로 새로운 이론을 만들어 내어 보호할 일은 아니다. 종전 판례에 대하여 개신교가 아닌 다른 종교단체에서 평등의 원칙을 위반하였 다고 지적하고 있는 것도 다름 아닌 이런 이유 때문임을 생각해 볼 필요가 있다.

오히려 위 별개의견에 따르면 다수결의 원리만에 따라 교회 재산의 사용·수익권이 배타적으로 귀속되는 결과에 이르게 된다. 공유자 사이에 공유물 을 사용·수익할 구체적인 방법을 정하는 것은 공유물의 관리에 관한 사항 으로서 공유자의 지분의 과반수로써 결정하여야 할 것이므로(민법 제263조, 제265조), 과반수 지분의 공유자는 다른 공유자와 사이에 미리 공유물의 관 리방법에 관한 협의가 없었다고 하더라도 공유물의 관리에 관한 사항을 단 독으로 결정할 수 있고 과반수 지분의 공유자가 그 공유물의 특정 부분을 배타적으로 사용·수익하기로 정하는 것은 공유물의 관리방법으로서 적 법하게 되는바(대법원 2002. 5. 14. 선고 2002다9738 판결 등 참조), 따라서 분열된 두 교회가 각기 교회 건물을 배타적으로 점유하면서 상대방의 점유를 배제하 고자 하는 경우 분열 당시 세례교인 중 한 사람이라도 많은 수를 확보한 교 회가 과반수지분권자로서 배타적으로 사용·수익할 수 있고 소수지분권 자로 전락한 다른 교회는 이에 대하여 점유배제를 구할 수 없게 되는 것이 다. 결국 위 별개의견은 51%의 다수자가 49%의 소수자를 축출하는 결과는 정당하고 67%의 다수자가 33%의 소수자를 배제하는 결과는 부당하다고 지적하는 것이나 다름없다.

(5) 위 별개의견은, 종전 교회와 대립되는 교인 집단의 숫자가 전체의 반수를 넘어가지만 2/3에 이르지 못하는 경우에는 소수의 교인들로 존속하는 종전 교회가 반수를 넘는 다수교인들의 재산권을 박탈하는 결과가 되어 불합리성이 너무 심하고 교단의 지배력이 필요 이상으로 강화되는 부작용이 생긴다고 지적한다.

그러나 교단변경이 정관 변경의 요건을 갖추어야 하는 만큼 아직 정관 변경에 유효한 정족수를 획득하지 못하여 교단변경을 이루어 내지 못한 경우 이 때문에 교단의 지배력이 필요 이상으로 강화된다고 보기도 어려우며, 교단변경을 시도하다가 무산되어 탈퇴에 이르게 된 것을 사소한 교리상의 이견으로 신앙공동체에서 축출당하는 것이라고 가벼이 보고 불합리성을 논할 것도 아니다.

(6) 위 별개의견은, 분열된 교회가 종전 교회의 구성원으로 남아 재산권 등을 행사하겠다고 주장하는 경우 현실적으로 이를 강제로 배제시킬 수 없으며 또한 종전 교회로부터 이탈한 것인지 교회 내의 분쟁에 불과한지 쉽게 구별할 수 없기 때문에 다수의견은 분쟁해결방법이 될 수 없다고 지적한다.

그러나 교인들이 종전 교회를 탈퇴하였는지 여부의 판단은 그 소송사건을 심리하는 법원의 당연한 책무이고 그 사실인정이나 강제집행의 어려움은 종전 판례에 따르든, 다수의견이나 위 별개의견에 따르든 아무런 차이가 없다. 나아가 위 별개의견을 채택한다고 하여 실질적으로 분쟁이 해결되지도 아니한다.

대립되어 분열된 두 교회가 동일한 교회 재산을 공유하는 상태를 유지하기는 어렵고 결국 어느 쪽이 공유물분할의 소를 제기할 수밖에 없는데, 현행법의 테두리에서 가능한 공유물분할의 방법으로는 양측에게 만족스러운 권리를 보장할 수 없기 때문에 두 교회에게 종전 교회 재산을 공유케 하는 결과는 분쟁의 해결이 아니라 오히려 새로운 분쟁의 시작이라고 보아야 할 것이다. 그리고 분열된 한쪽 교회의 교인의 수가 얼마이든 언제든지 공유물분할의 소를 제기할 수 있게 함으로써 분열을 더욱 쉽게 조장할 것이라는 우려에서도 자유롭지 않다.

(7) 다수의견이 교단을 변경하지 않는 교회분쟁이나 독립교회의 분쟁에 있어서 아무런 해답을 제시하지 못한다는 지적이 있으나 앞으로 그와 같은 분쟁에서 유효한 정족수를 충족시킨 결의에 따라 목적변경에 준하는 변경 등이 있었는지 여부를 구체적인 사건에서 판단하면 될 일이다.

또한, 탈퇴의 개념이 모호하다든지 탈퇴가 아닌 사실상 제명이라고 보아야 한다든지 그 경우 어떤 의결정족수가 적용될 것인지 다수의견이 예상하는 결의를 할 실제적인 방법이 있는지 등 다수의견에 대한 의문을 제기하고 있으나, 바로 이와 같은 절차적인 문제의 해결 등에서 종전의 판례가 교회 특유의 이론들을 도입하고 적용하는 데 한계에 부닥친 만큼 단체법의 원칙을 충실하게 적용하여 문제를 해결해 나가야 할 필요가 생긴다고 강조하고 싶다.

(8) 결국, 위 별개의견이 제시하는 공유설은, 분열된 교회들에게 종전 교회 재산에 대한 권리를 보장하면서도 종전 판례의 문제점을 보완하려는 이론으로 선해되지만 그 이론적 흠과 실제적 문제점 때문에 종전 판례를 대체할 다른 이론으로 받아들이기 어렵다.

라. 반대의견이 종전 판례가 유지되어야 할 이유로서 소수자의 종교의 자유를 드는 점에 대하여도 찬성하기 어렵다.

다수의견에서도 밝힌 것처럼 교회 재산을 둘러싼 분쟁에서 개별 교인들이 모두 교회 재산에 대한 사용·수익권을 보장받아야만 종교의 자유가 보장되는 것은 아닐 것이다. 반대의견이 지적하는 개별 교인의 종교의 자유를 관철하려면 다수의견은 물론, 종전 판례로도 부족하고 아예 교회의 분쟁은 종교의 영역으로 분리하여 사법심사의 대상에서 제외시켜야 한다.

그런데 교회 등 종교단체의 분쟁에 사법권이 어느 정도까지 개입할 것인가의 문제는 각 나라의 역사나 사법제도 등에 따라 조금씩 그 정도를 달리해 왔지만 오늘날에 이르러서는 종교단체의 자율에 맡겨 두어야 할 고유한 내부사항의 핵심부분에 관한 것이 아닌 한 국가법원의 적극적인 관할을 긍정하여야 하는 데에는 별다른 이론이 없다. 우리 법원도 이런 입장에서 교회가 교인으로서 비위가 있는 자에게 종교적인 방법으로 제재하는 권징재판의 효력과 집행에 대해서는 교회내부의 자율에 맡겨야 한다는 판결을 거듭해 오면서도(대법원 1981. 9. 22. 선고 81다276 판결 등 참조) 그와 같은 권징재판에 의하여 징계, 출교 등의 규제를 받은 사람이 이에 불복하여 자신을 추종하는 세력 등을 규합하여 종전의 교회에서 벗어나 다른 교단으로 옮겨가는 것에 대해서는 징계처분을 받은 후 분열로 인하여 그 소속을 벗어난 이상 더 이상 교회 내부의 문제가 아니라는 이유로 사법심사의 대상이 됨을 당연한 전제로 하여 분열을 긍정하는 판시를 해 왔다.

이처럼 법원이 교단의 탈퇴 등 교인들 간의 갈등으로 말미암은 교회의 분쟁을 고유한 내부 분쟁이라고 치부해 버리지 않고 사법권의 심사대상이 되는 법률적 쟁송이라고 보고 개입하여 온 이상, 법인 아닌 사단에 적용될 법리를 충실하게 적용하여야 하고 그 적용에 있어 다시 개별 교인들의 종교의 자유나 신앙단체의 본질을 들어서 우리법상 아무런 근거가 없는 분열의 개념을 상정하거나 법인 아닌 사단에 적용될 재산관련 법규를 달리 해석하여 집단적으로 탈퇴한 구성원, 나아가 새로 세운 조직의 구성원들에게도 종전 조직에서 인정되던 구성원으로서의 권한을 부여하도록 허용되어서는 안 될 것이다.

다수결의 원리가 적용되는 결과 소수파로 되는 교인들이라 하더라도 자신들이 신봉하는 교리를 좇아 스스로 교회를 선택하거나 선택하였던 교회에서 탈퇴하여 원하는 교회를 찾아감으로써 종교의 자유를 향유할 수 있는 이상 이를 넘어서서 개개 교인들의 종교의 자유를 내세워 이를 기준으로 교회 재산의 귀속을 결정하여야 한다는 것은 구성원의 개성이 매몰되는 단체법원리를 부인하는 것으로서 이미 당위성을 상실하였으므로 받아들일 수 없다.

마. 따라서 종전 판례는 변경되어야 하고, 다만 종전 교회의 교인들은 결의
권자의 2/3 이상의 동의로 소속 교단을 탈퇴할 수 있으므로, 이상과 같이
다수의견에 대한 보충의견을 밝힌다.

가이사의 법과 한국교회

【전 문】
【피 고 인】피고인 1외 1인
【변 호 인】법무법인 ○○○
【원심판결】대전지법 2006. 3. 29. 선고 2006고정40 판결

【주 문】원심판결을 파기한다.
　　　　　피고인들은 각 무죄.

【이 유】1. 이 사건 공소사실 및 원심의 판단
　가. 이 사건 공소사실
피고인 ○○○는 대전 ○○○소재 ○○○교회 목사로서 대전광역시기독교연
합회 소속 이단사이비대책위원회 위원장이고, 피고인 ○○○는 같은 ○○○
소재 ○○○교회 목사로서 위 이단사이비대책위원회 회원인바, 피고인들이
이단으로 규정하고 있는 피해자 ○○○ 목사가 대전지역에서 '○○○○○○'
라는 이름으로 행사를 개최한다는 내용의 광고문을 지역일간지에 게재하
는 등 교세를 확장하려고 하자 ○○○의 실상을 일반인들에게 알리기로 마
음먹고, 공모하여, 2004. 10. 말경 대전 동구 삼성동 소재 '일성기획' 이라
는 상호의 인쇄소에서 "이단(○○○ ○○○)으로부터 우리 가정과 고장 대전을
지킵시다."라는 제하로 "1. ○○○ ○○○○○　2. ○○○씨는 체계적으로 신학
을 공부한 적이 없다.　3. ○○○는 한국교회로부터 이단이라고 규정받았다.
4. ○○○는 '○○○○○○' 라는 모임을 통하여 대전시민에게 다가간다.　5. 우
리고장 대전이 이단들이 발호하는 도시라는 불명예를 씻기 위하여"라는

소제목 등으로 표현된 내용과 성경 위에 활동하는 마귀나 벌레 등을 젓가락으로 집어내는 형상을 희화한 유인물 30만부 가량을 제작한 다음, 2004. 11. 1.부터 같은 달 2.까지 대전 일원에 있는 조선일보, 동아일보 및 중앙일보의 불특정다수 구독자들에게 위 일간지들의 간지 형태로 배포함으로써 공연히 사실을 적시하여 피해자 OOO의 명예를 훼손하였다.

　나. 원심의 판단

이에 대하여 원심은, "피고인들이 적시한 내용은 진실이고, 이단적인 종교의 위험으로부터 기독교인뿐만 아니라 일반시민을 보호할 목적으로 이 사건 유인물을 배포한 것이므로 피고인들의 행위는 공공의 이익을 위한 것으로서 형법 제310조에 의하여 위법성이 조각되고, 또한 헌법 제20조에 의하여 보장되는 종교적 비판의 표현행위에 해당되어 위법성이 없다"는 취지의 피고인들의 주장을 모두 배척하고, 그 거시 증거들을 종합하여 이 사건 공소사실을 유죄로 인정하여 피고인 OOO에게 벌금200만원을, 피고인 OOO에게 벌금 100만 원을 각 선고하였다.

2. 피고인들의 항소이유의 요지

　가. 사실의 적시에 해당되지 아니하거나 명예훼손적 표현에 해당되지 아니하여 구성요건해당성이 없다는 주장

이 사건 유인물의 내용은 종교적·교리적 의견표명에 불과하여 사실의 적시라고 볼 수 없고, 사실의 적시에 해당된다고 하더라도 명예훼손적 표현이라고 볼 수 없으며, 이 사건 유인물 중앙의 배경그림은 보기에 따라서는 얼마든지 사람으로도 볼 수 있는 것으로서 이단이라는 의미의 상징적인 표현그림에 지나지 아니할 뿐만 아니라 피고인들 소속 이단사이비대책위원회에서는 2003년에도 OOO와는 아무런 관계없이 위 배경그림을 전단지에 사용한 적이 있다.

　나. 형법 제310조에 의하거나 종교적 비판의 표현행위에 해당되어 위법성이 없다는 주장

피고인들이 적시한 내용은 모두 진실한 사실이고, 이단적인 종교의 위험으

로부터 기독교인 뿐만아니라 일반시민을 보호할 목적으로 이 사건 유인물을 배포한 것이어서 ○○○ 및 ○○○가 이단이라는 점은 대전시민 전체의 관심과 이익에 관한 것이라고 할 것이며, 비록 피고인들이 약 30만 부의 유인물을 만들어 비기독교인들이 포함된 대전시민들을 상대로 배포하였다고 하더라도, ○○○가 먼저 2002. 11. 15.경부터 최근까지 비기독교인을 포함한 불특정 다수인을 대상으로 피고인들이 소속된 기성교회들에 대한 명예훼손적 행위를 하여 왔고, 이 사건 유인물에 표현된 문구들(○○○ ○○○○○회 ○○○, ○○○씨는 체계적으로 신학을 공부한 적이 없다, ○○○는 한국교회로부터 이단이라고 규정받았다 등)의 바로 밑에는 인용된 책의 이름과 해당면수가 명시되어 있고 위 책자들은 누구든지 쉽게 시중에서 구해볼 수 있는 책들이며, 이 사건 유인물의 그림형상은 성경의 정통성을 훼손하려는 이단사상을 뽑아내려 한다는 의미에서 그려진 그림이지 ○○○를 마귀나 벌레라고 생각해서 집어낸다는 그림이 아니다. 종교적 목적을 위한 언론의 경우에는 그 밖의 일반적인 언론에 비하여 보다 고도의 보장을 받아야 하므로, 결국 피고인들의 행위는 공공의 이익을 위한 것으로서 형법 제310조에 의하여 위법성이 없고, 또한 헌법 제20조에 의하여 보장되는 종교적 비판의 표현행위에 해당되어 위법성이 없다.

　다. 자구행위 내지 정당행위에 해당되어 위법성이 없다는 주장
피고인들은 대전광역시기독교연합회 소속 이단사이비대책위원회 위원장 및 회원의 직책을 맡고 있는 상황에서, 한국기독교총연합회 소속 각 교단으로부터 수차에 걸쳐 이단으로 규정받은 ○○○와 그의 교회가 2002. 11. 15.경부터 최근까지 각족 언론매체를 통하여 비기독교인을 포함한 불특정 다수인을 대상으로 피고인들이 소속된 기성교회들에 대하여 허위사실과 명예훼손적 표현이 담긴 광고를 배포하고 비방·폄하하는 등의 불법행위를 자행하여 오자, 이에 대항하여 부득이 기성교회들과 기독교인들의 신앙을 보호하고 또한 기독교를 믿지 않거나 기독교에 관심이 있는 일반시민들이 장래 선택하게 될지도 모르는 기독교와 기성교회의 올바른 실상을 바로

잡기 위하여 그 문구내용 등에 있어 법률적인 자문을 거친 후 신중한 고려 끝에 최대한의 온건한 표현으로 이 사건 유인물 배포에 이르게 되었는바, 이러한 경위에 비추어 보면 피고인들의 행위는 자신들의 명예가 훼손되는 급박한 법익침해에 처한 상황에서의 상당한 자구행위 내지 사회상규에 위배되지 아니하는 행위로서의 정당행위에 해당되어 위법성이 없는 행위이다.

3. 당심의 판단

가. 이 사건 유인물의 내용이 사실의 적시 및 명예훼손적 표현에 해당되는지 여부에 관한 판단

(1) 먼저 이 사건 유인물의 내용 중 "이단(○○○ ○○○)으로부터 우리 가정과 고장 대전을 지킵시다", "1. ○○○ ○○○○○회(○○○)", "3. ○○○는 한국교회로부터 이단이라고 규정받았다.", "5. 우리고장 대전이 이단들이 발호하는 도시라는 불명예를 씻기 위하여" 부분은, 위 유인물의 각 해당 부분에 작은 글씨로 기재된 내용들과 함께 그 의미를 새겨보면 결국 "○○○(○○○○○회)는 ○○○이고, ○○○는 한국교회로부터 이단으로 규정받았다(이하 '①번 부분'이라 한다)", "기성교회를 공격하고 폄하하며 자신들을 드러내기만을 고집하는 ○○○의 시도를 막아 우리 고장 대전이 이단들이 발호하는 도시하는 불명예를 씻어 내고 우리고장 대전과 우리 가정 및 자녀들을 지켜내자(이하 ②번 부분 '이라 한다)"라는 내용으로 요약될 수 있다.

위 ①번 부분에 관하여 보건대, 기록에 의하여 ○○○(○○○○○회)가 한국기독교총연합회로부터 교리상 이른바 ○○○ 계열의 이단으로 규정받은 사실이 인정되므로 일응 이를 구체적인 사실의 적시로 볼 여지가 있으나, 한편, 피고인들이 위 ①번 부분을 통하여 전달하고자 하는 궁극적인 내용은 "○○○(○○○○○회)가 ○○○계열의 이단으로 규정받았는지 규정받지 않았는지"가 아니라 "○○○(○○○○○회)는 ○○○ 계열의 이단이다"라는 것으로 해석되는바, 우리 헌법은 제20조 제2항에서 "국교는 인정되지 하니하며, 종교와 정치는 분리된다."고 규정하여 국가의 종교적 중립성을 요구하고 있으

가이사의 법과 한국교회

므로 특정 종교의 이단이나 사이비 여부로 인하여 발생하는 분쟁에 법원이
개입하여 어떠한 특정 종교가 이단인지 아닌지는 선언할 수는 없는 것이
고, 나아가 어떠한 특정 종교가 이단인지 여부를 과학적으로 입증하기는
불가능한 것이므로, 결국 위 ①번 부분의 궁극적인 내용 즉 "○○○(○○○○○
회)는 ○○○ 계열의 이단이다"라는 것은 피고인들의 종교적·교리적 분석
에 기초한 하나의 "의견" 내지 "평가"에 불과한 것이어서 명예훼손에 있어
서의 사실의 적시라고 보기 어렵다.

위 ②번 부분에 관하여 보건대, 그 중 "○○○가 기성교회를 공격하고 폄하
하며 자신들을 드러내기만을 고집하려고 시도하였다"라는 부분은 그 표현
내용이 추상적이고, '공격', '폄하', '고집', 등의 용어에 비추어 보면
○○○의 행적에 대한 의견 내지 평가에 해당되는 것으로 보여 명예훼손에
있어서의 사실의 적시라고 보기 어렵다. 또한 "○○○의 시도를 막아 우리
고장 대전이 이단들이 발호하는 도시라는 불명예를 씻어 내고 우리고장 대
전과 우리 가정 및 자녀들을 지켜내자"라는 부분도 비록 ○○○를 종교적·
사회적 위험성이 있는 인물로 오해하도록 할 여지가 있으나 전체적으로는
이 사건 유인물의 독자들에게 피고인들의 견해를 밝혀 호소하는 내용에 불
과한 것으로 보여 명예훼손에 있어서의 사실의 적시라고 보기 어렵다.

(2) 다음으로 이 사건 유인물의 내용 중 "2. ○○○씨는 체계적으로 신학을
공부한 적이 없다."부분에 관하여 보건대, 위 유인물의 해당 부분에 작은
글씨로 기재된 내용들과 함께 그 의미를 새겨보면 "○○○는 스스로 선교사
○○으로부터 안수를 받았다고 할 뿐 체계적으로 즉 신학대학을 졸업하고
목사가 되기 위한 과정을 거치는 등의 절차를 밟지 아니하고 목사가 되었
다"는 정도의 의미로 해석되는바, 이는 증거에 의하여 입증될 수 있는 성질
의 것이므로 사실의 적시에 해당된다고 할 것이나, 한편 위 표현내용은 이
로 인하여 ○○○의 성경해석과 교리관 등에 오류의 가능성이 많다는 정도
의 의미로 해석되고, ○○○가 목사로서의 자격이나 자질이 없다는 정도의
의미로까지 해석되지는 아니하므로, 결국 위 표현내용은 명예훼손적 표현

에 해당된다고 보기 어렵다.(3) 다음으로 이 사건 유인물의 내용 중 "4.
○○○는 '○○○○○○' 라는 모임을 통하여 대전시민에게 다가간다." 부분에
관하여 보건대, 이는 사실의 적시에 해당되나, 그 내용을 보면 명예훼손적
표현에 해당된다고 보기 어렵다.

(4) 다음으로 이 사건 유인물의 내용 중 "성경 위에 활동하는 마귀나 벌레
등을 젓가락으로 집어내는 형상을 희화한 그림"부분에 관하여 보건대, 이
부분은 앞서 살펴본 "이단(○○○ ○○○)으로부터 우리 가정과 고장 대전을 지
킵시다" 부분과 하나가 되어 마치 ○○○를 젓가락으로 집어내야 할 대상인
것처럼 표현한 것으로 해석될 여지가 있으나, 한편 기록에 의하면 위 그림
은 이 사건 유인물에 사용되기 위하여 이 사건 무렵 만들어진 것이 아니라
2003. 3.경 이미 만들어져 "나라와 민족, 대전성시화 이단퇴치를 위한 연합
성회"라는 제목의 전단지에 이단을 퇴치하는 행위의 표현으로 사용된 사
실이 인정되고, 위 인정사실에 비추어 보면 이 그림은 성경의 정통성을 훼
손하려는 이단사상을 뽑아낸다는 의미로 해석될 여지도 있어 반드시 ○○○
를 마귀나 벌레로 표현하여 젓가락으로 집어내야 할 대상인 것처럼 표현한
것이라고 단정하기는 어려워, 결국 이부분도 명예훼손적 표현이라고 보기
어렵다.

(5) 따라서, 이 사건 유인물의 내용들은 모두 명예훼손에 있어서의 사실의
적시에 해당되지 아니하거나, 명예훼손적 표현에 해당되지 아니하므로, 피
고인들의 행위는 명예훼손죄의 구성요건해당성이 없다.

나. 사실의 적시로서 명예훼손적 표현에 해당된다고 보는 경우, 정당한
종교적 비판의 표현행위에 해당되어 위법성이 조각되는지 여부에 관한 판
단(피고인들의 행위가 명예훼손죄의 구성요건해당성이 없는 이상 반드시 필요한 것은 아니나,
참고적으로 아래의 판단을 덧붙인다.).

다른 종교를 비판하거나 다른 종교의 신자에 대하여 개종을 권고하는 선교
의 자유는 헌법 제20조 제1항이 규정하는 종교의 자유에 포함되고, 헌법
제20조 제1항은 표현의 자유에 관한 헌법 제21조 제1항에 대하여 특별 규

가이사의 법과 한국교회

정의 성격을 갖는다. 그러므로 종교적 목적을 위한 언론·출판의 경우에는 그 밖의 일반적인 언론·출판에 비하여 보다 고도의 보장을 받게 된다고 할 것이어서, 다른 종교나 종교집단을 비판할 권리는 최대한 보장받아야 한다. 그런데 그로 인하여 타인의 명예 등 인격권을 침해하는 경우에 종교의 자유 보장과 개인의 명예보호라는 두 법익을 어떻게 조정할 것인지는, 그 비판행위로 얻어지는 이익, 가치와 공표가 이루어진 범위의 광협, 그 표현 방법 등 그 비판 행위 자체에 관한 제반 사정을 감안함과 동시에 그 비판에 의하여 훼손되거나 훼손될 수 있는 타인의 명예 침해의 정도를 비교·고려하여 결정하여야 한다(대법원 1996. 9. 6. 선고 96다19245, 19253 판결 등 참조).

돌이켜 이 사건을 보건대, 비록 이 사건 유인물의 배포대상이 기독교인들에 한정되지 아니하고 불특정 다수의 대전시민들을 대상으로 하고 있고, 그 배포량도 일간신문에 간지형식으로 끼워 약 30만부 가량 배포되었으며, 그 배포시기도 ○○○가 개최하는 '○○○○○○'라는 제목의 종교집회 시기 무렵이기는 하나, 한편 이 사건 유인물의 주된 내용은 ○○○(○○○○○회)가 ○○○ 계열의 이단이므로 경계하여야 한다는 내용으로서 종교적 비판의 표현행위라고 볼 수 있고, 종교의 자유에는 자기가 신봉하는 종교를 선전하고 새로운 신자를 규합하기 위한 선교의 자유가 포함되고, 선교의 자유에는 다른 종교를 비판하거나 다른 종교의 신자에 대하여 개종을 권고하는 자유도 포함되는 것이며, ○○○도 이 사건 전인 2002. 11. 15.경부터 최근까지 피고인들이 소속된 기성교회들에 대하여 종교적 비판을 가하면서 기독교인이 아닌 불특정 다수의 대전시민들을 대상으로 표현행위를 하였고, 피고인들은 대전광역시기독교연합회 산하 이단사이비대책위원회 위원장 및 회원으로서 이단적인 교리로부터 기존 기독교 신자들의 신앙상의 혼란을 방지하고 그 신앙생활을 보호할 목적으로 이 사건 유인물을 배포하기에 이른 것이며, 이 사건 유인물의 내용에 비추어 보면 이로 인한 ○○○의 명예훼손의 정도가 그리 중하다고 보이지는 아니하므로, 결국 피고인들이 이

사건 유인물 배포행위에 이른 경위와 목적, 유인물 배포행위의 태양, 피고인들의 행위로 인하여 얻어지는 이익 내지 가치, 유인물의 표현내용으로 인한 명예훼손의 정도 등의 제반사정을 비교·고려하여 보면 피고인들의 행위는 정당한 종교적 비판의 표현행위에 해당되어 위법성이 없다.

다. 소결

따라서, 피고인들의 행위는 사실의 적시에 해당되지 아니하거나, 명예훼손적 표현에 해당된다고 보기 어렵고, 설사 그렇지 않더라도 정당한 종교적 비판의 표현행위에 해당되어 위법성이 없는 행위이므로, 이 사건 공소사실은 죄가 되지 아니하는 경우에 해당하여 형사소송법 제325조 전단에 의하여 피고인들에게 무죄가 선고되어야 할 것이다. 그럼에도 불구하고 원심은 이와 달리 판단하였으니 원심판결에는 법리오해의 위법이 있고, 이점을 지적하는 피고인들의 주장은 이유 있다.

4. 결론

그러므로, 형사소송법 제364조 제6항에 의하여 원심판결을 파기하고, 변론을 거쳐 다음과 같이 판결한다.

이 사건 공소사실은 위 제1의 가.항의 기재와 같은바, 앞서 본 바와 같이 이 사건 공소사실은 죄가 되지 아니하는 경우에 해당되므로, 형사소송법 제325조 전단에 의하여 피고인들에게 각 무죄를 선고한다.

【판시사항】

[1] 명예훼손죄의 성립요건인 '사실의 적시' 의 의미와 판단 기준 및 종교적 비판의 자유

[2] 특정 종교집단의 목사에 대한 비판이 의견표명일 뿐 사실의 적시로 보기 어렵고 사회적 가치 내지 평가를 침해할 수 있는 명예훼손적 표현에 해당하지 않는다고 보아 명예훼손죄의 성립을 부정한 사례

【참조조문】

[1] 형법 제307조, 헌법 제20조 / [2] 형법 제307조, 헌법 제20조

【참조판례】

[1] 대법원 1996. 9. 6. 선고 96다19246, 19253 판결(공1996하, 2983), 대법원 1997. 4. 25. 선고 96도2910 판결(공1997상, 1689), 대법원 2000. 2. 25. 선고 98도2188 판결(공2000상, 885), 대법원 2003. 6. 24. 선고 2003도1868 판결(공2003하, 1655), 대법원 2007. 6. 15. 선고 2004도4573 판결, 대법원 2007. 9. 21. 선고 2007도2824 판결

【전 문】

【피 고 인】 피고인 1외 1인

【상 고 인】 검사

【변 호 인】 법무법인 OOO

【원심판결】 대전지법 2006. 8. 10. 선고 2006노621 판결

【주 문】
상고를 모두 기각한다.

【이 유】
상고이유를 판단한다.

명예훼손죄가 성립하기 위하여는 사실의 적시가 있어야 하는데, '사실의 적시' 란 가치판단이나 평가를 내용으로 하는 의견표현에 대치되는 개념으로서 시간과 공간적으로 구체적인 과거 또는 현재의 사실관계에 관한 보고 내지 진술을 의미하는 것이며, 그 표현내용이 증거에 의한 입증이 가능한 것을 말하고, 판단할 진술이 사실인가 또는 의견인가를 구별함에 있어서는, 언어의 통상적 의미와 용법, 입증가능성, 문제된 말이 사용된 문맥, 그 표현이 행하여진 사회적 정황 등 전체적 정황을 고려하여 판단하여야 할 것이고(대법원 1997. 4. 25. 선고 96도2910 판결, 대법원 2000. 2. 25. 선고 98도2188 판결, 대법원 2007. 9. 21. 선고 2007도2824 판결 등 참조), 적시된 사실은 이로써 특정인의 사회적 가치 내지 평가가 침해될 가능성이 있을 정도로 구체성을 띠어야 하는 것이며, 비록 사실을 적시하였더라도 그 사실이 특정인의 사회적 가치 내지 평가를 침해할 수 있는 내용이 아니라면 형법 제307조 소정의 명예훼손죄는 성립하지 않으며(대법원 2003. 6. 24. 선고 2003도1868 판결, 대법원 2007. 6. 15. 선고 2004도4573 판결 등 참조), 헌법상 종교의 자유가 보장되는 점에 비추어 다른 종교 또는 종교집단을 비판할 자유 역시 최대한 보장되어야 한다(대법원 1996. 9. 6. 선고 96다19246, 19253 판결 등 참조).

위 법리와 기록에 비추어 보면, 이 사건 유인물의 내용 중에서 " 공소외인(○○○○회)는 ○○○ 계열의 이단이다.", " 공소외인은 체계적으로 신학을 공부한 적이 없다."라는 기재부분은 그 의견의 기초가 되는 사실을 함께 기술하면서 의견을 표명한 것으로서 피고인들의 주관적인 종교적·교리적 분석에 기초한 순수한 의견 또는 논평에 해당하는 것이고, " 공소외인이 기성교회를 공격하고 폄하하며 자기들을 드러내기만을 고집하려고 시도하였다." 또는 " 공소외인의 시도를 막아 우리 고장 대전이 이단들이 발호하는 도시라는 불명예를 씻어내고 우리 고장 대전과 우리 가정 및 자녀를 지켜내자."라는 등의 기재부분이나 "성경 위에 활동하는 마귀나 벌레 등을 젓가락으로 집어내는 형상"을 희화한 그림부분 역시 전체적인 맥락에서

가이사의 법과 한국교회

피고인들의 의견을 표명하고 있는 것일 뿐 이를 사실의 적시에 해당한다고 보기 어려우며, "○○○는 '○○○○○○' 라는 모임을 통하여 대전시민에게 다가간다." 라는 기재부분 등은 공소외인의 사회적 가치 내지 평가를 침해할 수 있는 명예훼손적 표현에 해당하지 않으므로, 피고인들이 이 사건 유인물을 배포한 행위를 명예훼손죄로 의율할 수 없다고 할 것인바, 원심이 같은 취지에서 이 사건 공소사실에 대하여 피고인들에게 무죄판결을 선고한 조치는 정당하고, 거기에 상고이유의 주장과 같은 채증법칙 위반, 심리미진, 명예훼손죄에 관한 법리오해 등의 위법이 있다고 할 수 없다.

그러므로 피고인들에 대한 검사의 상고를 모두 기각하기로 하여 관여 법관의 일치된 의견으로 주문과 같이 판결한다.

【전 문】
【원   고】 OOOOO회 외 1
【피   고】 OOO 외1

【주 문】 1. 원고들의 피고들에 대한 청구를 모두 기각한다.
         2. 소송비용은 원고들의 부담으로 한다.

【이 유】1. 기초사실
　　가. 당사자들의 지위
(1) 원고 OOOOO회(이하, '원고 교회' 라고 한다)는 기존 교단에 소속됨이 없이 독립침례교회로 설립되어 후원사업으로 OOOOO 세계대회를 개최하는 한편, OOOO를 통하여 월간지 'OOOO' 을 발간하고 있고, 원고 OOO는 1971.경 선교사 OO으로부터 목사안수를 받은 이래 원고 교회의 담임목사로서 원고 교회를 운영하고 있다.
(2) 피고 OOO는 대전 OOO소재 OOO교회 목사로서 대전광역시기독교연합회 소속 이단사이비대책위원회 위원장이고, 피고 OOO는 같은 OOO소재 OO교회 목사로서 위 이단사이비대책위원회 회원이다.
　　나. 원고 교회의 교리적 특징 등
(1) 기존 개신교 교회는 '구원' 에 관하여 본래 하나님의 영적 선물로 주어지는 것으로서 반드시 그 일시를 명확히 기억하는 의식적인 인식을 수반하는 것이 아니라는 교리를 가지고 있음에 반하여, 원고 교회는 구원이란 그 구체적인 일시가 명확히 인식되는 구체적인 깨달음임을 전제로 만일 자칭

기독교신자라고 할지라도 자신이 구원받은 일시를 정확히 고백할 수 없다면 진정한 구원을 받은 것이 아니라고 보고, 다른 기성 기독교인들에게 "당신은 구원을 받았습니까?"라는 질문을 한 후 기존 교회에서는 진실한 구원을 받기 어렵다는 취지의 이야기를 하는 방식으로 포교활동을 벌여오고 있다.

(2) 기존 개신교 교회는 선교사 ○○으로부터 구원의 의미를 강조하는 교리를 전수받은 종파를 ○○○라고 한다는 전제 아래 원고 ○○○가 선교사 ○○으로부터 성경공부를 한 점을 근거로 원고 ○○○가 이끄는 원고 교회를 ○○○의 하나로 분류하고 이단으로 규정하고 있다.

　다. 이 사건 유인물의 발행 경위 등

피고들은 그들이 이단으로 규정하고 있는 원고 ○○○ 목사가 대전지역에서 '○○○○○○'라는 이름으로 행사를 개최한다는 내용의 광고문을 지역일간지에 게재하는 등 교세를 확장하려고 하자 원고들의 실상을 일반인들에게 알려야겠다는 생각으로, 2004. 10.말경 "이단(○○○ ○○○)으로부터 우리 가정과 고장 대전을 지킵시다."라는 제하로 "1. ○○○ ○○○○○회(○○○) 2. ○○○씨는 체계적으로 신학을 공부한 적이 없다. 3. ○○○는 한국교회로부터 이단이라고 규정받았다. 4. ○○○는 '○○○○○○'라는 모임을 통하여 대전시민에게 다가간다. 5. 우리고장 대전이 이단들이 발호하는 도시라는 불명예를 씻기 위하여"라는 소제목 등으로 표현된 내용과 성경 위에 활동하는 마귀나 벌레 등을 젓가락으로 집어내는 형상을 희화한 유인물 30만부 가량을 제작한 다음, 2004. 11. 1.부터 같은 달 2.까지 대전 일원에 있는 조선일보, 동아일보 및 중앙일보의 불특정다수 구독자들에게 위 일간지들의 간지 형태로 배포하였다.

[인정근거]다툼 없는 사실, 갑 1,2호증, 을 1,2,3호증, 변론 전체의 취지,

2. 당사자들의 주장

　가. 원고들의 주장

피고들이 원고들과 무관하거나 허위의 사실을 내용으로 하는 기사가 게재

됨과 아울러 원고들을 성경 속 사단으로 비유하여 젓가락으로 잡는 그림을
배경으로 묘사한 이 사건 유인물을 발행하고, 이를 일반인들에게 배포함으
로써 원고들의 명예를 훼손하고, 모욕하였는바, 피고들의 이러한 행위는
종교적 비판의 자유를 넘어서는 위법행위이므로, 피고들을 상대로 손해배
상책임을 구한다.

　나. 피고들의 주장

이 사건 유인물의 내용은 종교적·교리적 의견표명에 불과할 뿐만 아니라
명예훼손적 또는 모욕적 표현이라고 볼 수 없으며, 기존 개신교 교회는 원
고 교회를 이단으로 규정하고 있고, 이단에 대한 비판행위는 신앙의 본질
적인 내용으로서 고도로 보장되어야 하는데, 피고들은 이단적인 종교의 위
험으로부터 기독교인뿐만 아니라 일반시민을 보호할 목적으로 이 사건 유
인물을 배포한 것이어서 결국 피고들의 행위는 근본적으로 종교적 비판의
표현행위에 해당될 뿐만 아니라 이 사건 유인물을 배포하게 된 경위에 비
추어 사회상규에 위배되지 않는 행위이므로, 위법성이 없다.

3. 판단

　가. 종교적 비판의 자유 보장

우리 헌번 제20조 제1항은 '모든 국민은 종교의 자유를 가진다.'고 규정하
고 있는데, 종교의 자유에는 자기가 신봉하는 종교를 선전하고 새로운 신
자를 규합하기 위한 선교의 자유가 포함되고 선교의 자유에는 다른 종교를
비판하거나 다른 종교의 신자에 대하여 개종을 권고하는 자유도 포함되는
바, 종교적 선전과 타 종교에 대한 비판 등은 동시에 표현의 자유의 보호대
상이 되는 것이나, 그 경우 종교의 자유에 관한 헌법 제20조 제1항에 대하
여 특별규정의 성격을 갖는다 할 것이므로 종교적 목적을 위한 언론·출판
의 경우에는 그 밖의 일반적인 언론·출판에 비하여 고도의 보장을 받게
되고, 특히 그 언론·출판의 목적이 다른 종교나 종교집단에 대한 신앙교
리 논쟁으로서 같은 종파에 속하는 신자들에게 비판하고자 하는 내용을 알
리고 아울러 다른 종파에 속하는 사람들에게도 자신의 신앙교리내용과 반

　　　　　　　　　　　　　　　가이사의 법과 한국교회

대종파에 대한 비판의 내용을 알리기 위한 것이라면 그와 같은 비판할 권리는 최대한 보장받아야 할 것인바, 그로 인하여 타인의 명예 등 인격권을 침해하는 경우에 종교의 자유 보장과 개인의 명예 보호라는 두 법익을 어떻게 조정할 것인지는 그 비판행위로 얻어지는 이익, 가치와 공표가 이루어진 범위의 광협, 그 표현방법 등 그 비판행위 자체에 관한 제반사정을 감안함과 동시에 그 비판에 의하여 훼손되거나 훼손될 수 있는 타인의 명예 침해의 정도를 비교 고려하여 결정하여야 할 것이다(대법원 1996. 9. 6. 선고 96다19246, 19253 판결 참조).

　나. 이 사건의 경우

이 사건 유인물의 배포대상이 기독교인들에 한정되지 아니하고 불특정 다수의 대전시민들을 대상으로 하고 있고, 그 배포량도 일간신문에 간지형식으로 끼워 약 30만부 가량 배포되었으며, 그 배포시기도 ○○○가 개최하는 '○○○○○○' 라는 제목의 종교집회 시기 무렵이며, 이 사건 유인물의 내용 중 "○○○ 목사는 체계적인 신학을 공부한 적이 없다."(이하 ①번 부분 '이라 한다.)는 부분은 원고 ○○○가 목사로서의 자격이나 자질이 없는 것처럼 표현하고 있다고 해석될 여지가 있고, 또한 "○○○는 한국교회로부터 이단이라고 규정받았다." "○○○는 '○○○○○○'라는 모임을 통하여 대전시민에게 다가 간다." "우리고장 대전이 이단들이 발호하는 도시라는 불명예를 씻기 위하여 기성교회를 정면에서 공격하고 폄하하며 자신들을 드러내기만을 고집하는 ○○○씨의 시도를 막아 우리의 대전과 우리 가정과 우리 자녀들을 우리 손으로 지켜냅시다."(이하 ②번 부분' 이라 한다.)라는 부분은 유인물을 읽는 사람들로 하여금 원고들을 종교적 사회적 위험성이 있는 집단이나 인물로 인식하게 할 가능성이 없지 않으며, 이 사건 유인물의 배경으로 삽입된 성경 위에 활동하는 마귀나 벌레 등을 젓가락으로 집어내는 형상의 그림(이하 '③번 부분' 이라 한다.)은 원고들을 젓가락으로 집어내야할 대상인 것처럼 표현한 것으로 해석될 여지가 있기는 하다.

그러나, 한편 ①번 부분은 원고들의 성경해석과 교리관 등에 오류의 가능성이 많다는 정도의 의미로 해석될 수 있고, ②번 부분은 이 사건 유인물의 전반적인 내용에 비추어 볼 때 이 사건 유인물의 독자들에게 원고들에 대한 피고들의 견해를 밝혀 호소하는 내용에 불과한 것으로 볼 수도 있으며, ③번 부분은 이 사건 유인물에 사용되기 위하여 비로소 만들어진 것이 아니라 2003. 3.경 이미 만들어져 "나라와 민족, 대전성시화 이단퇴치를 위한 연합성회"라는 지목의 전단지에 이단을 퇴치하는 행위의 표현으로 사용된 사실이 을 제13호증의 기재에 의하여 인정되는바, 위 인정사실에 비추어 보면 이 그림은 성경의 정통성을 훼손하려는 이단사상을 뽑아낸다는 의미로 해석될 여지도 있어 반드시 원고들을 마귀나 벌레로 표현하여 젓가락으로 집어내야 할 대상인 것처럼 표현한 것이라고 단정하기는 어렵다.

나아가, 이 사건 유인물의 주된 내용은 원고 교회가 ○○○ 계열의 이단이므로 경계하여야 한다는 내용으로서 종교적 비판의 표현행위라고 볼 수 있고, 종교의 자유에는 자기가 신봉하는 종교를 선전하고 새로운 신자를 규합하기 위한 선교의 자유가 포함되고 선교의 자유에는 다른 종교를 비판하거나 다른 종교의 신자에 대하여 개종을 권고하는 자유도 포함되는 것이며, 원고들도 이 사건 전인 2002. 11. 15.경부터 이 사건 유인물 배포 이후 2006. 7.경까지 피고들이 소속된 기성교회들에 대하여 종교적 비판을 가하면서 기독교인이 아닌 불특정 다수의 대전시민들을 대상으로 표현행위를 한 바 있음은 당사자 사이에 다툼이 없거나 피고들 제출의 증거들에 의하여 인정되는 바, 피고들은 대전광역시기독교연합회 산하 이단사이비대책위원회 위원장 및 회원으로서 이단적인 교리로부터 기존 기독교 신자들의 신앙상의 혼란을 방지하고 그 신앙생활을 보호할 목적으로 이 사건 유인물을 배포하기에 이른 것으로 보이고, 이 사건 유인물의 내용에 비추어 보면 원고들의 명예훼손 또는 모욕의 정도가 그리 중하다고 보이지는 아니한다.

결국 피고들이 이 사건 유인물 배포행위에 이른 경위와 목적, 유인물 배포행위의 태양, 피고들의 행위로 인하여 얻어지는 이익 내지 가치, 유인물의 표현내용으로 인한 명예훼손의 정도 등의 제반사정을 비교·고려하여 보

가이사의 법과 한국교회

면 피고들의 행위는 정당한 종교적 비판의 표현행위 또는 사회상규에 위배되지 않는 행위에 해당되어 위법성이 없으므로, 이와 전제를 달리한 원고들의 위 주장은 받아들이기 어렵다.

4. 결론

따라서 원고들의 피고들에 대한 이 사건 청구는 모두 이유 없으므로 이를 기각한다.

8. 서울고등법원
2007나113740 판결 【손해배상(기)】

【원　고】 피항소인

　　　　　 1. OOOOO회

　　　　　 2. OOO

【피　고】 1. OOO

　　　　　 2. OOO

제1심 판결　서울서부지방법원 2007. 11. 6. 선고 2007가단49383 판결

변론종결　2008. 10. 1.

판결선고　2008. 12. 3.

【주 문】 1. 제1심 판결을 취소한다.

　　　　　 2. 원고들의 피고들에 대한 청구를 모두 기각한다.

　　　　　 3. 소송총비용은 원고들이 부담한다.

【청구취지 및 항소취지】

1. 청구취지

피고들은 각각 원고들에게 각 50,000,000원과 이에 대하여 2004년 5. 8.부터 이 사간 소장 부본 송달일까지는 연 5%, 그 다음날부터 다 갚는 날까지는 연 20%의 각 비율로 계산한 돈을 지급하라.

2. 항소취지

　주문 기재와 같다.

이　유

1. 기초사실

가. 원고 OOOOO회(이하 ‘원고 OO회’ 라 한다)는 1960년대 당시 대구지역을 중

심으로 복음을 전하고 있던 외국인 선교사 OO, OOO 등의 영향을 받아 1961. 11. 망 OOO 목사에 의하여 시작된 이래 1962. 4.경부터 OOO과 원고 OOO이 주도를 하여 왔고, 1971년경부터 'OOOOO회'라는 이름을 사용하다가 1981년 'OOOOO회'라는 이름으로 교단발족을 한 단체이고, 원고 OOO은 위와 같이 원고 OO회를 통하여 국내외에서 선교활도을 하고 있는 종교인이다.

나. 피고들은 'OOO를 왜 이단이라 하는가'라는 제명의 책자(이하 '이 사건 책자' 라 한다)의 공동저자인데, 2004. 5. 8. 이 사건 책자의 초판을 발행, 배포하는 등 현재까지 계속하여 시중에 이 사건 책자를 발행, 배포하고 있고, 이 사건 책자는 현재 16쇄까지 발행된 상태이다.

다. 이 사건 책자 제12면에는 "오대양 사건을 통해 세상에 널리 알려져 있는 OOO에...," 제32면에는 "오대양 OOO에서 8년 동안 충성, 봉사하다가...", 제39면에는 "우리나라에 이단으로 인한 사회문제가 터지면 대개 개신교 기독교 계통의 이단과 연계되어 있는 것으로 드러나고 있다. OOO 목사의 OOOO교회 사건, OOO의 OO선교회 사건, OOO의 OOO OO운동, OOO의 여대생 농락 사건, OOO의 OO교 살해 암매장 사건, OOO의 오대양 사건, OOO의 OO동산 사건 등은 기독교와 연계되어 있는 사이비 기독교 이단들이 일으킨 사건이다," 제40면에는 "대학시절에 이단 OOO에 빠져 8년간 오대양 OOO에 충성한 과거가 있는데," 제47면에는 "1987년 오대양 사건을 일으킨 것으로 알려져 있는 OOO는 1960년대초 OOO 씨와 OOO씨에 의해 대구에서 시작되었다", 제48면에는 "OOO의 원조라 할 수 있는 OOO 계열은 OOOOO회라는 공식 간판 아래 활동하고 있는데, 오대양 사건과 연계되면서 그 영향력이 많이 감소된 것이 사실이다", 제49면에는 "OOO 계열의 OOO는 최근에 경북 청송면 보현산 일대 270여만평의 임야를 OO억 원에 이르는 거액을 들여 매입하고 집단촌을 건설할 계획을 하고 있는 것으로 알려지고 있다. 청송군 기독교연합회에서는 이들을 추방하기 위해 여러 차례 OOO 추방결의 대회를 가진 바 있다. OOO 사장은 1970

년대에는 새마을 운동을 빙자해 활동했는데, 1980년대 이후에는 녹색회라는 이름으로 환경운동을 빙자해 교세를 넓히려 하고 있다,” 제58면에는 “OOO 계열은 교인들의 재산을 착취하여 사업에 투자했다든가, 오대양 사건에서 보듯 반대자를 살해 했다는 등의 열매를 통해 그 이단성을 분별할 수 있었지만,” 제144면에는 “1980년대 이후의 오대양 사건, OO교 사건, 휴거소동 및 OO동산 사건과 심지어 1998년 추석날에 일어난 OO교회 집단소사 사건 등은 모두 사회적으로 큰 문제들을 야기시킨 사교집단들의 탓으로 간주되어 왔다. 오대양 사건의 배후에 있는 OOO는 OOOOO회라는 교단명칭을 사용하고 있다”라고 기재되어 있고, 이 사건 책자 제48면에는 “OOO씨는 공업계 고등학교를 졸업했고, OOO씨는 중등교육을, OOO씨는 중학교 3학년을 중퇴한 것으로 알려졌다. 이들의 공통점은 … 모두 체계적인 신학수업을 받은 적이 없다는 것이다”라고 기재되어 있다.

[인정 근거] 갑 1, 11, 12호증, 갑27호증 1, 2의 각 기재, 변론 전체의 취지

2. 원고들의 주장 및 판단

가. 원고들의 주장

원고 OO회는 복음을 통한 구원을 강조한다는 이유로 기성 기독교 교파로부터 세칭 ‘OOO’ 라고 불리고 있는 바, 피고들은 이 사건 책자의 공동저자로서 오대양 집단변사사건이 원고들과는 아무런 관련이 없음이 수사결과를 통해 명백히 밝혀졌음에도 불구하고 마치 원고들이 오대양 집단변사사건을 일으켰다는 내용을 반복적으로 또한 책자 전체에 걸쳐 의도적으로 기재하고 있으며, 이로 인해 독자로 하여금 마치 원고들이 오대양 집단변사사건을 배후조종하거나 저지른 것으로 오인하도록 하고, 원고 OOO의 인신을 직접적으로 모욕하는 내용도 수록하고 있어, 이로 인해 원고들의 명예와 신용, 그리고 인격권의 훼손을 받았을 뿐 아니라 국내외에서의 선교활동에 있어서도 지장을 받고 있으므로, 피고들은 이 사건 책자의 집필, 발행, 배포행위로 인하여 원고들에게 가한 명예, 신용, 인격권 침해로 인한 손해를 금전적으로나마 위자할 의무가 있다고 할 것인 바, 원고들이 입은

가이사의 법과 한국교회

피해의 심각성, 명예회복의 곤란성 등을 고려할 때 피고들은 적어도 원고들에게 각 50,000,000원 및 이에 대한 지연손해금을 지급할 의무가 있다고 주장한다.

나. 인정사실

살피건대, 감 1,2, 4 내지 6호증(갑6호증은 을 12호증과 같다), 갑7호증의 1, 2, 감25호증의 1 내지 4, 감31호증, 을1 내지 5호증, 을 11내지 14호증의 각 기재에 변론 전체의 취지를 종합하면, 아래의 사실을 인정할 수 있다.

(1) 오대양 사건의 발생 및 배경 등

(가) 소외 OOO는 1984.5.경 주식회사 오대양(이하 '오대양'이라 한다)을 설립하고, 오대양 직원들과 함께 초기 기독교사회의 경제형태인 '통용(通用)'의 원리에 따라 생활하여 왔는데, OOO와 그의 아들들 및 오대양 직원 등 32명(여자 28명, 남자 4명)이 1987년.8.29. 경기 용인군에 있는 오대양 용인공장의 천정에서 집단변사체로 발견되었는 바, 당시 검찰에서는 OOO가 오대양 직원들을 통하여 모집한 사채의 변제가 불가능하게 되고 다른 비리들도 폭로될 것을 두려워한 끝에 나머지 변사자들의 동의를 얻어 함께 집단자살하기로 결정한 다음, 오대양 직원인 OOO, OOO 등이 OOO를 필두로 나머지 변사자들을 차례로 목졸라 살해하고 그 과정에서 OOO의 아들인 OOO, OOO는 목을 매어 자살하였으며, 마지막으로 OOO가 OOO의 목을 졸라 살해한 후 자신도 목을 매어 자살한 것으로 결론 내렸다.

(나) 이와 같은 수사결과에 대하여 국민들의 의혹이 계속되자 국회 제5공화국에 있어서의 정치권력형 비리조사 특별위원회(이하 '5공특위'라고만 한다)가 1988. 12.1.부터 1989.3.23.까지 위 집단변사자들의 타살가능성, 오대양과 원고 OO회와의 관련 및 이들과 제5공화국 정치세력과의 유착 여부를 조사하였으나, 5공특위는 위 변사자 32명 중 최후로 사망한 것으로 보이는 OOO가 타살된 후 자살로 가장되었거나, 여자 중 일부가 성폭행을 당하였을 가능성이 있다는 외문을 제기하였을 뿐, 그와 같은 부분들에 대한 명쾌한 해답을 제시하지 못하였고 기타 오대양 사채의 조성경위 등에 관하여서

도 별 성과를 얻지 못하였다.

(다) 그런데 1991. 7.10. 오대양 직원인 OOO 등 6인이 과거 자신들이 오대양의 다른 직원들을 집단구타하여 사망케 한 뒤 암매장한 적이 있다고 하면서 충청남도 경찰국에 자수하여 왔고, 이에 따라 위 자수자들의 자수 동기와 그 배후세력의 존재 여부, 위 집단변사사건 및 오대양과 관련된 의문점들에 관하여 근본적인 재수사가 있어야 한다는 여론이 형성되었고, 당시 일부 정치인에 의하여 '원고 OO회의 교인이었던 OOO가 끌어들인 사채의 일부가 주식회사 OO(이하 'OO'라 한다)의 전신인 주식회사 OOOOO(이하 'OOOOO'이라 한다)의 운영자금으로 충당되었으므로, 오대양 사건은 원고 OOO 뿐 아니라 원고 OOO이 경영하는 OO 및 원고 OOO이 실질적 대표로 있는 원고 OO회와 관련이 있다'는 주장이 제게되었으며, 피고 OOO은 1991. 7. 무렵 오대양 변사사건은 OOO와 밀접한 관련이 있다는 점을 기자회견을 통해 발표하기도 하였다.

(라) 그런데 위 상해치사 및 암매장 사건을 수사한 검찰은 1991. 8. 20. 오대양 관련 사건 종합수사 결과를 발표하면서, OOO 등의 자수과정에 원고 OO회 교육부장 OOO와 OO의 홍보 및 영업담당 상무인 OOO이 개입하였다는 점, OOO가 원고 OOO이 경영하는 소위 '하나님의 사업'을 지원하기 위하여 개발비를 공급한다는 명목으로 사채를 모집하였다는 점, OOO가 1983. 11.경부터 1984. 4.경까지 사이에 원고 OOO 경영의 OOOOO의 사채 모집책인 소외 OOO의 한일은행 남대문지점 구좌로 15회에 걸쳐 도합 453,920,000원을 송금하였으며, OOO의 구좌에서 인출된 수표 175,000,000원이 OO 관련자들에 의하여 최종적으로 은행에 제시된 적이 있다는 점 등의 내용을 밝혔으나, 위 (나)항에서 제기된 의문점에 관하여는 이를 모두 배척하였고, 위 집단 변사자들의 타살 여부에 관하여는 종전과 동일하게 승낙에 의한 타살내지는 자살로 결론을 내렸다.

(마) 한 편 검찰은 1991. 8. 20. 원고 OOO에 대하여 "1970년경 OOOOOO회 속칭 OOO를 조직하여 전도하다가 OOOOO을 인수하여 OOOOO의 사

 가이사의 법과 한국교회

업이 곧 하나님의 일이며 교회라는 논리를 펴는 등 신도들을 미혹시켜 거액의 사채를 모집하는 방법으로 1982. 4.경부터 1987. 2. 경까지 총 1,196,950,000원을 상습적으로 편취하였다'는 상습사기 혐의로 구속기소하였고, 이에 원고 OOO은 1992. 1. 30. 제1심에서 대부분의 공소사실이 유죄로 인정되어 징역 8년을 선고받았다가, 1992. 5. 30. 항소심에서 징역 4년으로 감형되었고, 1992. 9. 22. 대법원의 상고기각으로 위 항소심 판결이 확정되었다.

(2) 피고 OOO에 대한 형사 판결

원고들은 2007. 2. 피고 OOO을 출판물에 의한 명예훼손 등의 혐의로 대전지방검찰청에 고소하였고, 이에 따라 피고 OOO은, '이 사건 책자를 발간하면서 위책자 58면에 "OOO 계열은 교인들의 재산을 착취하여 사업에 투자하였다든가, 오대양 사건에서 보듯 반대자를 살해했다는 등의 열매를 통해 그 이단성을 분별할 수 있었다"는 내용을 게재하여 전국적으로 약 12,000명의 구독자에게 배포되게 함으로써 공연히 허위 사실을 적시하여 원고들의 명예를 훼손하고, 기독교 TV의 금요철야 간증집회 포로그램에서 방영된 강연에서 "오대양 사건을 일으킨 것으로 알려진 OOO에 빠지게 되었습니다. 제가 오대양 OOO 출신입니다. 제가 사람을 죽인 게 아니니까 괜히 이상한 눈으로 보지 마시고"라고 강연함으로써 공연히 허위 사실을 적시하여 원고들의 명예를 훼손하였다' 는 내용으로 공소제기(대전지방법원 2007고단1812호)되었으나, 위 법원은 2008. 9. 24. 피고 OOO에게 원고들을 비방할 목적이 있었다고 보기 어려워 형법 제309조 제2항 소정의 출판물에 의한 명예훼손죄에 해당하지 않고, 나아가 형법 제307조 제1항의 명예훼손죄에 해당한다고 하더라도 형법 제310조에 의하여 위법성이 조각된다고 봄이 상당하다는 이유로 무죄판결을 선고하였다.

다. 판단

(1) 종교의 자유에는 자기가 신봉하는 종교를 선전하고 새로운 신자를 규합하기 위한 선교의 자유가 포함되고 선교의 자유에는 다른 종교를 비판하

거나 다른 종교의 신자에 대하여 개종을 권고하는 자유도 포함되는 바, 종교적 선전, 타 종교에 대한 비판 등은 동시에 표현의 자유의 보호대상이 되는 것이나, 그 경우 종교의 자유에 관한 헌법 제20조 제1항은 표현의 자유에 관한 헌법 제21조 제1항에 대하여 특별 규정의 성격을 갖는다 할 것이므로 종교적 목적을 위한 언론, 출판의 경우에는 그 밖의 일반적인 언론, 출판에 비하여 보다 고도의 보장을 받게 되고, 특히 다른 종교나 종교집단을 비판할 권리는 최대한 보장받아야 할 것인데, 그로 인하여 타인의 명예 등 인격권을 침해하는 경우에 종교의 자유 보장과 개인의 명예 보호라는 두 법익을 어떻게 조정할 것인지는, 그 비판행위로 얻어지는 이익, 가치와 공포가 이루어지는 범위의 광협, 그 표현 방법 등 그 비판행위 자체에 관한 제반 사정을 감안함과 동시에 그 비판에 의하여 훼손되거나 훼손될 수 있는 타인의 명예 침해의 정도를 비교, 고려하여 결정하여야 한다(대법원 1996. 9. 6. 선고 96다19246, 19253 판결).

(2) 그런데, 이 사건 기록에 의하여 인정되는 다음과 같은 사정들, 즉 피고들이 적시한 내용 중에 다소 과장되거나 단정적인 부적절한 표현이 포함되어 있기는 하나, 피고들로서는 위 내용 중 중요한 부분에 있어서 진실에 합치하거나 진실에 합치한다고 믿을 만한 상당한 이유가 있었던 것으로 보이는 점, 이 사건 책자는 2004. 5. 8. 초판이 발행된 이래 전국에 있는 서점을 통하여 일반인들에게 판매된 것으로 보이나 주로 기독교에 관심이 있는 사람들에게 배포된 것으로 보이고, 이 사건 책자는 150여 쪽으로 되어 있는데 그 중 문제된 부분은 극히 일부에 불과한 점, 이 사건 책자의 주요 내용은 이단에 빠진 사람들의 사례를 설시하고, 이단이란 무엇이며, 이단에는 어떤 종류가 있고, 그 내용은 어떤 것인가를 설명하며, 문제성 종교의 폐해와 극복방안에 관하여 설시하는 과정에서 ○○○의 교리가 기족 기독교의 그것과 어떻게 다르고 그로 인한 폐해는 무엇인가에 관한 것으로서, 성경의 이론적 분석에 많은 지면을 할애함으로써 나름대로의 논리적 근거를 제시하고 있는 것으로 보이는 점 등에 비추어 보면, 피고들이 위 책자를 통해

적시한 내용들은 피고들로서는 이를 진실로 믿을 만한 상당한 이유가 있었고, 그 주요한 동기나 목적은 종교의 잘못된 점을 비판한다는 공공의 이익을 위한 것으로 봄이 상당한 바, 피고들의 위 비판행위로 인해 얻어지는 이익, 그 표현방법, 비판내용 및 명예침해의 정도를 고려하여 볼 때 그 비판행위를 함에 있어 지엽적인 부분에 있어 다소 사실과 다르거나 과장되거나 부적절한 표현을 사용한 부분이 있다 하더라도 피고들의 위와 같은 비판행위는 근본적으로 종교적 비판의 표현 행위에 해당하여 위법성이 없다고 할 것이다.

따라서 원고들의 위 주장은 나아가 살필 필요 없이 이유 없다.

4. 결론

그렇다면 원고들의 피고들에 대한 청구는 이유 없어 이를 기각하여야 할 것인 바, 이와 결론을 달리 한 제1심 판결은 부당하므로 이를 취소하고 원고들의 청구를 모두 기각하기로 하여 주문과 같이 판결한다.